21 世纪高职高专“十三五”规划教材

应用写作

（提高版）

主　编：周葆青

副主编：白　茉　吴建新　李永红

图书在版编目（CIP）数据

应用写作：提高版／周葆青主编. —天津：天津大学出版社，2016.3

21世纪高职高专“十三五”规划教材

ISBN 978-7-5618-5545-4

Ⅰ.①应… Ⅱ.①周… Ⅲ.①汉语—应用文—写作—高等职业教育—教材 Ⅳ.H152.3

中国版本图书馆CIP数据核字（2016）第056680号

出版发行 天津大学出版社
地　　址 天津市卫津路92号天津大学内（邮编：300072）
电　　话 发行部：022-27403647
网　　址 publish.tju.edu.cn
印　　刷 天津泰宇印务有限公司
经　　销 全国各地新华书店
开　　本 185mm×260mm
印　　张 14.25
字　　数 356千
版　　次 2016年4月第1版
印　　次 2016年4月第1次
定　　价 27.00元

前　言

本书针对高职人才培养目标，面向行业企业，面向职业岗位，面向日常应用，以必需、够用为标尺，以培养学生职业核心能力为主线，凝聚多年教改心得编写而成。

长期以来，高校应用写作课程往往被简单地视为一门工具课，片面强调其工具性、技能性，而有意无意忽视了其人文性、综合性和实践性。事实上，应用写作虽然具有显而易见的工具性，但归根结底，它仍然是人作为人的存在方式，“为人写，由人写，写给人看，让人做事，都贯穿着人文内涵”。同时，它又“以满足人的需要、扩充人的能力、提升人的生活品质、实现人的全面发展为终极目标”，直接作用于人的身心、智力、感受能力、审美意识、个人责任感、价值观等精神世界的改造，作用于写作主体职业核心能力的形成和未来发展，从而体现出深刻的人文追求。因而，技能性不过是其教学内容上的外部特征，工具性也无非是它教学效果的衍生品，只有人文性才是其不可动摇的本质属性。基于此，我们将高职应用写作课程纳入职业核心能力培养的视野之下，定位为“综合职业能力核心课程”。其教学目标在于培养学生人文素质和人文精神，帮助学生提高应用写作水平，开发方法能力与社会能力，满足职业需求及人格发展需要，合力造就“社会人、文化人、经济人、职业人”。

全书分设5个任务单元和应用写作及文书处理中的基本知识，涵盖约10个常用文种(或文体形式)。各单元均贯彻理实一体化理念和“学中做、做中学”的思路，设计了“教学建议”“任务导入”“例文看台”“知识储备”“拓展阅读”“探究学习”“随堂讨论”“任务演练”等模块，理念先进，编排新颖，任务明确，内容科学，案例典型，实训入境，循序渐进，便于教学。所选例文及看点分析优先选用中国应用写作学科核心期刊《应用写作》新近研究成果，以求权威。在此，对应用写作杂志社及所有引文的作者表示深深感谢。

本书单元一 演说由吴建新编写，共计字数7.6万，单元二 广告由李永红编写，共计字数4.5万，单元三 契约由白茱编写，共计字数5.3万，单元四 科研、单元五 申论、附录1－9由周葆青编写，并统筹全稿，共计字数18.2万。

本书可作为应用型本科、高职高专及中职学校应用写作教材，也可作为企业文员和其他相关从业人员职业培训的课堂用书及自学参考用书。

前言

目 录

任务单元一 演说

会务文书除了会议指南、会议记录、纪要、会议简报等文种之外，很多会议还会用到致辞、主持词。只不过这些文书已经具有了演说的意味。

演说是获取信息的好途径，扩大联系的好机会，求知学习的好渠道，锻炼口才的好方法。谁能离开演说？而成功的演说往往取决于好的演说性文书的写作。

一人之辩，重于九鼎之宝；三寸之舌，强于百万之师。本单元将带你走上演说的舞台，领略致辞、主持词的魅力。

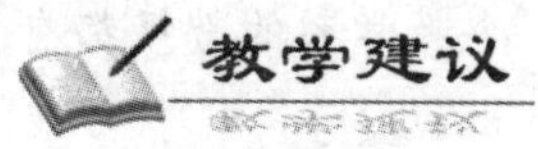

本单元所列致辞、主持词两种常用演说性文书应达到基本会写的要求。

写作训练建议采用项目教学法进行，理论知识的学习可将课堂讲授和探究学习结合进行。

任务一　致辞

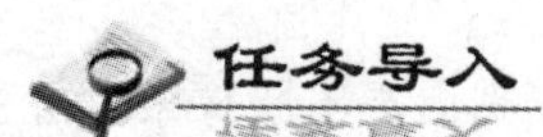

5 月 6 日至 11 日，“传统文化与语文教学”评估总结暨课堂教学观摩大会拟在甘肃省酒泉市召开。

主 办 方： 中央教科所“传统文化与语文教学”课题组。

承 办 方： 甘肃省酒泉市肃州区教育局。

会议目的： 为了进一步搞好课题研究，促进课题评估总结及结题工作，提高语文课堂教学水平。

主要内容： 学术报告、示范课、课题研究成果交流、课堂教学观摩大赛、课题中期评估总结、表彰等。

相关费用： 会务资料费 390 元。

会议要求： 参加者需及时反馈报名回执，并且带好会议交流资料。

参 加 人： 课题组成员，实验学校领导、老师。

假如你是会务筹备组秘书，如何为领导代拟致辞？

例文看台

【例文一】

门——在湘潭师范学院97级新生开学典礼上的讲话

各位老师，各位同学：

你们好！

首先，我谨代表全院教职员工，请97级的新朋友们猜个谜语。谜底嘛，是一件大家非常熟悉、一辈子都离不开的东西。再穷的人家也至少“拥有一个它”，每天少不得几十次、上百次地同它打交道。但是，人们往往对它漠然置之，熟视无睹。请问：这是什么？很遗憾，大家都没有猜中，只好由我自己亮出谜底，这就是我今天演说的题目——门！不是吗，再穷的人家至少拥有一扇门。

世界上最有名的门是法国的凯旋门；中国最有名的门是天安门。我们今天不讲凯旋门，不讲天安门，只说一说咱湘潭师范学院的大门。这座大门线条流畅，姿态优雅，造型别致新颖，号称“湖南高校第一门”。那么它的造型有何深刻的寓意？我院十个教学系的教授都有不同的看法，我逐一为诸位介绍。

中文系

汉语教授。这个造型代表“湘潭师范学院”第一个字“湘”的汉语拼音的声母“X”。它表示，当你踏进这座大门时，你就成为湘潭师范学院的一员，成为一名光荣的大学生。在此，我代表全院1015名教职员工，对97级1200名新同学表示最热烈的欢迎！

文学教授。校门的上半部分是浪漫主义的诗歌，下半部分是现实主义的散文，因此它是革命的浪漫主义与现实主义结合的产物！

数学系

代数教授。字母“X”。在数学王国里，X代表未知数，它昭示着我们要不断探索，对社会、对科学、对人生各种各样的方程式去求解求根，但永远不能生成。它告诉我们，科学与真理没有终点，因此要不断地攀登、不懈地追求！

物理系

力学教授。这是一条抛物线。它的寓意是：学如逆水行舟，不进则退。

声学教授。声波震动示意图。它的寓意是：人生如波如潮，有起有落，胜不骄、败不馁才算真英雄。

化学系

无机化学教授。这是最新合成的第109号化学元素的原子结构原型。

有机化学教授。这是酒精灯与烧瓶的模型，正在做有机物的化合与分解反应实验。

外语系

英语教授。这是由两个英文字母“S”组成的图案，S是英文“科学”（science）的第一个字母，说明这是一座“科学”的大门。

俄语教授。它是俄语单词“好”（хорошо）的第一个字母“X”，“хорошо”是好的意思，它告诉你湘潭师院天好、地好、环境好，山好、水好、人更好！

政治系

哲学教授。它代表哲学上一分为二与合二为一两种理论命题的探讨。

经济学教授。一高一低，代表工农业产品价格的剪刀差。

历史系

中国史教授。这是两件著名的出土青铜器模型的组合。上半截是四羊方尊，下半截是司母戊大方鼎。

世界史教授。这是一座凯旋门，祝贺你们，高考战场的凯旋英雄！

地理系

自然地理教授。这是地球结构的剖面图，高的是喜马拉雅山，低的是马里亚纳海沟，中间是地壳，底下车水马龙人来人往是岩浆涌动的地心。

经济地理教授。像稻穗，像鱼跃，说明湖南是鱼米之乡。

艺术系

美术教授。这是一件抽象派的艺术雕塑。

音乐教授。这是五线谱中的一个标识符号。

生物系

植物学教授。细胞一分为二。

动物学教授。像只老母鸡在下蛋，也像蛋壳里孵出小鸡。它代表生物学上一个永恒争论的话题，世界上到底是鸡先生蛋，还是蛋先生鸡？

咱们的校大门寓意深邃，真可谓仁者见仁，智者见智。这是一座幸运之门，这是一座光荣之门，这是一座科学之门。你们从三湘四水踏进这座校门，你们是时代的骄子、社会的宠儿。2001 年你们步出校门奔向五湖四海，你们将是社会的栋梁，中国的希望！希望你们在门内的四年勤奋刻苦，门门功课优秀，为校大门添砖加瓦。跨出校门后献身科学，献身教育，争当中国的爱因斯坦、门捷列夫，为校大门增色添彩！

谢谢大家！

文章来源：http：//www.21gwy.com

看 点

这是杨鹏程先生在湘潭师范学院 97 级新生开学典礼上的致辞，个别标点等略有修正。这里的“门”，不是家家户户都有的“门”，而是特指湘潭师范学院的“校门”，特指“湘潭师范学院那幢线条流畅、姿态优雅、造型别致新颖、号称‘湖南高校第一门’”的“门”。

这篇演讲辞堪称别出心裁、另辟蹊径、新颖独特。它抛开常用的以讲述学校光辉历史为主的模式，而只借用学校某一角、某一点、某一景——“校大门”为突破口，从“它的造型有何深刻寓意”生发开去，层层揭示，以小见大，连缀成篇，展示学校深刻的内涵。

文章开头以提问的方式请新生“猜个谜语”，然后顺势发展，自己揭示出谜底：“很遗憾，大家都没有猜中，只好由我自己亮出谜底，这就是我今天演讲的题目——门！”一般来讲，用这种方式演讲很容易出偏：一是提出的问题并不称其为问题，不需要回答；二是所提出的问题无关宏旨，偏离主题，只是向听众卖个关子，所以演讲效果往往欠佳。而这篇致辞对这种方式的运用却恰到好处，既引起了听众的注意和思索，又自然而然演绎出了自己演讲的题目，为演讲打下了坚实的基础。谜底之“门”，题目之“门”，正是揭示主题、阐发道理、激励学生的一条线索，或者说是一个“道具”。

主体部分围绕“校大门”的独特造型，依次引述了全院10个系的汉语、文学、代数、力学、声学、无机化学、有机化学、英语、俄语、哲学、经济学、中国史、世界史、自然地理、经济地理、美术、音乐、植物学、动物学等众多学科的专家从不同专业、不同侧面、不同角度对其寓意的评说：“当你踏进这座大门时，你就……成为一名光荣的大学生”；“它是革命的浪漫主义与现实主义结合的产物”；“它昭示着我们要不断探索，对社会、对科学、对人生各种各样的方程式求解求根”；“它告诉我们科学与真理没有终点，因此要不断地攀登、不懈地追求”；“它的寓意是：学如逆水行舟，不进则退”，“胜不骄、败不馁才算真英雄”；“它告诉你湘潭师院天好、地好、环境好，山好、水好、人更好”；“这是一座凯旋门……”等等，见仁见智，各有其说，同时自然而然地带出了学院的规模和专业设置。在这里，“门”只是学校的一个点、一个象征，说的是门，讲的是学校的深刻内涵。通过引用各家之说，祝贺了新生，介绍了学校，告诉了学生应当怎样学习、怎样做人、怎样做好人、怎样做能人，把在开学典礼上应说的内容以这种特殊方式不知不觉地和盘托出。这就是一种艺术，一种说的艺术。

结尾部分对各学科专家对“门”的各种见解做了高度概括：“这是一座幸运之门，这是一座光荣之门，这是一座科学之门。”这样的鼓动性语言，对于刚踏进这座大门的学生，必将起到极大的鼓舞作用，推动他们奋勇向前。作为开学典礼上的致辞，无疑称得上精彩和成功。

【例文二】

在开发区重点项目集中开工典礼上的致辞

原　稿	修改稿
各位嘉宾、女士们、先生们： 大家好！ 今天，我们在这里隆重举行中大汽保集团后市场产业园二期、工业气体、磁性材料3个亿元项目集中开工典礼。这是我县经济社会发展中的一件盛事，是我县加快经济发展、建设工业强县的又一喜事！在此，我谨代表中共阜宁县委、县政府，向各位来宾表示诚挚的欢迎！向长期以来关心、支持阜宁发展的各界人士表示衷心的感谢！向今天所有开工项目单位表示热烈的祝贺！ 今年以来，全县上下按照县委十三届二次全体（扩大）会议的部署和要求，始终坚持以招商促开放，以项目强主体，以外资增活力，扎实开展“新特产业聚焦年”活动，大力发展开放型经济，新型工业化进程	尊敬的各位嘉宾，同志们： 大家好！ 在县人大、政协“两会”胜利闭幕，全县上下奋力夺取首季开门红的关键时刻，今天，我们在这里隆重举行开发区重点项目集中开工典礼。这是开发区强势推进招商引资、全力主攻重大项目所取得的又一丰硕成果，也是向县“两会”献上的一份厚礼。在此，我代表中共阜宁县委、县政府，对项目的开工表示热烈祝贺，向百忙之中参加活动的各位嘉宾表示热烈欢迎和衷心感谢！ 今年以来，全县上下按照县委十三届二次全体（扩大）会议的部署和要求，始终坚持以招商促开放，以项目强主体，以外资增活力，扎实开展“新特产业聚焦年”活动，大力发展开放型经济，新型工业化进程

原　稿	修改稿
全面加快。今天集中开工的3个项目，总投资15.2亿元，中大汽保集团后市场产业园（二期）投资10亿元，项目达产后，年可实现新增产销量15亿元，实现利税3亿元，新增就业岗位500多个；工业气体项目，投资3亿元，项目竣工投产后，年可实现销售2.5亿元，利税2800万元；磁性材料项目，投资2.2亿元，投产达效后，年销售可达3.5亿元，利税3000万元。这3个项目，无论是单体规模，还是项目结构，都体现了优化产业结构、提升发展水平、推进科学发展的新要求，充分展示了最近一阶段全县招商引资取得的新成果、新进展。	全面加快。开发区紧紧围绕创建国家级开发区目标，大力推进“二次创业”，园区承载能力不断提升，一大批规模大、效益好、带动力强的项目成功落户。中大汽保集团后市场产业园一期工程投产以来，企业积极抢抓发展机遇，加快集群化、产业化进程，企业核心竞争力和市场竞争力不断增强。这次又新上安全检测设备、矫正钣金设备、涂装非标等配套项目，对进一步拉长产业链条，加快实现国际一流的汽车后市场目标具有十分重要的意义。磁性材料项目由常熟信立公司投资建设，产品广泛应用于新能源、通信等新兴行业，产业层次较高，发展前景广阔。工业气体项目专业生产光电光伏产业配套的特种气体，是我县光电光伏产业的重要补链项目。这三个项目的开工建设，必将为开发区和全县经济社会发展注入强劲动力。
各位嘉宾、各位朋友，阜宁是中国长三角地区的新进成员，也是江苏沿海地区的新兴城市。阜宁的交通便捷，区位优势明显，东部有沿海高速连接线，中部有204国道和231、329省道，西部有即将建设的盐淮高速连接线和328、234省道连通四方。在此，开放的阜宁热忱欢迎各位来宾能更多地走进阜宁、感受阜宁，介绍更多的朋友投资阜宁、发展阜宁。我们将以老区人民特有的真诚和热情，提供最优良的环境、最优惠的政策和最优质的服务，真正让您在阜宁更快发展、更加兴旺！	项目的开工标志着项目建设进入了一个新的阶段。希望各开发区和县相关部门一如既往地做好服务工作，主动帮助解决项目实施过程中的困难和矛盾，为项目的加快建设提供有力保障。希望投资方和承建方加强要素协调，严格工程质量，确保项目早竣工、早投产、早达效，为我县建设更高水平小康社会作出积极贡献！ 最后，祝今天集中开工的三个重点项目顺利建成，祝各位嘉宾、各位同志身体健康、工作顺利、万事如意！
谢谢各位！	谢谢大家！

看　点

致辞一般具有篇幅短小、内容互动、语言简洁等特点。作者不但要把握这些基本特点，还必须充分了解活动背景，从环境、内容、受众和逻辑这四个角度全面思考，才能写出高质量的致辞。

本文所涉项目开工典礼的具体背景是：时值该县人大、政协“两会”胜利闭幕，为激发全县上下干事创业的热情，县委决定对开发区三个工业项目集中举行开工典礼。参加人员为县四套班子成员、镇区部门主要负责同志及三个项目的投资方代表。活动议程包括，开发区负责人介绍项目落户情况、项目投资方代表介绍项目投资情况、县委书记致辞。比较例文原稿和修改稿，主要有四个方面的改进。

1. 从环境角度提升高度。环境是指活动所处的社会背景。这次开工典礼是在县人大、政协“两会”刚刚闭幕，一季度各项工作即将圆满完成之际举行，为此，在开头增加“在县两会刚刚胜利闭幕，全县上下奋力夺取首季开门红的关键时刻”等内容，可有效提升致辞的层次。在对三个开工项目的介绍方面，县委书记应站在项目对推进全县新特产业发展，加快转变经济发展方式的高度来阐述，而原稿对项目的介绍显得过于繁琐，角度偏低，而且易与投资方致辞的内容重复。

2. 从内容角度挖掘深度。内容与形式是写作的两个重要方面。一篇致辞该说什么，如何表达，要根据实际情况确定。作为项目开工典礼上致辞，结构上必须具备称谓、主体、结束语等，主体部分一般包括项目背景、意义、具体要求和自我推介等。但在具体表达时，不一定面面俱到，应根据活动的背景和参加人员，突出某些重点而省略一些内容要素。就例文原稿而言，具体要求相对缺失了，自我推介则显得多余了，导致主次不分、内容深度有限。

3. 从受众角度考虑有效性。致辞是说给受众听的，语言上多以鼓励、激励为主，要让大家都能听到、听懂与自己有关的内容，才能达到预期效果。从受众角度看，例文原稿主要存在两个问题。一是没有针对出席人员提出具体要求。在介绍全县面上的情况后，针对开发区应充分肯定其工作成效，以进一步激发干劲；针对县直有关部门，应提出为项目搞好服务的要求；针对项目投资方，应提出加快项目建设的要求。二是关于县情的介绍可以删除。这样的介绍一般主要针对首次来本地考察的人，而参加此次活动的人员对县情应该都很了解，啰啰唆唆只会让受众厌烦，影响致辞效果。

4. 从逻辑角度讲究准确。对象不清、前后重复、相互矛盾都会让致辞黯然失色。例文原稿存在三个明显的逻辑问题。一是称谓与对象不符。参加活动的人员，除了投资方代表就是具体工作人员，统称“各位嘉宾、女士们、先生们”显然不切合语境，应改为“尊敬的各位嘉宾、同志们”。二是内容交叉。既然准备在下文要对“今天集中开工的3个项目”作详细介绍，开头就没有必要一一列出其名称，概括说明即可。三是语义重复。对所涉事件意义的表述（“这是我县经济社会发展中的一件盛事，是我县加快经济发展、建设工业强县的又一喜事!”）前后两句话意思相近，有重复之嫌。

文章来源：《秘书》2012 年第 6 期

参考点评：杨庆雨《致辞写作的四个角度——以一篇项目开工典礼致辞为例》

【例文三】

在中国××经济学会 2005 年学术年会上的欢迎词

尊敬的×部长，尊敬的×省长，尊敬的各位来宾、各位代表：

大家好!

九月的成都，丹桂飘香，金风送爽。在这美好的季节里，我们高兴地迎来了中国××经济学会 2005 年学术年会的召开。很荣幸作为这次年会的承办方代表与来自全国各地的××经济工作精英们相聚在一起。首先，我代表四川省××局向你们表示热烈的欢迎，并致以良好的祝愿！

四川地处我国西南腹地，幅员辽阔，地大物博，总面积48万多平方公里，总人口8700多万，气候宜人，物产丰富，素有天府之国美誉。

四川历史悠久，人杰地灵，风光秀丽，文化璀璨。神奇九寨，彩林叠瀑，翠海雪峰，童话世界，人间天堂；道教胜地青城山云雾缭绕，苍翠欲滴，幽名远扬；千年古堰都江堰，泽惠天府，经久不衰；世界第一大佛乐山大佛气势磅礴，风光绝佳；佛教胜地峨眉山山势雄峻，绿荫葱葱，雄秀兼具。四川胜景，美不胜收。

四川是中国改革开放和社会主义现代化建设的总设计师邓小平及朱德、陈毅等开国元勋的故乡。改革开放以来，日新月异的交通、通信网络将这里与国内外紧密相连，人造卫星频频从西昌卫星基地升空，以二滩电站为标志的中国20世纪最大的水电基地在这里形成，"长虹"电子成为中国民族工业的骄傲，以五粮液、泸州老窖特曲等"六朵金花"为代表的川酒享誉海内外。省会成都作为中国西南的政治、经济、文化中心和交通、通信枢纽发挥着日益重大的辐射作用。

四川西邻青藏高原，东接长江三峡，南连云贵高原，北靠秦岭巴山，地质构造复杂，成矿条件得天独厚，资源优势十分突出。目前，已发现各种矿产132种，占全国总数的70%；已探明储量的矿产有90种，有32种矿产保有储量居全国前五位，其中钛矿、钒矿、硫铁矿等7种矿产居全国第一位，天然气、锂矿、芒硝等11种矿产居全国第二位，铂族金属、铁矿等5种矿产居全国第三位，炼镁用白云岩、轻稀土矿等8种矿产居全国第四位；磷矿居全国第五位。四川是名副其实的资源大省。

几十年来，我局广大××工作者以崇高的责任感和使命感，发扬"三光荣"精神，跋山涉水，栉风沐雨，先后向国家提交地质报告×份，探明储量矿区×处，其中大型矿区×处，中型矿区×处，为四川×矿产资源开发基地的形成奠定了坚实的基础，促进了以钢城攀枝花为代表的一大批工业城镇的兴起。我们承担并完成相关科研项目×项，其中×项获国家科学大会奖，×项获国家发明和适用新型专利，×项获部省级科技成果奖，先后有×人荣获"李四光地质科学奖"。

我们深知，这些成绩的取得离不开上级的关心和厚爱，离不开广大同行单位的支持和协作，离不开中国××经济学会多年来在行业交流、理论创新、政策宣传、人才培养中发挥的桥梁、纽带作用。

当前，我国能源、重要矿物原材料供应成为关系经济社会发展的大问题，地质勘查单位面临的挑战与机遇并存。每一个××经济工作者都在思考着一系列重大理论和实践问题。"奇文共欣赏，疑义相与析"。本次年会收到了很多学术文章，各位代表将在未来几天时间里一起交流、切磋，必将对全国××经济的改革和发展起到有力推动作用。

我们将在尽最大努力服务好这次年会的同时，抓住机会向全国同行学习，更好地促进自身各项工作。

再次对你们的到来表示真诚的欢迎！

预祝你们在川期间平安愉快！

谢谢大家。

文章来源：《应用写作》2006年第10期

看　点

这是四川省×××局长在中国××经济学会2005年学术年会上所致的欢迎词。标题由“致辞场合（在中国××经济学会2005年学术年会上）+文种（欢迎词）”构成。正文分三个层次表述：①表示欢迎（开头一段）；②介绍主办地（四川）概况（第二、三、四、五自然段），隐性说明欢迎的情由；③介绍自身学术科研成果（第六自然段），并将其最终归功于“中国××经济学会多年来在行业交流、理论创新、政策宣传、人才培养中发挥的桥梁、纽带作用”，表达感谢的意味，同时将话题拉回到此次会议本身；④“借题发挥”，通过简要分析当前形势，肯定此次会议的意义和预期效果。结尾基本是敬语，表达了做好会务的决心、向同行学习的意愿，并再次表示欢迎、祝愿和感谢。

整篇欢迎词结构完整，语言亲切，饱含真情，不卑不亢，是一篇较理想的范文。

【例文四】

梦想走出校园——朱苏力致2009届法学院毕业生欢送词

你们就要走出校园了，我首先代表北大法学院和全体老师祝贺你们；也感谢你们多年的努力，造就的不仅是你们，还有我们此刻的成就感，但还想唠叨几句。话题是几年前看电影《天下无贼》留下的，一直耿耿于怀。

影片中，傻根忠厚老实，对所有人都没戒心、不设防。怀了孕的女贼（刘若英饰）突然良心发现，想保护傻根，生怕他了解了生活真相，会失望、受伤或学坏，愿意他“永远活在天下无贼的梦里”。男贼（刘德华饰）则认为，不让一个人知道生活的真相，就是欺骗；生活要求傻根必须聪明起来；而一个人只有吃亏上当受过伤，才能重获新生。他强悍地反问：“傻根他凭什么不设防？他凭什么不能受到伤害？凭什么？就因为他单纯，他傻？”

这是两种教育理念的尖锐论战，都有道理，道德高下也并非一目了然。今天中国几乎所有的父母、老师更多偏向刘若英。他们不是不知道生活有阴暗面，但怕年轻人学坏，不让他们接触，最多来些话语谴责。我们太注意区分知识的善恶，似乎只要严防死守，像对付SARS或“甲流”一样，或是装上个“绿坝”什么的，就不会有人感染，就能消灭病源，最终培养出一批时代新人，全面提升人类的道德水准和生活质量。

鸵鸟战术不可能成功，校园也非净土，我只是担心有人被忽悠了。真傻还不要紧，傻人有傻福——想想傻根；而“天真是冬天的长袍”，能帮助我们抵御严冬。我最担心的是，过于纯洁、单一、博雅或“小资”的教育，一方面让人太敏感、太细腻，一方面又会让人太脆弱。考试成绩不好都“很受伤”，那考不上大学呢？求职或求爱被拒呢？更别说其他了。瓷器太精致了，就没法用，也没人敢用。生活中谁还没个磕磕碰碰?!

也确实很难接受刘德华的“残酷教育”，更无法实践。影片中，刘德华也没做到。他还是倒下了，为保护梦着天下无贼的傻根。更可怕的是，刚听罢“无毒不丈夫”，一转身，理论联系实际，活学活用，李冰冰就满含热泪恳请原谅，把自己的导师交给了警察；老奸巨猾的黎叔只能连连感叹“大意了”。两个字——报应！

莫非我们和刘若英一样，“怕遭报应，想做点善事积点德”。但一时的善良会不会变成长远的残忍？况且，我们真的善良吗？或只是为了证明我们善良，其实证明的是我们的虚幻、虚弱并因此是虚伪？

这是教育的深刻且永远的两难。由此才能理解中国古代的“易子相教”、斯巴达教育以及毛泽东的“大风大浪培养革命事业接班人”。但这还只是生活磨难的替代品。严苛不让人长记性，吃一堑才能长一智。我有时甚至怀疑，今天大学搭起的知识殿堂，只是暂时搁置、部分隔离，更多是推迟了你终将面对的严酷现实，也缓解了我们内心深处的疑虑和不安。

知识也未必能走出这个困境，尽管我们常常王婆卖瓜，说什么“知识改变命运”。这话没错，但弄不好甚至会误人子弟。它夸大了知识、博学、思想和理念的作用，捎带着也就夸大了知识传授者的意义，却低估了行动的意义，更严重低估了行动者的艰难。其实，至少我，或许还有其他老师，选择校园并不只因为酷爱学术、追求真理，还有部分是因为读书比做事，特别是比做成事更容易，也更惬意。校园教育注定是残缺的，它确实拓展了你某些方面的想象和思辨能力，却也可能因此弱化了你应对和创造生活的能力。

出于责任，而不是愧疚，我把这些困惑和担忧，包括自身局限，都告诉你们。希望你们重新审视并尽快走出校园，不要只用规范的眼光看世界。生活世界一定不规范，有时还抵制规范。不要把符合逻辑或看似普世的话都当真或太当真。生活不是逻辑，真正普世的无须倡导，有人促销的则一定不普世，还可能假冒伪劣。如果没有准备，一旦遇上忽悠行家或策略高手，甚至卑鄙小人，你就会手足无措。无论是消极无为，还是同流合污，即便愤世嫉俗，那也是行动力的丧失。说不定，一次情感创伤就毁了你的善良和未来。

你就得像宋丹丹说的，“做……人就是要对自己狠一点”，请记住，是对自己。要抗造，经得起摔打，顶得住飞来横祸或无妄之灾。“好人一生平安”也就是一支歌，听听就行了。出门被车撞的，其实基本不是不肖子孙或贪官污吏。就算民主法治能让国家长治久安，也消除不了办公室政治。就算在安徒生童话里，你也得走到结尾，才能“从此过着幸福的日子”。

这并不是说放弃诚实和善良，只是老百姓说的“害人之心不可有，防人之心不可无”。真正的善良只能出自知情的选择和坚持。

这些话冷峻，却不冷酷，更非冷漠。怎么可能不希望你们每个人都一帆风顺？只是既然你走进了这个校园，生活在这个世界，你就注定不是为重复昨天的故事，听从教科书的安排。我们只能创造你的此刻，你要创造的却是自己的未来；你要实现的，不是别人（包括父母）对你的期待，而是，最好是，你对自己的期待。你必须有能力承担起想象中你独自无力承担的责任，即便是为人子/女、为人夫/妻、为人父/母或为人师/友。

而且你们是共和国的年轻公民！你们当中应当产生，也定会产生这个国家和社会各行各业的精英，甚至领袖。我们的共和国很快将迎来她的六十周年，但凭什么说你的今生今世或此后，中国就不再遭遇汶川，就没人折腾了，就没人打西藏或台湾或南海的主意了；或贪婪不再引发其他什么全球危机，人类就此与“9·11”决别，一路高歌，直奔历史的终结。

过去一年来，我强烈感受到，中国不是正走向，而是被推上更大的世界舞台。主要还不是“奥运”，而是金融海啸，当然还有索马里护航，美国要中国为巴基斯坦提供军备以及盘算中的收购悍马或沃尔沃。即使看似波澜不惊，也意味着波澜壮阔、波诡云谲的挑战。不尽是机遇，一定有莫测的风险、陷阱、圈套，弄不好还有灾难。

而所谓精英，就是人们感觉良好，他却见微知著、小心翼翼，默默为整个社会未雨绸缪，这就是先天下之忧而忧。仅有理想、知识或爱心还不够，你们必须，也相信你们会坚定、冷静、智慧和执着；还必须有人准备在紧要关头挺身而出、当仁不让，承担起对这个民族乃至人类的责任，直至为之献身，这就是后天下之乐而乐。

我不是推荐这条路，我只是指出有这么个选项。和天下的父母差不多，其实，我们更愿意你们平平安安，也算想过，却未必期待你们成为英雄。英雄路注定坎坷，更是狭窄，无人允诺，更没法保证。你选择了，终点就是成功，而不是悲壮。至少，我的这番婆婆妈妈，在很大程度上，恰恰是想到了，你们当中也难免有人失落、失意甚或失败。

但无论如何，我们都祝福你们！北大法学院祝福你们！

也无论如何，我们都尊重你们各自的选择，并相信你们会无怨无悔。

看　点

这是北大法学院院长朱苏力致2009届法学院毕业生的欢送词，发表于《法制日报》，抬头应为发表时所省。就正文而言，其主要看点如下。

1. 闪光的思想。帕斯卡有句名言："人是一根能思想的芦苇"，人之高贵就在于有思想。一个人活着总要寻找意义和价值，一如德国哲学大师马克斯·韦伯所言："人是活在由他所编织的意义之网中的动物。"判断欢送词质量之高下，一个很重要的标准就在于其思想的"含金量"。平庸的欢送词，比如那些旅游团欢送游客、政府机关一般性欢送宴会那样的致辞，千人一面、千篇一律，往往客套有余、思想不足，这样的欢送词至多赢得现场掌声，三分钟的热情过后即烟消云散。但这篇欢送词之所以令人经久难忘，就在于作者在整篇讲话中融进了自己的人生思考，与毕业生一道以严肃认真的态度探讨善与恶、国家与社会等做人与处世的价值，字里行间闪烁着深刻睿智的思想光芒，类似"所谓精英，就是人们感觉良好，他却见微知著、小心翼翼，默默为整个社会未雨绸缪，这就是先天下之忧而忧。仅有理想、知识或爱心还不够，你们必须，也相信你们会坚定、冷静、智慧和执着；还必须有人准备在紧要关头挺身而出、当仁不让，承担起对这个民族乃至人类的责任，直至为之献身，这就是后天下之乐而乐"，"英雄路注定坎坷，更是狭窄；无人允诺，更没法保证。你选择了，终点就是成功，而不是悲壮"。这样的句子和段落实在是含英咀华，令人振聋发聩。

2. 感人的情怀。欢送词作为临别赠言，"送"的是"精神"而非"物质"。因此，写作时要紧紧抓住一个"情"字，多用带有感情色彩的词语，做到以诚感人、以情动人。演讲者应根据自己与被欢送者的关系、自己的身份和地位，向被欢送者提出勉励之词或共勉之词，措词要注意礼节礼貌、委婉含蓄，表达感情要诚挚、真切，力求营造一个友好、亲切、欢快的氛围。本文作为学院领导对大学毕业生的欢送词，自然少不了忠告和希望，但我们知道不少忠告因为缺乏真诚，几乎过耳即忘，更谈不上实践，因而毫无价值。但这篇欢送词的忠告和希望却提得自然而巧妙，让人易于接受。这是因为作者寓希望和忠告于自己的人生体验中，充满了真诚，避免了居高临下的领导架势，也避免了耳提面命的说教，因而委婉含蓄、真诚感人。比如，"其实，至少我，或许还有其他老师，选择校园并不只因为酷爱学术、追求真理，还有部分是因为读书比做事，特别是比做成事更容易，也更惬意"，"出于责任，而不是愧疚，我把这些困惑和担忧，包括自身局限，都告诉你们。希望你们重新审视并尽快走出校园"，"我不是推荐这条路，我只是指出有这么个选项。和天下的父母差不多，其实，我们更愿意你们平平安安；也算想过，却未必期待你们成为英雄”。诸如此类真诚坦率的语言，与其说是忠告，倒不如说是知心朋友的促膝谈心。

3. 活泼的文风。这篇欢送词是院长为即将跨入社会的毕业生“量身制作”的。开头对毕业生表示祝贺：“你们就要走出校园了，我首先代表北大法学院和全体老师祝贺你们；也感谢你们多年的努力，造就的不仅是你们，还有我们此刻的成就感”。主体部分是作为一位师长兼领导对学子的谆谆忠告和殷殷希望。结尾寄予深深祝福：“但无论如何，我们都祝福你们！北大法学院祝福你们！”“也无论如何，我们都尊重你们各自的选择，并相信你们会无怨无悔。”这些都是欢送词题中应有之义。但这篇欢送词又跳出了一般欢送词的死板和枯燥，虽然篇幅较长，但结构却没有限于一二三式的条理化，整个文本富于意蕴，作者尽量避免说“普通话”，由广为人知的电影《天下无贼》引出话题，由内在思想逻辑组织行文，全文如行云流水，脉络清晰、生动活泼。

4. 精彩的语言。读这篇欢送词，会强烈地感到作者的语言功力扎实深厚、非同凡响。比如类似“我们太注意区分知识的善恶，似乎只要严防死守，像对付 SARS 或‘甲流’一样，或是装上个‘绿坝’什么的，就不会有人感染”，“瓷器太精致了，就没法用，也没人敢用。生活中谁还没个磕磕碰碰?!”这样富于生活气息的比喻多么形象生动；诸如，“其实证明的是我们的虚幻、虚弱并因此是虚伪”，“这些话冷峻，却不冷酷，更非冷漠”，“即使看似波澜不惊，也意味着波澜壮阔、波诡云谲的挑战”，“你们当中也难免有人失落、失意甚或失败”此类句子决非文字游戏，而足见作者在词语推敲上的真功夫；比如，“真正的善良只能出自知情的选择和坚持”，“生活世界一定不规范，有时还抵制规范”，“我们只能创造你的此刻，你要创造的却是自己的未来”之类的警句，更如一颗颗闪光的宝石，熠熠生辉。

文章来源：《应用写作》2009 年第 12 期
参考点评：罗忠贤《赏析一篇值得回味一生的欢送词》

【例文五】

××集团公司商品交易洽谈会开幕式致辞

（××××年×月×日）
董事长　×××

女士们、先生们，朋友们：

值此××集团公司商品交易洽谈会开幕之际，我谨代表本集团公司向远道而来的各国来宾、港澳同胞、海外侨胞表示热烈的欢迎和友好的问候！

前年金秋，在庆祝本集团公司产品研发中心落成典礼时，我们曾在这里举办过一次商品交易洽谈会。今年这次洽谈会，规模和内容比上一次洽谈会更大和更丰富。本次洽谈会将进一步扩大本集团公司和有关国家、港澳地区的经济技术合作和贸易往来，增进相互了解和友谊。

本集团公司地处我国沿海经济发达的××省，对外经贸事业的发展有着广阔的前景。目前，本集团公司已同世界上近30个国家和地区建立了贸易往来和经济技术合作关系，这种合作关系正在日益巩固和发展。

本次洽谈会，本集团公司将推出包括轻工、机电、陶瓷、电子及食品等250余种商品，供各位来宾选择。所展出的商品不少是我国或我省的名牌产品和新开发的出口产品。欢迎各位来宾洽谈贸易，凭样订货。

今天在座的各位来宾中，有许多是我们的老朋友，我们之间已建立了长久的良好合作关系。对于各位真诚合作的精神，良好的信誉，本集团公司表示由衷的赞赏和感谢。同时，我们也热情欢迎来自许多国家、地区的新朋友，我们为有幸结识新朋友而感到十分高兴。我们欢迎老朋友和新朋友发展相互间的友好合作关系。

最后，预祝本集团公司商品交易洽谈会圆满成功！

谢谢！

文章来源：转引自 http：//wenku. baidu. com

看　点

这是一篇会议开幕式上的致辞。开头部分（即首段）没有按惯例宣布洽谈会开幕，而是借机表达对来宾的热烈欢迎和友好问候，显得更为亲切。主体部分（第二至五段）先介绍本会议背景、规模和预期效果（第二段），再概括介绍省情及本公司贸易往来状况、前景（第三段），说明本次洽谈会的档次和任务（第四段），并再次表示感谢与欢迎（第五段）。结尾部分（第六、七段）以祝愿和致谢性语言收束。全文符合开幕词文体要求，文字精练，庄重而热烈。

【例文六】

在全国政协七届二次会议闭幕会上的讲话

（一九八九年三月二十七日）

李先念

各位委员，各位同志：

全国政协七届二次会议，经过全体委员的共同努力，已经完成预定的议程。这次会议坚持实事求是，发扬民主作风，体现了同心同德、团结奋斗的精神。

我们这次会议，听取并审议通过了常委会的工作报告和提案委员会关于提案工作情况的报告，委员们对一年来政协的工作表示满意。委员们列席七届人大二次会议，听取和讨论了李鹏总理的政府工作报告和其他重要报告，表示赞同。大家认为，政府工作报告对当前形势的分析是符合实际的，针对这几年积累起来的问题提出的治理整顿、调整经济和深化改革的各项任务和政策措施，是必要的和可行的。委员们认为，坚决贯彻实施有关的方针和政策措施，我国的社会主义经济建设和社会主义民主政治建设，将会走上更加健康发展的道路。这次会议，委员们比较集中地讨论了治理经济环境、整顿经济秩序的问题。大家畅所欲言，如实地肯定了我们在改革开放和经济建设中取得的成绩，也提出了中肯的批评和积极的建议。在讨论中，大家还对目前存在的许多不正之风和腐败现象，提出了严肃的批评；对必须高度重视教育、科技、文化、卫生事业，切实加强社会主义法制建设和社会主义精神文明建设，坚定不移地实行计划生育，以严格控制人口增长，等等，提出了宝贵的意见。委员们认为，在治理整顿经济的同时，要实行政治思想的和社会的治理整顿，以便争取经济财政状况的好转，争取社会风气的好转，促进社会主义民主政治的健康发展，促进公有制为基础的社会主义有计划商品经济的健康发展。这些看法，都是极为重要和正确的。我们相信，大家提出的意见和建议，中共中央和国务院会十分重视和认真对待的。

各位委员，各位同志，当前我国的治理整顿和深化改革工作，正处于一个关键时刻，我们面临的任务十分艰巨。在这种情况下，更加需要全国各族人民同心同德、振奋精神、自力更生、艰苦奋斗。保持安定团结的政治局面，保持良好的社会环境，这是我们一切事业顺利发展的前提。正如邓小平同志不久前所说的，“中国压倒一切的需要是稳定。没有稳定的环境，什么都吹了，已经取得的成果也会失掉”。当前，我们要维护经济局势的稳定，同时继续保持政治上的安定团结。政治稳定和经济稳定是相互作用、不可分割的。有了这两个稳定，也就会有整个社会稳定的局面。这样，我们的各项工作，才能有领导、有步骤、有秩序地进行。任何损害经济稳定和政治稳定的行为，任何违反四项基本原则和违反改革开放方针的做法，都不利于我们的事业，都不符合全国各族人民的根本利益，必须坚决防止和反对。

风雨同舟、和衷共济，共图国家的昌盛和民族的兴旺，共图社会主义宏伟大业的实现，是人民政协的光荣传统。无论是在顺利的时候，还是在困难的时候，我们都要这样做，现在尤其要发扬这种精神。人民政协有义务、有责任协助党和政府，把国家的事情办好。我们要通过人民政协的工作，通过中国共产党和各民主党派、人民团体、各族各界人士的共同努力，进一步完善共产党领导的多党合作制度和政治协商制度，更紧密地团结全国各族人民，促进各项建设事业的顺利发展。

要真正做到风雨同舟、和衷共济，就要发扬民主，实事求是，认真协商，总结经验，以便在重大问题上达到一致的认识。在这样基础上的团结和稳定，才是牢固的团结和稳定。人民政协的重要职能就是政治协商和民主监督。我们要充分发挥人民政协的这个职能，多多倾听人民群众的呼声，认真听取各方面的意见，以便掌握全面的情况，提出正确的建议。决策之道，多谋善断。中共中央和国务院以及有关部门，经常把一些有关国家大政方针和广大群众关心的重大问题提到政协来协商，我们要认真负责地提建议、出主意。同时，还要通过政协实行民主监督，特别是实行民主党派、人民团体、各界代表人士对共产党和政府工作的监督。前不久召开的全国政协七届四次常委会，通过了《关于政治协商、民主监督的暂行规定》，这是向政治协商、民主监督经常化、制度化方向迈出了一步。我们还要边实践、边总结，使这个规定不断充实和完善，使人民政协在团结各民主党派、人民团体和各界代表人士，实行参政议政，实行政治协商、民主监督方面更好地发挥作用。

各位委员，各位同志，今年是中华人民共和国成立四十周年，也是人民政协成立四十周年。每当人们谈到人民政协是最早升起五星红旗的地方的时候，我们从事政协工作的同志都感到光荣和自豪。中华人民共和国是来之不易的。我们有责任让五星红旗放出更加夺目的光彩。参加人民政协的各方人士，包括中国共产党、各民主党派、无党派爱国人士、各人民团体、各少数民族人士和各界爱国人士，以及台湾同胞、港澳同胞和爱国侨胞的代表，要坚持“长期共存、互相监督”，“肝胆相照、荣辱与共”的方针，进一步发挥人民政协的优良传统和各种优势，振奋精神，同心协力，为各族人民的大团结，为祖国的和平统一，为中华民族的振兴、繁荣和富强而作出新的贡献。

现在我宣布：中国人民政治协商会议第七届全国委员会第二次会议胜利闭幕！

文章来源：转引自 http：//www. cppcc. gov. cn

看　点

这是一篇会议闭幕式致辞。导言（首段）首先肯定了大会的收获。主体部分回顾了大会主要议程的进行情况（第二段），讨论了治理经济环境、整顿经济秩序的问题（第三段），强调了政协的义务、责任和职能（第四、五段）。既肯定了成绩，也指出了当前形势、困难和问题，提出了宝贵意见，并为与会者指出了今后的任务和努力方向。结尾部分（第六、七段）向与会代表表示祝贺和希望，并号召其为振兴中华作出新的贡献，最后庄严宣布大会闭幕。全文结构严谨，条理分明，简洁明快。

【例文七】

祝酒词

各位团长、朋友们：

我代表中国政府，欢迎各位来北京参加六方会谈，祝贺会谈的举行。

钓鱼台曾是中国清朝一位年轻皇帝送给他一位老师的礼物，是一个充满善意和可能给这里的人带来好运气的地方。

身处此地，一种历史感会油然而生。

这座花园目睹过许多重大外交事件。在这里，通过对话，冰山可以消融，敌意可以化解，信任可以培育。钓鱼台历史的最好启迪就是：和平最可贵，通过对话争取和维护和平最可靠。

进入新世纪，各国人民更加渴望和平与发展、友谊与合作。但东北亚地区仍未完全摆脱冷战阴影。

朝鲜半岛核问题的发生，在使我们面临挑战的同时，也为有关各方尽释前嫌，实现东北亚持久和平与稳定提供了机遇。

今天的会谈就是各方求同存异、增进互信和和解的难得契机，值得珍惜。

中国古诗曰：“任凭风浪起，稳坐钓鱼台”。这里的钓鱼台泛指世界各国的钓鱼台，也包括我们所在的这个钓鱼台。希望并相信各位同事将以自己的远见、智慧、耐心、勇气和对和平事业的诚意寻求共赢。为此，我提议，为北京六方会谈成功，为大家在钓鱼台“稳坐”愉快，为和平、健康干杯！

看　点

这是 2003 年 8 月 27 日中国外交部长李肇星在钓鱼台国宾馆欢迎参加朝核问题北京六方会谈代表的晚宴上所致的祝酒辞。为举世瞩目的重要国际会谈举行酒会，而祝酒辞仅 438 个字（含标点），可谓短小精悍，简洁之至。细品全文，意蕴隽永，文采斐然，堪称佳作。

外交场合的讲话，往往会体现出严谨甚至刻板的语言特点，尤其是不同社会制度国家代表团会聚一起商讨极富火药味的核问题时，更是如此。而这篇祝酒辞，却绝少朝美怒目相向所投下的阴影。李肇星以主人的身份，用充溢中华民族传统文化精髓的话语娓娓道来，胸襟豁达又不失深沉。他由钓鱼台的历史谈起，说会谈的场地“是一个充满善意和可能给这里的人带来好运气的地方”。以地映意，充分体现我们的民族文化习俗，并由此很自然地引出这次会谈的宗旨："和平最可贵，通过对话争取和维护和平最可靠。"尤其令人击节赞叹的是，李肇星提出"朝鲜半岛核问题的发生，在使我们面临挑战的同时，也为有关各方尽释前嫌，实现东北亚持久和平与稳定提供了机遇"。这是充满辩证的理解，可谓意蕴隽永。

这篇祝酒辞，语气平易、亲切，联想巧妙，引喻贴切。李肇星由中国尽人皆知的古诗"任凭风浪起，稳坐钓鱼台"，说到作为东道主的希望，并在结尾提议："为北京六方会谈成功，为大家在钓鱼台'稳坐'愉快，为和平、健康干杯。"这里的"稳坐"一语双关，既是对会谈进行状况的期望，也是对会谈结果的良好祝愿，与上面所提的"增进互信和理解"的会谈基调恰相呼应。

文章来源：《应用写作》2007 年第 1 期

参考点评：长弓《意蕴隽永 文采斐然——赏析外交部长李肇星的一篇祝酒辞》

【例文八】

总有一种力量让我们泪流满面

这是新年的第一天。这是我们与你见面的第 777 次。祝愿阳光打在你的脸上。

阳光打在你的脸上，温暖留在我们心里。这是冬天里平常的一天。北方的树叶已经落尽，南方的树叶还留在枝上，人们在大街上懒洋洋地走着，或者急匆匆地跑着，每个人都怀着自己的希望，每个人都握紧自己的心事。

本世纪最后的日历正在一页页减去，没有什么可以把人轻易打动。除了真实。人们有理想但也有幻想，人们得到过安慰也蒙受过羞辱，人们曾经不再相信别人也不再相信自己。好在岁月让我们深知"真"的宝贵——真实、真情、真理，它让我们离开凌空蹈虚的乌托邦险境，认清了虚伪和欺骗。尽管，"真实"有时让人难堪，但直面真实的民族是成熟的民族，直面真实的人群是坚强的人群。

没有什么可以轻易把人打动，除了正义的号角。当你面对蒙冤无助的弱者，当你面对专横跋扈的恶人，当你面对足以影响人们一生的社会不公，你就明白正义需要多少代价，正义需要多少勇气。

没有什么可以轻易把人打动，除了内心的爱。没有什么可以轻易把人打动，除了前进的脚步……

这是新年的第一天，就像平常一样，我们与你再次见面，为逝去的一年而感怀，为新来的一年作准备。祝愿阳光打在你的脸上。

阳光打在你的脸上，温暖留在我们心里。有一种力量，正从你的指尖悄悄袭来，有一种关怀，正从你的眼中轻轻放出。在这个时刻，我们无言以对，唯有祝福：让无力者有力，让悲观者前行，让往前走的继续走，让幸福的人儿更幸福；而我们，则不停为你加油。

我们不停为你加油。因为你的希望就是我们的希望，因为你的苦难就是我们的苦难。我们看着你举起锄头，我们看着你舞动镰刀，我们看着你挥汗如雨，我们看着你谷满粮仓。我们看着你流离失所，我们看着你痛哭流涕，我们看着你中流击水，我们看着你重建家园。我们看着你无奈下岗，我们看着你咬紧牙关，我们看着你风雨度过，我们看着你笑逐颜开……我们看着你，我们不停为你加油，因为我们就是你们的一部分。

总有一种力量它让我们泪流满面，总有一种力量它让我们抖擞精神，总有一种力量它驱使我们不断寻求“正义、爱心、良知”。这种力量来自于你，来自于你们中间的每一个人。

所以，在这样的时候，在这新年的第一天，我们要向你、向你身边的每一个人，说一声，“新年好”！祝愿阳光打在你的脸上。

因为有你，才有我们。

阳光打在你的脸上，温暖留在我们心里。为什么我们总是眼含着泪水，因为我们爱得深沉；为什么我们总是精神抖擞，因为我们爱得深沉；为什么我们总在不断寻求，因为我们爱得深沉。爱这个国家，还有她的人民，他们善良，他们正直，他们懂得互相关怀。

文章来源：《南方周末》1999年1月1日第1版

看　点

这是《南方周末》1999年新年贺词。作为公开发表的节日致辞，虽然省去了称谓，但它依然有着明确的呼告对象，那就是《南方周末》的所有读者，以及他们“身边的每一个人”。文章以诗化的语言和散文化的笔调，满怀深情地写出了当代媒体人、一群有良知的知识分子站在世纪之交的新年感想——“总有一种力量让我们泪流满面”，“不停为你加油”，“不断寻求‘正义、爱心、良知’”，而这种力量，就是“内心的爱”，就是对国家、人民深沉的爱。正是缘于这份爱与关怀，才有了新年的祝福——“祝愿阳光打在你的脸上”，“让无力者有力，让悲观者前行，让往前走的继续走，让幸福的人儿更幸福”。在行文上，第八自然段和标题遥相呼应，有卒章显志之意；首段和第五、第九自然段均以“祝愿阳光打在你的脸上”作结，第二、第七自然段和末段均以“阳光打在你的脸上”发端，则不仅使全文“形散神聚”，内在结构紧凑，而且充分显示了其作为祝词的属性。

【例文九】

答谢词

尊敬的各位领导、各位亲朋、各位好友：

“树欲静而风不止，子欲养而亲不待。”2011年4月21日9时9分，我敬爱的父亲——×××老先生走完了他坎坷而又绚丽的一生，永远离开了我们。今天，我们怀着万分悲痛的心情，在这里举行告别仪式，寄托我们的哀思。

首先，谨让我代表我的兄弟姐妹，代表我们全家，向今天参加追悼会的各位领导、各位来宾、各位亲朋好友表示诚挚的谢意！感谢你们在百忙之中来到这里，和我们一起，向我的父亲作最后的告别。

父亲的离世，带给我们的是深深的怀念和不尽的哀思。作为儿子，我无法用简单的言语去总结父亲的一生，因为他不仅是我慈爱的爸爸，也是教育系统的元老，他曾用自己辛勤的耕耘，改变了许多人一生的命运。爸爸的人生准则简单得只有十二个字——“清清白白做人、勤勤恳恳做事”，而这恰恰是他一生的写照。在他长达45年的教师生涯中，为我们党培养了一批又一批坚强的战士，为我们的国家培育了一批又一批优秀的学子！可以说，父亲的一生，是勤恳踏实、严谨治学的一生；父亲的一生，是稳健坦诚、无私奉献的一生；父亲的一生，同时也是他独特的人格魅力和高尚的师德修养光彩四射的一生。无论对于事业还是对于家庭，父亲总是把自己看得很轻。他不仅是学生们的好老师，同时也是最尽孝的好儿子，最尽责的好丈夫，最慈爱的好长辈。他不但抚养我们成长，而且秉承了良好的家风，言传身教，培养我们成人，我们为有这样一位父亲而感到骄傲，同时也为父亲的离去而感到万分悲痛。

现在，敬爱的父亲永远地走了，我们再也无法亲耳聆听他的谆谆教诲，再也无法亲眼面对他的音容笑貌，只能在心中深深地缅怀敬爱的父亲，怎能不让我们感到极度的哀痛和绵绵的思念?！父亲，您就放心地走吧，我们会化悲痛为力量，牢记爸爸的遗训，清清白白做人，勤勤恳恳做事，扎扎实实工作，像您那样，最大限度地实现人生价值；我们会继承爸爸留下的良好家风和优良品德，一定会善待和教育好自己的子女，把他们培养成出色的人才，一定不让您失望。因为，我们知道，这是对您在天之灵的最大告慰！并以此来回报父亲的养育之恩，回报社会，回报各位领导、各位尊长和各位亲朋。

敬爱的父亲，今天，您最疼爱的儿孙们来送您了，您的生前好友们都来送您了。您知道吗？此时此刻，我们想以泰戈尔的一句诗为您送行，“生如春花之绚烂，逝如秋叶之静美”。亲爱的父亲，您安息吧！

最后，我代表我的家人，再次向出席告别仪式的各位领导、同事、同学、学生以及所有的亲朋好友，表示衷心的感谢！

谢谢大家！

儿子　泣上

2011 年 4 月 23 日

文章来源：转引自 http：//blog. sina. com. cn

看　点

这是一篇在自己父亲葬礼上答谢亲朋好友的致辞，表达了四层意思：第一层（第一、二段）为答谢，以一句“树欲静而风不止，子欲养而亲不待”开篇，满怀哀伤地引出父亲离世的时间，点明致辞的场合（遗体告别仪式），对来宾表达诚挚的谢意。第二层（第三段）为追述，以沉痛之情和感恩之心对父亲的一生作出“盖棺定论”式的评价。第三层（第四、五段）为缅怀，表达哀伤，告慰亡灵。第四层（第六、七段）仍为答谢，照应开头，回到主题。全文首尾呼应，一气呵成，既表达了对亲朋好友的答谢，也表达了对亡父的答谢，情真意切，言辞凄美。

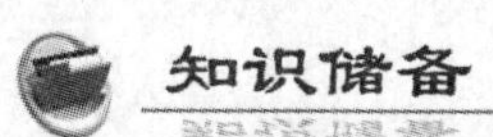

一、致辞的概念与特点

致辞即致词，是专门用于重要会议、重大节日、庆典仪式或其他正式社交场合等的礼仪性演说文书。

无论用于何种场合，致辞都具有以下共性。

（一）目的性

致辞具有明确的表达意图，是“有感而发”“有言而发”“有用而写”的产物。或表示欢迎，或表示感谢，或表示祝贺，或多种意味兼而有之，均应在文本中加以贯彻和体现。

（二）针对性

致辞总是要针对特定场合、特定目的和特定对象“说话”，场合不同、出发点不同、受众对象不同，称谓、表述内容及语言风格等也要相应地体现出差异。同时，写作者未必是致辞者，一般情况下，致辞是为特定的“发言人”撰写的文书，写作时就不能不考虑致辞者的身份、学历、表达能力等，有针对性地组织材料、选择措辞。

（三）倾向性

致辞的写作总是基于组织或个人的某种意图，这种意图本身即具有一定倾向性；同时，致辞又总是以写作者已有的知识储备、材料储备和思想感情为出发点进行的创作，是写作者业务能力等多方面素养与文字表达能力的综合，往往带有鲜明的个人见解和倾向。

（四）抒情性

致辞本质上是一种“面对面”的思想传递和情感交流，以呼告为基本修辞或表达方式，以鼓动人心为目的，或欢愉，或哀伤，或诚挚感谢，或热烈祝贺，语言充满感情色彩，不像法定公文及计划、总结等一般事务性文书那样一味排斥抒情，情感内敛。

（五）口语性

致辞最终呈现为一种“口头表达”，口语化是其语言组织上的必然要求，遣词用语多为生活化的语言，多为短句子，简洁而富有情趣。

二、致辞的分类与用途

根据致辞场合的不同，致辞可以分为会议致辞（如开幕词、闭幕词、祝酒词）、仪式致辞（如开学典礼致辞、竣工仪式致辞、征婚致辞、葬礼答谢词）、节日致辞（如新年贺词）等；根据致辞目的不同，则可分为欢迎（送）词、答谢词、祝（贺）词等。需要说明的是，本书任务单元二所涉贺信、贺电，本质上均属贺词，只不过一个以函件形式送达，一个借助电报发出。此处所谓贺词，特指与祝词通用的贺词。

常见致辞的应用场合、内容要点及其特性参见下表：

种类	主要应用场合	内容要点	特性
开幕词	会议开幕式	宣告会议开始；交代会议任务；阐述会议宗旨；介绍与会议有关事项	宣告性 导引性
闭幕词	会议闭幕式	总结会议成果；提出希望、要求；宣布会议结束	宣告性
欢迎词	会议开幕式；酒会等	向来宾表达欢迎之意；表达希望或祝福	欢愉性
欢送词	会议闭幕式；酒会等	对来宾离去表示友情欢送；表达希望或祝福	惜别性

（续）

种类	主要应用场合	内容要点	特性
祝酒词	酒会	宴会开始前向来宾表示欢迎、问候、感谢、祝愿，提请干杯	祝福性 客套性
答谢词	颁奖、婚庆、告别等仪式；酒会	对来宾、主人或其他对象表示感谢；表达希望或祝福	致谢性
新年贺词	报刊杂志； 晚会；酒会等	恭贺新年；表达感谢、希望或祝福	应时性
典礼致辞	开学、毕业典礼； 开工、竣工典礼	表示欢迎、感谢；提出希望、要求；就相关事项阐述意义；自我形象推介	应时性

三、致辞的结构与写法

致辞在结构上通常包括首部、正文、落款三个部分。

（一）首部

首部包括标题、时间、署名三项内容。

1. 标题

致辞的标题一般有两种形式。

（1）单行题

或由“致辞场所＋文种”组成，如果是在会议、仪式上致辞，则应用其全称，如《中国共产党第十二次全国代表大会开幕词》《××公司商品交易洽谈会开幕式致辞》；或由“致辞人姓名＋致辞场所＋文种”组成，如《×××同志在××××大会上的开幕词》；或由“致辞场所＋文种（致辞）”组成，如《在〈维也纳公约〉缔约方大会第五次会议和〈蒙特利尔议定书〉缔约方大会第十一次会议部长级会议开幕式上的致辞》《在××学术讨论会上的欢迎词》；或单纯以文种为题，如“欢迎词”“答谢词”“祝酒词”“祝寿词”等。

（2）双行题

主标题概括主旨，副标题采用单行题标准样式，如《为了我们的使命——21世纪中国财税法学科战略发展研讨会的开幕词》《让我们扬眉出剑——在解放军外国语学院毕业典礼上的讲话》等。

2. 时间

开（闭）幕词应按惯例在标题下一行正中位置标注时间，加上括号，用阿拉伯数字写全年、月、日。其他致辞不做要求。

3. 署名

开（闭）幕词应按惯例在时间下一行正中位置署名。除致辞者姓名，有时还要标清职务，当致辞者姓名嵌入标题之后，则应省略。其他致辞不做要求。

（二）主体

主体包括称谓和正文两个部分。

1. 称谓

称谓是对致辞对象的称呼，一般写其统称并加冒号即可，如“各位老师，各位同学：”“各位委员，各位同志：”等。为拉近关系，有时还需要在称呼之前加上“尊敬的”“亲爱的”等敬词，如“尊敬的各位领导、各位亲朋、各位好友：”“尊敬的老师，亲爱的同学们：”等。

如果有需要单独点出的尊贵客人，须在对一般与会者的统称之前依次单独列出，如“尊敬的×××省长、×××院长，各位同人：”等。

如果是国际会议，应按国际惯例排列顺序，较常见的是：“各位嘉宾，女士们，先生们”，后加冒号。

如果是党的会议，称谓一般比较简单，只需写“同志们：”即可。

如果是在报刊上发表致辞，则可省去称谓。

2. 正文

正文可分为开头、主体、结尾三部分。不同类型的致辞，各部分表达的重心各有不同，简述如下。

（1）开头

致辞一般以“你们好”“大家好”“大家晚上好”等问候语作为发端，有时则开门见山，直奔主题，揭示核心内容。

1）开（闭）幕词的开头

开幕词的开头一般包括以下三项内容。

① 宣布大会开幕。最简单的说法是：“××××大会现在开幕”。也可以有些变通的说法或灵活的处理，如：“今天，《维也纳公约》缔约方大会第五次会议和《蒙特利尔议定书》缔约方大会第十一次会议部长级会议在北京隆重开幕，大家聚集一堂，共商保护地球的具体行动，具有十分重要的意义”。

② 对大会的规模和参加大会人员的身份进行介绍。有些开幕词可以有这项内容，大致说法是：“参加这次大会的代表有××人，他们分别来自……”。

③ 对大会表示祝贺，对来宾表示欢迎。大致说法是：“我代表×××对大会表示衷心的祝贺！对与会的各位代表和来宾表示热烈的欢迎！”

闭幕词的开头，一般要用简洁的语言，说明大会经过全体代表的努力，已经胜利完成使命，今天就要闭幕了。

2）欢迎（送）词的开头

欢迎词的开头通常应说明现场举行的是何种活动，发言者代表什么人向哪些来宾表示欢迎、致敬等意。如中共温州市委副书记陈艾华所做的《在全国普通高校招生改革研讨会上的致辞》的开头部分：

在牛年即将过去，虎年就要到来之际，全国普通高校招生改革研讨会在我市隆重举行。我谨代表中共温州市人民政府，向国家教委领导和与会代表表示热烈的欢迎！

有时在开头部分还需要对来宾进行简单的介绍，如：

今天下午我们有机会与史密斯先生欢聚一堂，感到十分荣幸。史密斯先生已来我校多次，他是一位我们十分熟悉的师长和学界的前辈，他在文学理论方面的学术成就，在世界已久负盛名。这次，我们有幸再次请到史密斯先生来我校讲学，希望大家倍加珍惜这次机会。首先让我代表今天所有参加会议的人，向远道而来的贵宾表示热烈的欢迎和敬意。

欢送词的开头通常应说明此时在举行何种欢送仪式，发言人是以什么身份代表哪些人向宾客表示欢送、祝贺等的。如例文四的开头。

3）祝（贺）词的开头

一般要说明致辞人（或代表谁）在什么情况下向谁表示欢迎、感谢、问候和祝贺，如："今天是我爷爷八十五岁寿辰庆典。在此，我谨代表全家人向爷爷祝寿。祝爷爷身体健康，心情愉快，万事如意，长命百岁！"又如例文八的开头："这是新年的第一天。这是我们与你见面的第777次。祝愿阳光打在你的脸上。"有时"在什么情况下"一项因场合确定也可省略，如例文七的开头："我代表中国政府，欢迎各位来北京参加六方会谈，祝贺会谈的举行。"

4）典礼致辞的开头

通常要说明在什么形势下举行什么典礼、有什么意义，致辞人（或代表谁）向谁表示祝贺、欢迎、感谢、问候等意。如例文二开头：

在县人大、政协"两会"胜利闭幕，全县上下奋力夺取首季开门红的关键时刻，今天，我们在这里隆重举行开发区重点项目集中开工典礼。这是开发区强势推进招商引资、全力主攻重大项目所取得的又一丰硕成果，也是向县"两会"献上的一份厚礼。在此，我代表中共阜宁县委、县政府，对项目的开工表示热烈祝贺，向百忙之中参加活动的各位嘉宾表示热烈欢迎和衷心感谢！

有时为了避免庸俗、显示个性、引起听众注意，也可以在一句简单的问好之后，转入听众可能更感兴趣的话题。如例文一，作为开学典礼致辞，就绕开了讲学校"辉煌历史"的老套路，而以提问的方式，先说"我谨代表全院教职员工，请97级的新朋友们猜个谜语"，再自揭谜底，看似卖关子，实则更为直接地转入了正题。

5）答谢词的开头

通常是对对方的热情接待、无私帮助等表示感谢。对于葬礼答谢词，还会涉及在什么形势下（即亡者何时因何离世）举行什么典礼（即告别仪式）等内容，如例文九开头（第一、二自然段）。

（2）主体

主体是致辞的核心，不同类型的致辞，其主体内容各有侧重。

1）开（闭）幕词的主体

开幕词的主体部分，主要包括以下内容。

① 阐明会议的重要意义。具体涉及：这次会议是在什么形势下召开的，将要讨论解决什么问题，这个问题的现实价值如何，有什么迫切性，会议最终将会达到什么目的等等。

② 说明会议的主要议程。议程明确的会议，可以将议程直接列项表达，如："我们这次代表大会的主要议程有三项：A. 审议第十一届中央委员会的报告，确定党为全面开创社会主义现代化建设新局面而奋斗的纲领；B. 审议和通过新的《中国共产党章程》；C. 按照新的党章的规定，选举新的中央委员会、中央顾问委员会和中央纪律检查委员会"。如议程不宜列项，则要对会议将要讨论的主要问题进行阐述。

③ 向与会者提出希望要求。如："我们一定要兢兢业业做好自己的工作，加强同全国各族人民的团结，加强同全世界人民的团结，为把我国建设成为现代化的，高度文明、高度民主的社会主义国家，为反对霸权主义，维护世界和平，推进人类进步事业，而努力奋斗"。

闭幕词的主体主要是对大会进行概括总结，并提出贯彻大会精神的要求和希望。其中概括总结的部分，要列举会议完成的任务和取得的成果，不能过于空泛笼统。提出要求和希望的部分，也要突出会议精神，体现会议宗旨。

2）欢迎（送）词的主体

欢迎词在这一部分一般要阐述和回顾宾主双方在共同的领域所持的共同立场、观点、目标、原则等内容，较具体地介绍来宾在各方面的成就及在某些方面作出的突出贡献，同时要指出来宾本次到访或光临对增加宾主友谊及合作交流所具有的现实意义和历史意义。有些欢迎词也可以介绍本单位的情况，让来宾对自己有所了解。

欢送词则要回顾和阐述双方在合作或访问期间在哪些问题和项目上达成了一致的立场、取得了哪些有突破性的进展，陈述本次合作交流中双方的合作和交流给双方带来的益处，阐述其深远的历史意义。对于私人欢送词还应注意表达双方在共事合作期间彼此友谊的加深、增进以及分别之后的想念之情。若为朋友送行，还要加上一些勉励的话。

3）祝（贺）词的主体

祝（贺）词的主体部分写法比较灵活，针对不同的祝贺对象，出于不同的祝贺动机，写出相应的祝贺内容即可。但总的来说，一般应包含下面三层意思：一是向受祝对象表示祝贺、感谢或问候，或者说明祝贺的理由或原因；二是对已经作出的成就做适当评价，或者指出其现实意义；三是写上表示祝愿、希望、祝贺、鼓励之语，或联系面临的任务、使命展望未来、畅想前景。

4）典礼致辞的主体

典礼致辞因目的不同，其主体部分的内容也相对复杂。一般而言，除了表达习惯性的祝贺、欢迎、感谢之类的意思外，开学典礼致辞还应介绍学校概况（自我推介），对师生提出劝勉、希望、要求；开工典礼致辞则应重点揭示项目背景意义，提出具体要求，适度进行自我推介。具体表达时，不一定面面俱到，应根据场合、对象灵活取舍。

5）答谢词的主体

对于一般答谢词而言，通常是畅叙情谊，畅谈收获，或表明来访意图及进一步加强合作的诚意，申述有关愿望等。对于葬礼答谢词而言，则以追述亡者生平、缅怀亡者业绩、表达哀伤之情为主。

（3）结尾

1）开（闭）幕词的结尾

开幕词的结尾一般用祝颂语、感谢语结束全文，如："最后，祝大会取得圆满成功。祝各位在北京愉快。谢谢！"

闭幕词的结尾通常比较简单，最常见的说法是："现在，我宣布，××大会闭幕。"

2）欢迎（送）词的结尾

欢迎词在结尾处通常要再次向来宾表示欢迎，并表达对今后合作的良好祝愿。如《在全国普通高校招生改革研讨会上的致辞》的结尾：

各位领导，各位同志，这次全国普通高校招生改革研讨会在我们温州召开，这是对我市教育改革和发展工作的一个很大的鞭策。我们要借这次会议的东风，认真学习兄弟地区的先进经验。我们也热忱地希望各位领导和同志们，对我市教育工作多加指导和帮助。

最后，预祝会议圆满成功。

欢送词通常在结尾处再次向来宾表示真挚的欢送之情，并表达期待再次合作的心愿。亲朋远行尤其要表达希望早日团聚的惜别之情。

3）祝（贺）词的结尾

祝（贺）词常用一句礼节性的祝颂语收束全文，如《为庆祝朱总司令六十大寿的祝辞》的结尾："人民祝你长寿！全党祝你长寿！"

需要注意的是：在祝酒词中，因为致辞的目的在于祝酒，最后均以提请干杯收束，如例文七的结尾："我提议，为北京六方会谈成功，为大家在钓鱼台'稳坐'愉快，为和平、健康干杯！"在一些讲究文学性的新年献词等祝（贺）词中，则往往还要在祝语基础上提升主旨，如例文八的结尾，在第九自然段表达了问候（"新年好！"）、祝福（祝愿阳光打在你的脸上）之后，按常理已经可以收束，但作者继续向纵深挖掘，用"三个为什么、四个因为"，进一步揭示了自己真切的感悟，从而使主旨得到了拓展。

4）典礼致辞的结尾

一般包括两层意思：一为祝愿，二为感谢。

5）答谢词的结尾

通常为表达美好祝愿或再次表示谢意。

（三）落款

落款包括署名和日期。开（闭）幕词因其首部已经标注，不加落款。欢迎（送）词一般要加上落款，署上致辞单位名称、致辞者的身份、姓名，并署上成文日期。其他致辞出于庄重的需要，也可加注。

四、致辞的写作要领

致辞的写作要注意以下几点。

1. 体现针对性

一要看场合说话。致辞的场合多种多样，是庄重仪式、重大节日，还是隆重的大会、酒会、宴会、记者招待会或一般座谈会、展销会、订货会等，是欢迎、感谢，还是祝酒、祝贺，要根据场合，该严肃则严肃，该轻松则轻松。二要看对象说话。致辞应用范围广泛，受众可能是上级领导，可能是政府要员、行业专家，也可能是兄弟单位同人及下属等，受众不同，措辞就要有所选择。

2. 追求口语化

致辞有时会面对资深专家、学者，难免用到专业术语；有时会面对外宾，难免用到外交辞令，但它终究是“说”的艺术，写在纸上还要念在嘴上，遣词造句应尽可能符合说话的习惯，多用生活化的语言，多用短句子，少用拗口、生涩的词语，避免不雅或容易造成误解的谐音，避开对方的忌讳。

3. 注意分寸感

致辞无非是要表达欢迎、感谢、祝贺等，无论表达何种意味，均应出于真心实意，做到感情充沛而不失分寸，语言亲切，饱含真情，谦逊有礼，不亢不卑。特别是称谓语，要切合对象。

4. 力戒冗长

致辞往往是一种礼节性的外交、公关辞令或应酬性讲话，宜短小精悍，言简意赅，忌长篇大论、喋喋不休，令人生烦。

5. 注意“孪生文种”的衔接

如开幕词与闭幕词、欢迎词与欢送词等，具有对应关系，应注意呼应。此外，某些答谢词与欢迎词、祝酒词之间也有内在联系，应注意其内容上的照应。尤其主人已经致辞在前，作为客人就不能“充耳不闻”，即使预先准备好了答谢词，也要在现场紧急修改补充，或因情因境临场应变发挥。

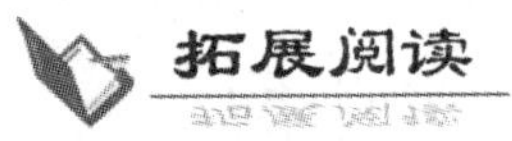

演讲的趣味哪里来

山东潍坊学院　马增芳

演讲离不开事、理、情、趣，这里单说说其中的“趣”。趣，就是趣味，就是毛泽东同志在《反对党八股》中所说的“言之有味”。正像写文章一样，演讲如果言之无味、无趣，就会失去听众，所以，趣味是演讲不可缺少的作料。那么，演讲的趣味从哪里来？

一、别解字词出趣味

所谓别解，就是对演讲中涉及的有关字、词、概念，不按字典、词典所提供的义项进行解释，而是故意破常出新，别开生面地作另类解说。在演讲中，别解字词会创造出意想不到的效果，给听众送去欢声笑语。请听：

今天，看到这么多至爱亲朋为我庆祝生日，我感到非常荣幸。在座的各位亲友从事着各种不同的职业，有干部，有记者，有军人，有企业家，大家为我的生日汇聚一堂，我感到十分荣幸。特别值得一提的是今天光临的宾客学历都相当高，博士就有七位（说话间，走到一位博士身后）。现在我前面这位就是一位博士，我站在他的身后，我就是“博士后”了！（宾客一片欢笑）

这是寿主在自己50岁生日宴会上的一段演讲。什么是“博士后”？“博士后”是一种学位的名称，比博士更高一级的学位，这位寿主当然清楚得很。但他却故意打破常规，利用现场位置，对其进行了独具意趣的别解，让人闻所未闻，忍俊不禁。这一解真是妙不可言，为生日宴会创造出幽默诙谐的欢乐气氛。

二、巧设闲话出趣味

所谓“闲话”，就是看起来与演讲主题无关的多余的话。既然是些多余的话，为什么还要占用宝贵的时间，多此一讲呢？其实，这里所说的“闲话”不闲，它是演讲人有意设置的。这些“闲话”能营造出喜剧气氛，紧紧抓住听众，是演讲不可缺少的趣话。如《论“男子汉”》的演讲。

各位同学：

上星期接到你们学校的电话邀请，要我来参加一次演讲会，既没有提出题目，也没有说限定在几分钟内。我一点也不明白主办者的意图何在，这使我感到为难。今天，我是第一次来到你们学校，一切都是陌生的。在一个陌生的环境里，人容易有一种不适应的感觉，这是我遇到的第二个困难。况且，刚才前面的几位同学又做了精彩的演讲，热烈的掌声可以作证，这给我增加了压力，算是我遇到的第三个困难。不巧得很，我本想凭手中的这么一张卡片做一次演讲，却忘了戴眼镜了，想把它放在桌上偷偷地看几眼也不成了，这是我的第四个困难。所以，上台伊始，就弹开了“困难四重奏”了。（笑声）

但是，我并不胆怯，相反，我充满了信心。我相信，既然我站到了这个讲台上来，我就必定能够鼓起勇气，竭尽全力，让自己体面地走下台去！（掌声）因为，我选择了这样一个题目：论“男子汉”。（掌声）

演讲人一上来，先是一大篇“难”字当头的诉说，说了一难又一难，一连弹出了“困难四重奏”，这都是一些“闲话”。可正是这些充满机智、幽默的“闲话”，为演讲制造出浓烈的欢乐气氛，为引出主题作了有力的铺垫。接下来又大摆显示男子气的“闲话”，在一片掌声中点出题目：“论‘男子汉’”。多么巧妙的“闲话”，与主旨相得益彰、相映成趣。

三、正话反说出趣味

正话反说，就是明贬暗褒，似抑实扬，也即修辞学中所说的反话。正话反说有一种特殊的幽默，给听众带去不一样的愉悦，如崔永元的《话说和顺》。

《话说和顺》是崔永元为推荐云南历史古镇和顺参加全国十大名镇评选的一篇演讲。推荐名镇参加评选，当然要展示优势、展示亮点，崔永元是怎么展示的呢？

当谈到和顺的历史，他说：和顺“历史太短。和顺小镇只有六百多年的历史，比美国的历史才长四百多年”。（掌声）

关于和顺的建筑，他说：“建筑上也比较凌乱，有徽派的、有江南水乡的、有欧式的、也有中西合璧的，建筑不太注意更新，到目前为止还在原封不动，原样保留着。”（掌声）

和顺的图书馆是1928年建的，里面的藏书，他认为“也没有什么太好的书，基本上都是老书、古书、善本、孤本什么的”。（议论声）

你看，明明是历史悠久，比美国的历史还长四百年，他反说“历史太短”；建筑风格多样，保存完好，他反说“比较凌乱”“不太注意更新”；图书珍贵，“老”“古”“善”“孤”，他反说“没有什么太好的”。但这些反说，比板着面孔的正说更有魅力，让人从心底发笑。难怪每说到一处，便是“掌声”“议论声”。经过他这一番“无情”地“贬”“损”，对于和顺不仅毫发无损，反而更加光彩闪亮，名声大震，终于在156个申报单位中脱颖而出，荣登全国十大名镇的榜首。

四、委婉自嘲出趣味

自嘲，就是就自身的不足、弱点，自我戏谑，自我嘲讽。自嘲且有趣，就不能把话说得太直、太白，只有婉转含蓄的委婉语，才能创造出引人发笑的欢畅效果。如有一婚礼主持人，在婚礼上发表这样一段开场白：

大家好！奉新郎、新娘之命，我来主持今天的婚礼。为什么新郎、新娘一定要我做主持人呢？前几天讨论谁做婚礼主持人最合适的时候，准新郎对我说：“你长得很安全，不会让新娘子在举行婚礼时走神，更不会对我的美男子形象构成威胁。你做主持人，我放心！”然后，准新娘对我说：“你长得很谦虚，和新郎官一起站在台上，所有来宾都会夸我有眼光。你做主持人，我满意！”

婚礼一开场就让人忍俊不禁，开怀大笑，把气氛推向了高潮。为什么？就因为借了新郎、新娘之口，用委婉语对自己其貌不扬的长相进行了自嘲。“你长得很安全”“你长得很谦虚”，什么是“很安全”“很谦虚”，不必明说，大家在意会中便能悟出其中意趣。这样的自嘲，怎能不激起欢声笑语，把喜庆的婚礼搞得热闹非凡。

五、设悬解疑出趣味

就是在叙事过程中，有意设下一个一个的悬念，激发听众的兴趣，最后把包袱一抖，让听众在恍然大悟中开怀大笑。如有这样一段演讲：

有一家，丈夫有肺病，又极好吸烟。为此，妻子已和他吵过几次，可是他烟瘾很大，在外面朋友递给他烟他就接，结果晚上咳嗽。有一天，他又走到超市，问了一下售货员烟酒专柜在哪里。售货员往前一指，他刚走就被售货员叫住：“先生，吸烟有害肺脏，建议您限量吸。”他答应了一声，心里奇怪，这个售货员不推荐我买好烟，反而还让我限量吸。他又怎么知道我有肺病？从超市出来，他点着烟，刚吸一口，后面一个老大娘点点他的后背，“小伙子，身体不好就别抽烟了。”这次他更加纳闷了，刚才那个售货员知道他身体不好，这次老太太也知道。他问：“大娘，你怎么知道我身体不好？”老大娘一揪他后背衣服，“这不是吗，你这儿都写着呢。”他脱下衣服，原来是他儿子不知道什么时候在他衣服后背上贴了张纸条，上面写：“我爸爸肺不好，请别让他抽烟了。”

为什么所到之处都有人特别提醒他不要吸烟？更怪的是那位老太太，还知道他身体不好，她怎么知道？这一连串的悬念，特别让人好奇。最后，让老太太把谜一揭，让人乐不可支。

倘若换一种讲法，听听：有一家，爸爸有肺病，又极好吸烟，一家人苦苦相劝，也无济于事。为此，儿子就在他衣服的背后，贴上一纸条，说他爸有肺病，请劝他不要抽烟了。结果，所到之处都有人提醒他。像这样平直地讲，还有什么可听之趣。

真是，设悬解疑，趣从中来。

六、活用词语出趣味

就是对词语的灵活运用，如褒词贬用、庄词谐用、术语别用等。用得好，都能妙趣横生。

如有的主持人在婚礼祝词中说：

在爱的旅程中，李小姐和高先生你追我赶，配合默契，终于在这样一个美丽的季节，这样一个美好的日子，到达爱的彼岸，安全登陆并胜利会师了。

再如《说说我婆婆》的演讲，说妯娌怀孕的情形：“过了不久肚皮也鼓得圆溜溜的，上头大，下头小，呈鸭蛋形。村子里的能根据肚皮形状判断是男是女的‘观察家们’对瑞香说：你比你嫂子走运，你怀的儿子，这是坛子里捉乌龟——十拿九稳！”

“会师”本是军事术语，“观察家”是外交术语，经过演讲人的活用，别有一番意趣。

文章来源：《应用写作》2012 年第 1 期

探究学习

搜集竞职演说、就职演说等演讲稿的写作知识及范文，并选择一篇范文写一段赏析文字，一并上传到课程网站。

随堂讨论

1. 辨析贺词与祝词的区别。
2. 辨析致辞与演讲稿的区别与联系。
3. 仔细研读下面这篇证婚致辞，领会其写作要点，并做点评。

尊敬的各位来宾，各位朋友，女士们、先生们：

大家中午好！

今天，我受新郎、新娘的委托，担任 ××× 先生、××× 女士的证婚人，感到十分荣幸和激动！

新郎 ××× 先生不仅英俊潇洒、忠厚诚实，而且有一颗善良的心，为人和善大度。不仅工作上认真负责、任劳任怨，而且在业务上刻苦钻研，成绩突出，是一位才华出众的好青年。

新娘 ××× 女士不仅漂亮美丽，而且具有东方女性的内在美。不仅温柔体贴、勤奋好学、品质高贵，而且心灵手巧，善于当家理财，是一位可爱的好姑娘。

作为证婚人，我要告诉大家：在这之前的农历 × 月 × 日，新郎和新娘在民政局办理了结婚登记手续，几经历练，终成正果。他们的感情是真挚的，他们对共创未来已经有了充分的准备。他们的婚姻是合情合理的，程序是合法有效的。

此时此刻，新郎、新娘结为夫妻，走进婚姻的殿堂，这是爱情的力量使他们相识、相知，相守在了一起。他们的结合是真正的情投意合，天造地设，佳偶天成。

从今以后，希望你们互敬、互爱，互谅、互助，无论是在生活顺畅时，还是遇到坎坷时，你们俩都要一心一意、忠贞不渝地爱护对方，关心对方，在人生的旅途中永远心心相印，白头偕老，相依度过幸福美满的一生。

朋友们，让我们共同为这对新人祝福吧！

祝愿他们新婚快乐，幸福美满，永结同心！

祝福他们在未来的日子里相濡以沫，共同开创美好的明天，恩爱到永远！谢谢，谢谢大家！

证婚人：×××

××××年×月×日

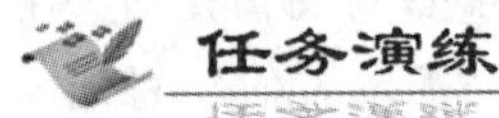

任务演练

✲ 核心任务：

创设开学典礼暨教师节庆祝大会情境，分角色完成相关发言。

✲ 分项任务：

① 按校领导、教师代表、老生代表、新生代表分为四组，分头撰写校长致辞及各自发言材料。

② 向老师和同学请教，修改完善文稿。

③ 各组推选一份最佳文稿和合适人选，虚拟场景，分角色发言。

任务二　主持词

任务导入

在“海峡情”大型文艺晚会上，舞蹈家刘敏在表演时不慎跌落乐池之中，面对全场惊呆之状，主持人凌峰不慌不忙走上台，慢慢摘下翘边的礼帽，露出光秃秃的脑袋，向观众深鞠一躬说：“观众朋友，我知道，大家此刻正牵挂着的是刘敏摔伤了没有，那么请放心，假如刘敏真的跌伤了，我愿意后辈子嫁给她。”机智的调侃缓解了观众的紧张情绪，使一直揪心的观众忍俊不禁。但刘敏到底摔得怎样，观众仍很牵挂，凌峰接着说：“观众朋友，艺术家追求的是尽善尽美，奉献的是完整无缺，现在——刘敏要把刚才没有跳完的三分钟舞蹈奉献给大家，奉献给海峡两岸的父老兄弟姐妹！”随后，刘敏翩然出现在舞台中央，现场爆发出雷鸣般的掌声……

主持是一门综合艺术，要把口语表达的各项基本功紧密联系起来形成一体，使其具有一定的艺术性。主持人就像一台性能良好的协调机器，既要把自身的各部分组件组织起来，又要把别人的各部分组件组合起来。

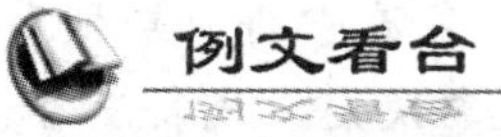

【例文一】

2010年度精品课建设总结大会主持词

尊敬的各位领导、各位老师：

过去的十年，我们高举高职教育的大旗，走过了一段艰难的创业历程。同时，围绕专业内涵建设，在课程改革的路上摸爬滚打，创造了属于自己的“奇迹”。今天，终于可以共聚一堂，盘点行囊，分享成果，交流心得，筹划蓝图。作为酒泉职业技术学院的一员，作为学院的开拓者、建设者，我想，我们每一个人心中，都充满欣慰，充满期待。

◆首先，有请副院长、示范项目建设办公室主任×××副教授，就2010年度精品课程建设工作进行总结。

◆谢谢×××院长全面的回顾、中肯的评价和独到的见解。下面，有请×××院长宣读2010年度精品课表彰奖励决定。

◆让我们再次以热烈的掌声，向所有获奖者表示衷心的祝贺！一分耕耘，一分收获。过去的一年，成功属于他们，辛劳和寂寞也伴随着他们。此时此刻，我想，我们的获奖者，一定有很多感想。下面，就让我们共同来倾听他们的心声！

⊙有请×××副教授，代表开创学院先河、跻身国家精品的“节水灌溉技术”课程团队，激情上台，发表感言。

⊙有请×××副教授，代表荣获教育部专业教学指导委员会精品课程的“反应过程与技术”团队，发表感言。

⊙有请×××老师，代表荣获教育部专业教学指导委员会精品课程的“风力发电机组运行维护”团队，发表感言。

⊙有请××副教授，代表荣获院级精品课程的“特色农产品加工技术”团队，发表感言。

◆感谢各位领导、各位专家、各位老师的精彩发言！正如×××院长所言，我院的精品课建设虽然硕果累累，成绩喜人，但从总体上看，尚处于创建、发展与完善之中。展望未来，任重道远，就让我们一边享受着成功的喜悦，一边来聆听教务处××处长对2011年度精品课建设工作的安排部署。

◆最后，让我们以热烈的掌声，欢迎院党委书记、院长×××教授，做重要讲话！

◆感谢×××院长对课程建设工作的精心指导。我相信，有了多年的积淀，有了成功者的指引，有了学院的大力支持，有了工作的热情和信心，我院的课程建设必将在“十二五”开局之年，迈上一个更高的台阶！

今天的会议到此结束，谢谢各位领导盛情出席，谢谢各位老师热情参与！

看 点

这是一篇一般性会议的主持词。标题由“会议名称＋文种（主持词）”构成。称谓用统称涵盖了所有参会者。开场白由简要回顾学院过去十年的发展历程特别是精品课建设方面的主要成就入手，导入会议主题——“盘点行囊，分享成果，交流心得，筹划蓝图”，紧扣主旨，不枝不蔓。在串联词部分，进行工作总结、宣读表彰决定、代表发言、工作部署、领导讲话等五项议题依次展开，在相对固定的议题之间注意导入上的变化，在较为重要的议题结束之后注意评价、感谢，衔接紧密，过渡自然。结尾表达信心、宣布会议结束，符合惯例。

【例文二】

共青团酒泉职业技术学院四届二次全委（扩大）会议主持词

（2012 年 3 月 15 日下午）

各位委员、同志们：

经请示学院党委和团市委同意，今天，我们在这里召开共青团酒泉职业技术学院四届二次全委（扩大）会议。

参加今天会议的领导有：团市委副书记 ××× 同志，院党委书记 ××× 同志、副书记 ××× 同志，副院长 ××× 同志，组织人事处处长 ××× 同志，学生处处长 ××× 同志、副处长 ××× 同志，参加会议的有：共青团酒泉职业技术学院第四届委员会委员，不是委员的各系团总支负责人，以及教工团总支负责人。

首先，请团市委 ××× 副书记宣读共青团酒泉市委《关于召开共青团酒泉职业技术学院四届二次（扩大）会议的批复》。

今天的会议主要有三项议程：第一项，审议通过《共青团酒泉职业技术学院四届二次全委会关于共青团酒泉职业技术学院第四届委员会委员卸免确认案（草案）》；第二项，增选共青团酒泉职业技术学院第四届委员会委员；第三项，选举共青团酒泉职业技术学院第四届委员会副书记。

大会提名党委办公室 ×× 同志为监票人，各位委员有无意见，如有意见，请发表。

没有意见，鼓掌通过。

大会指定招生就业处 ××× 等同志为计票人。

下面进行第一项：审议通过《共青团酒泉职业技术学院四届二次全委会关于共青团酒泉职业技术学院第四届委员会委员卸免确认案（草案）》。

请 ××× 副院长宣读《共青团酒泉职业技术学院四届二次全委会关于共青团酒泉职业技术学院第四届委员会委员卸免确认案（草案）》。

各位委员对《确认案》有无意见，如有意见，请发表。

没有意见，鼓掌通过。

请第四届团委委员代表，原新能源工程系团总支书记 ××× 同志发言。

让我们用掌声感谢各位卸职委员，感谢他们在共青团岗位上付出的辛勤努力和作出的积极贡献！同时，也衷心地祝愿他们，在新的工作岗位上再接再厉，再创佳绩！

下面进行第二项：增选共青团酒泉职业技术学院第四届委员会委员。

请工作人员宣读《共青团酒泉职业技术学院第四届委员会委员增选办法（草案)》。

(待宣读毕）各位委员对《增选办法》有无意见，如有意见，请发表。

没有意见，鼓掌通过。

请组织人事处处长×××同志宣读《共青团酒泉职业技术学院第四届委员会增选委员候选人基本情况简介》。

请监票人开始工作。

请监票人当众开启并检查票箱。

(待检查毕）请工作人员（×××）清点并报告到会委员人数。

(待清点报告后）经清点，应到委员30人，实到委员______人，符合法定人数，可以选举。

请工作人员分发选票：

(待分发毕）各位委员，都拿到选票没有？有没有多拿的？有没有字迹不清楚、破损或没有盖章的？

各位委员都拿到了选票。现在请工作人员将多余的选票当众撕毁。

(待撕毁毕）各位委员，拿到选票先不要急于填写，我来读一下填写说明。(读选票上的填写说明）

现在，请大家开始填写选票。(填写选票)

(环视会场，待填写毕）各位委员，选票填写好了没有？有没有尚未填写好的？

(环视会场）都已填写好，现在开始投票。

(待投票毕）现在，请监票人、计票人开启票箱，清点并报告票数。

(待清点报告毕）发出选票30张，收回选票____张。收回的选票数与发出的选票数相等。选举有效。

现在请监票人、计票人开始计票。

(待计票毕）请监票人宣布计票结果。

(待宣布毕）各位委员，同志们，经选举，×××、×××、×××、×××、×××、×××、×××、×××、×××、×××、×××、×××、×××、×××、×××、×××16名同志增选为共青团酒泉职业技术学院第四届委员会委员。让我们以热烈的掌声，对他们的当选表示诚挚的祝贺！

下面进行第三项：选举共青团酒泉职业技术学院第四届委员会副书记。

请工作人员（×××）宣读《共青团酒泉职业技术学院第四届委员会副书记选举办法(草案)》。

各位委员对《选举办法》有无意见，如有意见，请发表。

没有意见，鼓掌通过。

请学生处处长×××同志宣读《共青团酒泉职业技术学院第四届委员会副书记候选人

简介》。

请监票人开始工作，当众开启并检查票箱。

（待检查毕）请工作人员清点并报告到会委员人数：（毕）经清点，应到委员30人，实到委员____人，符合法定人数，可以选举。

请工作人员分发选票。

各位委员，都拿到选票没有？有没有多拿的？有没有字迹不清楚、破损或没有盖章的？

各位委员都拿到了选票。现在请工作人员将多余的选票当众撕毁。

（待撕毁毕）各位委员，拿到选票先不要急于填写，我来重申一下填写说明。（读选票上的填写说明）

现在，请大家开始填写选票：

（环视会场，待填写毕）各位委员，选票填写好了没有？有没有尚未填写好的？

（环视会场）都已填写好，现在开始投票。

（待投票毕）现在，请监票人、计票人开启票箱，清点并报告票数。

（待清点报告毕）发出选票30张，收回选票 30 张。收回的选票数与发出的选票数相等。选举有效。

现在请监票人、计票人开始计票。

（待计票毕）请监票人宣布计票结果。

（待宣布毕）各位委员，同志们，经选举，×××、×××同志当选为共青团酒泉职业技术学院第四届委员会副书记。让我们以热烈的掌声，对他们的当选表示祝贺！

各位委员，同志们，下面请新当选的院团委副书记×××同志发言。大家欢迎！

下面请院党委书记×××同志做重要讲话。大家欢迎！

同志们，今天会议的全部议程已经进行完毕。现在散会，请领导和代表到教学楼前合影留念。

看　点

这是一篇代表会议主持词。虽然听众以学生为主，但因系团委扩大会议，故而称谓用了“各位委员、同志们”，符合惯例。开篇直截了当宣布会议开始，继而介绍出席领导，在宣读完批准开会的批复之后，先报告会议全部议程，再依次展开，每项议程都按程序推进，符合工作要求。结尾宣布议程完毕，提请合影留念。全文充分显示了代表会议主持词的特点，可做借鉴。

【例文三】

阅约深美·百年回响

——庆祝南京艺术学院建校100周年民族器乐歌舞晚会主持词

【观众进场时：舞台台口宽银幕纱幕播放宣传片（循环播放）

领导、嘉宾进场就座

【暗场后，宽银幕后起光

节目一：吹打乐《龙腾虎跃》

【节目一结束，演员下场时主持人出场

段 菲：尊敬的各位领导

张 帆：尊敬的各位嘉宾

袁 磊：尊敬的各位校友

钱 琨：亲爱的老师们、同学们

合：晚上好！

段 菲：大家好！我是南京艺术学院2003届毕业生、南艺影视学院教师段菲

张 帆：大家好！我是南京艺术学院2008届毕业生、齐鲁卫视主持人张帆

袁 磊：大家好！我是南京艺术学院2011届毕业生、昆山电视台主持人袁磊

钱 琨：大家好！我是南京艺术学院2010届毕业生、南京电视台主持人钱琨

段 菲：刚才，一曲吹打乐《龙腾虎跃》带给大家欢腾的节日气氛。是的，今天是南京艺术学院的节日，创建于1912年的南京艺术学院，在今天迎来了百年华诞。

张 帆：百年栉风沐雨，百年薪火相传。今天，焕然一新的南艺校园嘉宾云集、高朋满座，来自世界各地的南艺校友齐聚母校，共襄盛典。

袁 磊：为迎接百年校庆，学校分别于11月11日在国家大剧院、12月7日在南艺音乐厅举办了原创交响音乐会，展示了我院管弦乐创作和表演的成果。

钱 琨：今晚，我院的师生和校友将为您奉献一台民族器乐歌舞演出，希望能带给您一个喜庆、愉悦和美好的夜晚。

袁 磊：接下来，我们将欣赏到的，就是有着“天籁之音”美誉的青年歌唱家、南艺2006届硕士研究生谭晶带来的歌曲《在那东山顶上》和《相信》，有请谭晶。

节目二：女声独唱《在那东山顶上》《相信》

演 唱：谭晶

段 菲：风尘仆仆赶来祝福南艺百年华诞，谭晶因为还有重要的演出任务，当我们还在她美妙的歌声中沉醉的时候，谭晶还要连夜赶回北京。让我们把热烈的掌声送给她！

张 帆：谢谢谭晶！我们南艺的民族器乐专业一直以来培养了众多的拔尖人才，在海内外重要的专业赛事中都能看到他们获奖的身影，今天，他们中的很多人都来到了演出现场，真可谓是群贤毕集、星光灿烂。

段 菲：由于优秀的毕业生人数众多，而节目有限，很多获奖者只能以重奏、合奏的方式为您献演。接下来就是由多位金钟奖、文华奖获奖选手为您带来的弹拨乐重奏《姑苏情》，作曲：江苏省演艺集团董事长、我院校友朱昌耀；演奏：王文礼、任洁、童莹、江洋等，请欣赏。

节目三：弹拨乐《姑苏情》

演奏者：王文礼、任洁、童莹、江洋等

节目四：舞蹈《收获》

表演者：南艺舞蹈学院

袁　磊：感谢舞蹈学院的同学带来的舞蹈《收获》，这个原创舞蹈剧目创编元素源自2009年8月获文化部颁发的文华艺术院校奖第九届桃李杯课堂精品组合表现奖《江苏民间舞课堂精品组合》，今天，根深叶茂的百年南艺也迎来了硕果累累的丰收季节。

段　菲：我院的成公亮老师是古琴广陵琴派传人，是当今古琴界具有重要影响力的大家，他即将带给我们的古琴独奏《袍修罗兰·水》，古雅、清幽，诗意绵长，视频中得“水”字汇聚了我院多位书法家的墨迹，让我们一起凝神倾听、欣赏。

节目五：古琴独奏《袍修罗兰·水》

表演者：成公亮

钱　琨：江苏是全国著名的二胡之乡，而南艺是二胡演奏家的摇篮，曾培养出众多的二胡演奏家。

袁　磊：上海音乐学院民乐系主任、我院校友王建民老师创作的4首《二胡狂想曲》已经成为二胡曲库中的宝贵曲目，也是国家级重要比赛的指定曲目，接下来就请欣赏《二胡狂想曲联奏》，演奏者是我院的毕业生，曾荣获金钟奖、文华奖二胡比赛铜奖以上奖项的李源源、韩石、顾怀燕、万吉，钢琴伴奏：马玉乔

节目六：二胡组曲《二胡狂想曲联奏》

演奏者：李源源、韩石、顾怀燕、万吉

钢　伴：马玉乔

节目七：女声独唱《梅兰芳》

演　唱：张其萍

伴　舞：江苏省京剧院

段　菲：感谢我院校友张其萍的精彩演唱和省京剧院艺术家的精彩表演，同时，这首歌曲的曲作者江苏省文化厅艺术处处长吴小平也是我校校友，感谢他们带给我们如此美好的享受！

钱　琨：接下来，来自台湾的叶红旗老师率领台湾中华笛艺团将为大家表演笛子重奏《回乡》。叶红旗老师是我校81届本科毕业生、08届博士毕业生。他致力于中华竹笛艺术在宝岛台湾的传承、发扬，他所率领的笛艺团多次荣获国际大奖，为两岸民乐交流作出了积极贡献。《回乡》既是校友重回母校的情感表现，也体现了两岸文化同源同根一脉相承的同胞情义。演奏者：叶红旗、台湾中华笛艺团，钢琴伴奏：吴佳蓁、李宛慈

节目八：竹笛重奏《回乡》

表演者：叶红旗、台湾中华笛艺团

钢　伴：吴佳蓁　李宛慈

节目九：男女二重唱《延河情深》

表演者：方晶晶、何鹏

袁　磊：感谢方晶晶、何鹏带来的歌曲《延河情深》。方晶晶现为南京军区前线文工团青年独唱演员，何鹏现为江苏省演艺集团青年独唱演员，我们欣喜地看到我院的毕业生

正逐步成为江苏文艺舞台上富有朝气和发展潜力的有生力量。

张 帆：我院在民族文化传承上一直做着不懈的努力，于2008年创建的昆舞专业就是例证。昆舞，来源于传统剧种昆曲，舞姿意蕴清醇，典雅华美。昆舞《五指莲花兰》就是其中的代表之作，《五指莲花兰》曾荣获全国舞蹈大赛二等奖，请欣赏。

节目十：昆舞表演《五指莲花兰》

表演者：南艺舞蹈学院

节目十一：女声独唱《永远的江南》

表演者：方鹂鹂

伴 舞：南艺舞蹈学院

钱 琨：杏花烟雨江南，都写在唐诗宋词的里面；浣纱采茶弄莲，被江南最后的一抹绿点染。感谢方鹂鹂为我们带来的歌曲《永远的江南》。作曲吴旋为82届毕业生，现为空政文工团创作室一级作曲。

张 帆：接下来，请欣赏师生联袂演奏的古筝二重奏《幻想舞曲》。老师蔡珊珊曾荣获金钟奖铜奖，学生张歆怡大家一定感觉到面熟吧？没错，她就是张艺谋导演的电影《金陵十三钗》中书娟的扮演者，请看大屏幕（15秒左右）。下面，请欣赏她们师生同台演绎我院邹建平教授创作的《幻想舞曲》。

节目十二：古筝二重奏《幻想舞曲》

表演者：蔡珊珊、张歆怡

节目十三：女声独唱《李清照》

表演者：陈明华

伴 舞：南艺舞蹈学院

段 菲：感谢陈明华为我们带来的歌曲《李清照》。陈明华老师曾获23届文化部全国声乐演唱一等奖。

袁 磊：下面，请欣赏男子群舞《傲雪·梅》，《傲雪·梅》曾荣获全国舞蹈比赛文华舞蹈节目创作优秀奖和华东六省一市舞蹈比赛评委会特别大奖。表演者：南艺舞蹈学院同学，有请。

节目十四：男子群舞《傲雪·梅》

表演者：南艺舞蹈学院

张 帆：下面，来自空政歌舞团的吴彦凝将为我们带来一首歌曲《报答》，吴彦凝1999年毕业于南艺附中，曾荣获全国青年歌手电视大赛民族唱法银奖，是近年来活跃在中国歌坛的青年女高音歌唱家。

节目十五：女声独唱《报答》

钱 琨："忍不住眼泪湿润双眼，泪水模糊我的视线，但是抹不掉思念，好想回到从前"，吴彦凝的歌声代表了所有南艺校友的心声，谢谢吴彦凝。

段 菲：从2000年开始，学校和解放军艺术学院合作培养声乐专业硕士，探索出跨校协同创新的教育新模式。

钱　琨：今天，他们中的代表也来到演出现场为南艺的百年华诞送上祝福！刚才，我们已经欣赏了谭晶的精彩演唱，接下来，有请南艺2004届硕士研究生、被誉为“西部歌王”的王宏伟为大家带来歌曲《可爱的一朵玫瑰花》《天路》，有请王宏伟。

节目十六：男声独唱《可爱的一朵玫瑰花》《天路》

表演者：王宏伟

张　帆：感谢王宏伟！著名男高音歌唱家、声乐教育家李双江老师被誉为“人民的歌唱家”，他演唱的歌曲脍炙人口，广为流传，他培养的学生也成为中国歌坛的中坚力量。正是在双江老师的推动下，南京艺术学院和解放军艺术学院结下了深厚的友谊。

袁　磊：今年上半年，李双江老师受聘为南京艺术学院博士生导师，必将为解放军艺术学院、南京艺术学院，为祖国、为世界培养更多的声乐人才。下面，让我们用热烈的掌声有请李双江老师——

节目十七：男声独唱《草原之夜》《打个胜仗笑哈哈》

表演者：李双江

段　菲：我院校友、著名二胡演奏家陈耀星将军为祝贺母校百年华诞，特地创作了《喜庆》，接下来，他将和我院历届毕业生朱昌耀、周维、邓建栋、卞留念、欧景星等二胡演奏名家以及百名二胡专业学生共同演奏《喜庆》和《战马奔腾》！有请他们。

节目十八：二胡齐奏《喜庆》《战马奔腾》

表演者：陈耀星、朱昌耀、周维、邓建栋、卞留念、欧景星等

【起校歌《我爱母校万年》

袁　磊：沂蒙山、黄浦潮、沧浪亭、太湖水、长江浪……从沧桑的历史走来，在历史的波浪中前进。

钱　琨：南京艺术学院把沂蒙山的希冀，黄浦潮的求索，沧浪亭的情愫，太湖水的依恋，一起汇成了扬子江奔腾不息的浪花和紫金山安若磐石的稳重。

段　菲：百年源深流远，百年续写辉煌。一个月前，党的十八大胜利召开，祖国的建设和发展进入到一个崭新的阶段，祖国的艺术教育事业也必将迎来又一个明媚的春天。

张　帆：让我们继往开来，让我们共同祝愿：在社会主义文化大发展大繁荣的征程中，百年南艺的新百年更加灿烂辉煌！

段　菲：“闳约深美·百年回响——南京艺术学院建校100周年民族器乐歌舞晚会”到此结束！

张　帆：再次感谢您的光临！祝大家身体健康、工作顺利、阖家幸福、万事如意！

合：祝大家晚安！再见——

文章来源：转引自 http：//blog. sina. com. cn/s/blog

看　点

这是一篇文艺活动主持词。活动主题为“闳约深美·百年回响”，活动内容为民族器乐

歌舞晚会，旨在庆祝南京艺术学院建校100周年。标题采用双行题，将活动主题、活动内容、活动目的等一一揭示出来。称谓选择“尊敬的各位领导”“尊敬的各位嘉宾”“尊敬的各位校友”“亲爱的老师们、同学们”点出，排布有序，也符合四位主持人作为“校友”的身份。开场白从主持人自我介绍开始，表面上是自我介绍，实际上反映了该校不凡的人才培养水平；随后从“一曲吹打乐《龙腾虎跃》”将话题切入到晚会主题——庆祝南京艺术学院百年华诞，以一句“百年栉风沐雨，百年薪火相传”进行评价并承上启下，行文简洁，不枝不蔓。串联词借助多姿多彩的语言“穿针引线”，衔前接后，使整场节目形成了一个有机的整体，有效展示出节目的凝聚力，调动了观众感官，控制了现场气氛。结束语在悠扬的校歌声中展开，情景交融，历史与现实交相辉映，形势与祝愿、感谢相辅相成，“百年源深流远，百年续写辉煌”与开篇“百年栉风沐雨，百年薪火相传”遥相呼应，浑然一体。

一、主持词的概念

主持词是主持人用于说明活动主旨，引导、推动活动展开，串联和衔接前后内容，总结和概括活动情况的文稿，往往依附于各种演出和聚会等活动。

根据主持场合的不同，常见的主持词大致可以分为以下三类：

1. 社会活动主持词

社会活动包括比赛、会议、典礼（包括婚礼）、产品促销活动等，其主持词的写作要了解活动宗旨，熟悉活动议程，把握好时间及每个环节的进程，随时注意控制会场气氛。一般使用第三人称，语言要简洁明快、干净利落。

2. 文艺活动主持词

文艺活动包括舞会、晚会、联欢会等各种文艺性演出及演讲、论辩、学术报告等各种文化活动，这种活动比较轻松活泼，主持词的撰写相对灵活。既要有事先拟定的主持词，又要随机应变，幽默风趣，也可以让观众参与互动，创设一种轻松欢快的和谐气氛。

3. 广播电视节目主持词

广播电视节目包括各种综合性、专题性、专业性的板块节目。撰写此类主持词，事先要尽可能多地了解一些专业知识，抓住重点，反映热点、焦点问题，要把握时机，引导人们思考或参与，吸引听众或观众的注意力。主持人往往采用第一人称，语言亲切，娓娓道来，要晓之以理、动之以情。

二、会议主持词

（一）会议主持词的特点

会议主持词是会议主持者根据会议的安排，对有关内容和事项作出说明，对一些重要问题进行强调，对领导讲话作出简明扼要的评价，并对会后如何贯彻落实会议精神提出要求、布置任务的带有指挥性、引导性的讲话。它有以下五个特点。

1. 地位附属

主持词是为领导讲话和其他重要文件服务的，其附属性表现在两个方面：从形式上看，主持词的结构是由会议议程所决定的，必须严格按照会议议程谋篇布局，不能随意发挥。从内容上看，主持词的内容是由会议内容所决定的，不能脱离会议内容。主持词的附属性地位，决定了它只能起陪衬作用，不能喧宾夺主。因此，在撰写过程中，从结构到内容乃至遣词造句、语言风格、讲话口气等，都要服务于整个会议，与会议协调一致。

2. 篇幅短小

会议主持词的篇幅一般不宜过长，要短小精悍，抓住重点，提纲挈领。而篇幅过长，重复会议内容就会造成主次不分、水大漫桥。

3. 语言平实

会议气氛一般较为严肃，与之相适应，会议主持词在语言运用上注重口语化、大众化，讲求平实、庄重、简明、确切。要开门见山，直入主题，尽量不用修饰语和曲笔。说明什么，强调什么，提倡什么，反对什么，有什么要求、建议、意见，要一清二楚，一目了然，切忌含糊其辞，模棱两可。

4. 重在头尾

会议主持词的重心在开头的背景介绍和结尾的会议总结、任务布置两部分，中间部分分量较轻，简单介绍议程即可，整体呈现为“哑铃形”结构。

5. 结构独立

会议主持词的内在结构具有相对独立性，开场白、串联词、结束语三个部分均无须借助别的部分而独立存在，自成体系。

（二）会议主持词的写法

会议主持词一般由首部、正文两部分组成。

1. 首部

首部主要包括标题和称谓。

会议主持词的标题一般不分正副标题，并力求简洁明了、直截了当，不需要用含蓄、委婉的语言，也不需要任何修饰词语，是什么会议就用什么名称。如“××大学新校区奠基仪式主持词”“庆祝第×个教师节大会主持词”“××职业技术学院学院2013届新生开学典礼主持词”“××县人民政府与××县人民政府开展对接活动主持词”等。在标题左下方顶格处，可分行写明会议的时间、地点、主持者，或者只在标题正下方中间处注明主持者的姓名（可加小括号）。

称谓是主持者对广大听众的称呼。主持者视不同的与会人员、不同的场合，选用不同的称呼，一般用泛称。如“各位领导”“各位来宾”“同志们”“同学们”等。在特殊情况下，如地位、职务较高的领导、专家莅临下级单位指导工作时，可以针对某位领导，用特称，如“尊敬的×省长”“尊敬的×厅长”等。会议开始前要有称谓，主持中间还应适当用称谓，起引起注意、承上启下的作用。

2. 正文

会议主持词的正文一般由开场白、串联词、结束语三部分构成。

(1) 开场白

开场白的形式多种多样，可开门见山、直奔主题，如：“今天我们在这里隆重集会，召开庆祝我国第×个教师节大会”“今天，在这里举办我市暑期中层干部研讨班”。也可简单介绍一下会议的召开背景、目的，如：“为全面贯彻落实省委、省政府‘科教兴省’、率先建设创新型省份和市委、市政府全面奔小康、建设新××的战略决策，加快科技成果转化，促进产学研结合，进一步推进地方经济和社会可持续发展，今天，在这里召开我市科技工作者大会”。无论用什么方法开头，都应该紧扣主题，用精练的语言吸引听众，自然地引出下文，不要兜圈子。

另外，在开场白部分还可介绍主席台就座的领导和与会人员（可包括姓名、身份、职务等），如：“光临今天会议的领导和来宾有，ZG 市委书记 ×××、市长 ×××……”“出席今天奠基仪式的还有……”“……也出席了今天的对接交流活动”。介绍出席人员时，必须要注意先后顺序，先上级后下级，先来宾后主人。同时对各位来宾的到来，主持者要表示热烈的欢迎和衷心的感谢。

(2) 串联词

这是会议主持词的核心部分，往往用最简练的语言，按照会议安排，依次导入各项议程。可先总说、后分说，如：“今天的对接交流活动主要有×项议程：一是……二是……三是……”，然后分条说，“下面进行第一项议程……”。也可直接分条说，如：“今天的大会主要有×项议程，下面进行第一项议程……”。还可以不明确说有几项议程，如：“××大学新校区建设工程奠基仪式现在开始。首先，请 ××× 同志致辞。大家欢迎。……下面，欢迎×××同志讲话。……接下来，欢迎 ××× 同志致辞……”。

需要强调的是，在一个相对独立或比较重要的内容进行完毕之后，特别是领导重要讲话之后，主持人可做简短的、恰如其分的评价，以加深与会者的印象，引起重视，并使前后两项议程自然地“串”起来，给人以连续感。在顺次介绍各项议程时，切忌千篇一律，不要都用“下面……下面……”，要讲究灵活性和多变性，如可以跳用“下面”“接下来”“下一个议程是”之类的话。

如果会议日期较长，在上一个半天结束之后，应对下一个半天的会议议程做简单介绍，让与会者清楚下一步会议内容。如果下一个半天的内容是分组讨论或外出实地参观，那么，有关分组情况、会议讨论地点、讨论内容、具体要求以及参观地点、乘坐车辆、往返时间、注意事项等都要向与会者交代清楚，以便会议正常进行。

（3）结束语

结束语是主持词的收束。会议主持词的结尾主要包括四项内容。

① 宣布会议即将结束。基本上是“同志们，××会议马上就要结束了”或“同志们，为期几天的××会议就要结束了”之类的话，旨在告诉与会者议程已完。

② 对会议做简要的评价，即肯定会议效果，如“××的讲话讲得很具体，也很重要”“这次会议开得很好，很成功，达到了预期目的”等。

③ 从整体上对会议进行概括总结，旨在说明这次会议所取得的成果，解决了什么问题，明确了什么方向，提出了什么思想，采取了哪些措施等。总结概括要有高度，要准确精练，恰如其分，它是对会议主要内容的一种提炼，对会议精神实质的一种升华。总结会议不是对会议内容的简单重复，而是突出重点；概括会议不是对会议内容的泛泛而谈，而是提升会议的主旨。这样，就使与会者对整个会议的主要内容和精神实质有一个更为清晰的了解和把握。

④ 就如何落实会议精神提出要求。每次会议都有其特定的目的，为达到这个目的，会后都有一个如何落实会议精神的问题。因此，这不但是结尾的重点，也是整个主持词的重点。写好这一部分，要做到以下几点：A. 语言要简洁明了，一是一，二是二，不绕弯子，不做解释说明；B. 要求要明确、具体，不能含糊其词，要体现出会议要求的严肃性、强制性、权威性；C. 布置任务要全面，不能漏项，否则就会影响会议的落实效果；D. 要看会议的性质和内容选取写作方式，如必须完成任务的专项工作布置可采用命令的口气，动员大会性质的可采用号召式；E. 与会单位要将会议贯彻落实情况在一定期限内报会议组织单位，以便检查会议落实情况。

此外，还可发出号召、邀请，或寄托主持人美好愿望，如：“通过今天对接交流活动的开展，进一步增进了我们之间的友谊……”“最后，祝各位……”等等。

（三）会议主持词的写作注意事项

① 清楚议程，认真策划。写前一定要清楚会议背景和每一项议程，并认真分析每项议程“孰轻孰重”，然后确定议程顺序。排序的过程就是“串”“联”主持词的过程。确定议程顺序没有固定法则，以便于会议顺利进行、提高会议整体效果和符合逻辑为原则。在确定好议程顺序后，就要认真考虑如何写开场白、如何形成高潮、如何结尾，这都是主持词不可或缺的部分，要潜心研究、认真策划。

② 注意条理，衔接得当。不管是写什么样的主持词，都要有条理性。没有条理，主持词将失去它存在的价值，也无法将整个会议“串”起来。但仅仅“串”起来还不够，还必须“串”得自然、流畅，衔接得当，这就需要在选词造句时特别要注意考究。如在选择连接词、转折词时，要恰到好处；同一词汇不要多次出现，同一意思要选择不同的词汇来表达，力求达到殊途同归的效果。

③ 善于应变，勇于创新。会议主持词的写作没有固定格式。不同内容的活动宜采用不同语言风格，如法定性会议与临时性会议在语言和风格上就存在差异。领导不同，主持词也要相应变化，如有的领导喜欢一字不漏地念稿子，有的领导喜欢临场发挥、侃侃而谈，都要

考虑。在写有讨论议程的主持词时，更要灵活多变，如：“各位领导、同志们，刚才大家就……等问题发表了很好的建议和意见，并就……等问题进行了讨论”。这些用省略号省略的问题都是随机的，很难预见的。在会议进程中可能发生的一些意想不到的问题，也需要在起草主持词时力求考虑周全。同时，不能千篇一律，要突出每篇主持词的个性和特色，勇于创新，不能是“老一套”。

④ 巧于结尾，赢得听众。从认知角度来讲，一件事情的开始和结束阶段留给人的印象最深。会议主持词结尾写得怎样，直接关系到会议召开的效果和影响。在起草主持词的结尾部分时，语言要有鼓动性，内容要有号召力，力求营造良好的会场气氛。主持者要充分展现自信和魄力，正视前进中的困难，但坚信事业能够成功，勇往直前，引起听众强烈的共鸣，最大限度地赢得听众，从而使会议的效果化作听众的自主意愿和自觉行动，成为促进工作目标实现的强大动力。

二、文艺活动主持词

（一）文艺活动主持词的特点

文艺活动主持词具有一般主持词的基本共性，如地位附属、篇幅短小、重在头尾、结构独立等，但也具有自己的特性。

1. 角色的多重性

会议主持人一般只有一个，因而其主持词的虚拟角色往往是特定的、专一的，反映到内容、风格上具有一致性，自始至终只有一个声音在说话；文艺活动的主持人一般不止一个，因而其主持词的虚拟角色是多重的、间隔的，反映到语言风格上往往会有内在的变化，“说什么”也相对自由。

2. 语言的个性化

与会议主持词注重口语化、大众化略有不同，文艺活动主持词在语言运用上更加注重个性化，不仅要契合主持人身份，体现每一位主持人自己的个性，而且要迎合活动本身的文艺属性，在开头、结尾等关键部位往往会大量借鉴诗词和散文诗的写作手法，提高主持词的文化内涵和艺术感染力。

（二）文艺活动主持词的写法

文艺活动主持词的整体结构与会议主持词基本无二。标题或采用双行题，以活动主题为主标题，以“活动名称＋文种（主持词）”为副标题；或采用单行题，由“活动名称＋文种（主持词）”构成。称谓视出席活动的具体人员的身份、地位而定，但一般不用特称。正文则同样由开场白、串联词、结束语三个部分构成。

1. 开场白

文艺活动主持词的开场白，篇幅上可长可短，但必须把握好吸引观众、创设情境、导入主题三个环节。

① 先声夺人，通过对所有来宾的问候，将观众的注意力全部吸引过来。如“尊敬的各位领导，亲爱的观众朋友们：大家好！”这样的问候，可以让所有观众都对号入座，调动其参与热情并使之迅速投入到节目的欣赏中来。

② 对现场和当时情景加以描述，制造场境效应，让观众感到熟悉、亲切，乐于接受。比如：《2006 年 7 月 9 日中国济南国际儿童广场晚会主持词》的开场白：

甲：寂静的园林已笼罩着一片暮色的苍茫，远方的山峦又勾画出一个个令人喜爱的卡通形象；

乙：飞泻的霓虹早已闪烁着七彩的灯流，泉城的夏夜呀四处弥漫着花草的芬芳；

甲：风儿歇息了，鸟儿也歇息了，只有潺潺的流水拨动着爱的琴弦在轻轻歌唱。

由于当时设定的演出场地是在泉城公园中，主持词通过对特定环境的描述，表现出一种优美和深幽的意蕴，让观众身临其境，容易引起感情上的共鸣。

③ 观众被吸引之后，应迅速导入主题，让活动演出拉开帷幕。

具体而言，开场白的方法常见的有以下四种，可供撰写文艺活动主持词借鉴。

A. 开门见山，直接入题。

示例：

什么是男子汉？不同的人有不同的理解。男子汉不见得风流倜傥、气宇轩昂，也不见得有伟岸的身躯和雄壮的体魄，但他必须有为国、为民、为家勇于负责的精神和关键时刻挺身而出的高尚人格。下面请欣赏小品《我们家的男子汉》。

这个开场白开篇入题，一开始就清楚地告诉了观众下面节目的主要内容。

B. 情景交融，以情入题。

示例：

女：踏着“蒹葭”的节拍，
　　我们从诗经中徐徐走来。
男：一路经历了唐诗、宋词和元曲，
　　我们徜徉在诗的国度，
　　享受着诗歌的激情和浪漫。
女：诗歌是明眸中的亮点，
　　诗歌是心灵天空的繁星，
男：诗歌是跳动的音符，
　　诗歌是理想世界的阳光。
女：今天，正值七月盛暑，
　　就让我们正是诗意年龄的大学生，
合：挥洒青春激情，
　　放飞人生理想。

男：衷心希望我们这次诗歌朗诵会，
能够给各位带来丝丝凉风，
能够给各位送来款款深情。
女：让我们在欣赏美、品味美的同时，
给大家留下美好的夏日回忆！

这是一次大学生诗歌朗诵会的开场白，以情造境，以境传情，传达出了青春激情，也唤醒了听众蕴涵很深的情感，使之自然地融入了活动主题——诗歌朗诵。

C. 委婉曲折，含蓄入题。

示例1：

我国古代禅师青原惟信说人生旅途有三个拐弯：首先是见山是山，见水是水；而后是见山不是山，见水不是水；最后是见山依旧是山，见水依旧是水。下面有请徐贞教授为我们做报告，报告的题目是《写作的真谛》。

示例2：

传说佛祖临终之际，留给弟子的遗言是："自以为灯，自以为靠。"如果你内心正经历着浓重的黑暗，那么就点亮自己的心灯，用自己的信念和智慧之光，驱散眼前的黑暗，照亮自己脚下的路。请听演讲《完成一次独立的行走》。

第一个实例中，主持人先引用禅师关于人生的富含哲理的阐述，然后再引出报告的题目。在第二个实例中主持人由佛祖对弟子的临终遗言讲起，指出要点亮自己内心的心灯，然后引出关于青年人要不等不靠、自强自力的话题。这种主持词先不点明主旨，而采用委婉的方式，曲径通幽，逐渐引起人们的注意，最后逐渐显露真谛，一语道破，真相大白。

D. 幽默风趣，以笑入题。

幽默被喻为"语言中的盐"。幽默的语言表现出智慧和高雅，使人发笑，引人深思，令人回味，给人启迪。幽默风趣的话语常常能够创设出一种轻松活泼的氛围。

在春节联欢晚会上，台湾影视歌三栖明星凌峰出任节目主持人。他这样开头：

在下凌峰，我和文章（台湾歌星）不一样，虽然我们都得过"金钟奖"和"最佳男歌星"称号。但我是以长得难看而出名的。两年多来，我们大江南北走了一趟——拍摄《八千里路云和月》，所到之处呢，观众给了我们许多的支持，尤其是男观众对我的印象特别好。因为他们认为本人长相很中国，中国五千年的沧桑和苦难全都写在我的脸上。一般来说，女观众对我的印象不太良好，有的女观众对我的长相已经达到了忍无可忍的地步，她们认为我是人比黄花瘦，脸比煤球黑。但是我要特别声明一下，这不是本人的过错，这是父母在生我的时候没取得我的同意就生成这个样子了。

凌峰拿自己的相貌自我调侃，既展现了自己洒脱不羁的个性，也造成了新奇诙谐的现场氛围，使晚会一开始就形成了一个高潮。

2. 串联词

串联词是主持词的主体。会议主持词的主体随拟定议程按序推进，文艺活动主持词的主体则随活动流程灵活推进。不管如何推进，均应做到前后衔接，浑然一体。

在2004年全国朗诵艺术大赛颁奖晚会上，主持人这样来推介余光中的朗诵。

男：台湾诗人余光中先生的《乡愁》，在大陆广为流传。因为自古以来大陆和台湾就是同祖同宗、同根同源，血脉相同、语言相同、文字相同。

女：今天，我们颁奖晚会的现场，非常高兴地请到了已经76岁高龄的余光中先生。虽然这首《乡愁》我们都非常熟悉了，但是在这个现场听听他的朗诵，相信会带给您全新的感受。

主持人要在现场为观众播放中央人民广播电台老一辈播音员齐越和夏青的录音资料，则这样切入。

男：观众朋友们，语言不仅在我们的生活当中起着非常重要的交流作用，同时在我们的政治生活当中也起着巨大的作用。

女：是啊，当年中央人民广播电台齐越播讲的《焦裕禄》，夏青播讲的《将进酒》，随着电波传遍千家万户。现在，这些已经是非常珍贵的资料了。

男：非常高兴地找到了当年的一些录音资料，在这个颁奖晚会上，就让我们一起来聆听老一代播音艺术家留给我们的语言魅力。

在全国朗诵艺术大赛第二场，前边刚进行完中国语言的“华彩乐章”之后，下面要进行外国文学作品的朗诵，主持人是这样来推进的。

男：亲爱的观众朋友：外国优秀的文学作品传入我国，对我国文学的发展和创作起到了重要的促进作用。

女：是的，这些优秀的文学作品影响了我国一代甚至几代人。

男：好，下面请让我们进入本届颁奖晚会的第三篇章“蓝色风铃”。请欣赏《海燕》。

……

女：观众朋友：提起英国诗人裴多菲，我们会联想起他的诗“生命诚可贵，爱情价更高。若为自由故，二者皆可抛”。其实，他表达的崇高爱情，也贯穿在他的另一篇作品《我愿意是急流》中。请欣赏《我愿意是急流》。

主持人报幕是为了推出下一个节目，主持词既要起到承前启后的作用，又要为即将推出的节目做好铺垫，使前后融为一体。这几段主持词无疑起到了烘托渲染气氛和抛砖引玉的作用，前后衔接，珠联璧合。

主持活动一般都需要在中间搭桥接棒，主持词的连接词语既要关照先前，画龙点睛，又要引导其后，渲染蓄势。总之，恰当的主持串联词好比一剂调味品，能将一个一个内容串联得津津有味，活跃气氛，承上启下，过渡照应，层层推进，把整个活动连接成一个有机的整体。

在主持过程中，还要灵活机智，巧于应变。如有一场婚礼刚刚过半，礼堂突然断电，话筒不响，会场陷入尴尬。这时，主持人灵机一动，大声说："请大家休息一下，广告之后马上回来。"台下随之响起了一阵笑声，气氛缓和了，两位新人的脸上也多云转晴了。不一会儿，电闸修好了，可不知怎么的，电闸又闹起了脾气，礼堂里又停电了。看着来宾们都有些厌烦的情绪，主持人机智地说："今天真的是个好日子，连电闸也高兴地跳个不停。"一句话，全场都笑了，有的人还鼓起掌来。主持人处乱不惊、冷静处理，左右逢源、化解尴尬，巧妙机智地变通主持词，这笑声和掌声表现了来宾对主持人的赞赏和谢意，同时也为婚礼增添了喜庆气氛。

3. 结束语

主持词作为一种特殊的艺术形式，虽然没有像诗歌、散文那样成为独立的艺术主体，整体结构看似零碎、松散，但仍然是一个相对闭合的系统。"编筐编篓，最难收口。"活动或节目进入尾声时，主持词切忌粗疏草率，要调动各种技巧和手段，或掀起高潮，给人以鼓舞和欢笑；或波澜不惊，给人留下回味和思考。

（三）文艺活动主持词的写作注意事项

1. 认真准备、周密策划

撰写文艺活动主持词，须提前准备，尽早介入。如何开场、如何串联、如何形成高潮、如何结束，都是主持词的重要内容，要潜心研究，精心创作。要了解活动的整体情况，如主题、目的、参加人员等，突出活动主旨，突出受众对象的针对性，步步推进，丝丝入扣。

2. 勇于创新，不拘一格

文艺活动主持词相比一般的主持词更有个性，写作者要把自己摆到观众的位置，用心去体会，用情去表现，用语言魅力、人格魅力去感染听众，力求形式新颖，语言鲜活，反映新的生活内容，表现新的时代主题，激越明快，富于鼓动性。要做到感情充沛而不过分煽情，切忌目中无人、喃喃自语。

3. 提升内涵，寓教于乐

在不增加篇幅的情况下，应尽量采用和历史文化有关的表述方法去写作，增加文化内涵，寓教于乐，不断提高观众的文化知识和素养。

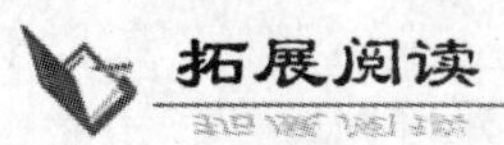

文艺晚会开场白、串联词、结束语设计例谈

海南农垦海口中专学校 云丹敏

每逢一些盛大节日或重要的庆典活动，很多党政机关和企事业单位往往要举办各种文艺晚会以示庆祝。这时候，所有的准备工作中有一项内容是必不可少的——那就是晚会的开场白、串联词和结束语，它对一台文艺晚会的成功举办具有举足轻重的作用。那么，该如何设

计好晚会的开场白、串联词和结束语呢？这三项内容的写作有哪些要求？下面，笔者就这三点举例来说一说。

开场白——未成曲调先有情

何谓开场白？开场白就是晚会节目正式开始前用来烘托气氛的话或文字，它的作用是运用热情洋溢、喜庆的语言，向观众表明晚会的主题，渲染温馨、热闹的气氛，激起欢乐的浪花，引领观众尽快进入晚会的演出氛围，并引出下一个节目。人们常说“良好的开端是成功的一半”，作为一场晚会的前奏曲，开场白说得好，能使晚会在一开始就紧紧吸引观众的眼球，抓住观众的心，使其神情专注地投入到节目的欣赏中来。所以，一场晚会的开场白一定要努力创造出“转轴拨弦三两声，未成曲调先有情”的开场氛围，为晚会的正式演出蓄势兴波。做到了这一点，一场晚会就成功了一半。

那么，怎样设计开场白呢？下面笔者以北京某税务局拟举办的一场2008年庆元旦暨迎奥运文艺晚会为例来说明。设计这台晚会的开场白前，首先必须弄清两个要素：晚会为何而开？主要观众是谁？本次晚会是为庆祝元旦迎奥运而开，主要观众有本单位职工和一些中外来宾。因此，开场白的内容设计既要符合迎新年这个主题，同时又紧扣时代的脉搏。最后要考虑的问题是晚会主持人的人数是单人、双人还是多人主持。下面的开场白是为双人主持而设计的。

女：尊敬的各位领导、各位来宾，

男：亲爱的同志们：

合：大家晚上好！

女：又是一年春来到，

男：又是一年人增岁，

女：2007，用漫天的雪花给我们洒下无尽的祝福，

男：2008，用如花的笑靥向世界发出邀请，

合：北京奥运，我们准备好了！

女：是的，茉莉花的芳香伴着奥林匹克风告诉全世界：

合：我们——准备好了！

男：五洲四海的朋友们，

女：请到中国来，

男：请到北京来，

女：让友谊的歌声飞遍大地，

男：让我们向着“更高、更快、更强”的梦想起航，

女：让和平的翅膀在宇宙自由翱翔。

男：2008，我们税务人也将踏着奥运的鼓点，为新世纪挥写税收新诗篇，

女：我们税务人愿用坚实的臂膀为国家的经济建设保驾护航，

男：祝福北京，

女：祝福奥运，

合：愿我们的祖国乘风破浪向前！

女：北京××税务局2008年元旦暨迎奥运文艺晚会现在开始！

2008年8月8日，中国将在北京举办历史上最盛大的奥运会，届时将有200多个国家参加。面对这一历史盛事，中国人热情高涨。因此，这段开场白以时代大背景为基点，从“奥运”这个角度切入话题，同时巧妙地嵌入世界人民熟知而喜爱的名曲《茉莉花》，既点明辞旧迎新，又天衣无缝地将晚会的主题与时代主旋律恰到好处地融合在一起，用激情洋溢的语言拉开了晚会的序幕。这样的设计可谓别具匠心，浑然天成。

串联词——大珠小珠落玉盘

串联词是主持人组织、串联各节目的话语。它承接上一个节目，开启下一个节目，是主持人穿梭于节目内容和听众之间的手段和途径，也是达到理想的传播效果的关键因素。因此，串联词一要准确，与节目内容准确联结；二要简洁，不喧宾夺主；三要有情感性，能感染听众；四要注意灵活多变，忌千篇一律。那么怎样设计呢？下面也以这场晚会的两个节目为例介绍串联词。

① 今夜良辰美景，歌声在飞扬，笑声在荡漾，一群美丽婀娜的姑娘也想用她们动人的舞姿表达她们深情的祝福，请欣赏由××、××等带来的舞蹈《天竺少女》。

② 送别了柔媚多情的天竺少女，接下来要请您欣赏一个小品。在去年的元旦文艺汇演晚会上，小品《推销风波1》相信大家记忆犹新。演员们惟妙惟肖的表演让我们知道，其实赵本山、潘长江离我们并不遥远，小品明星就在我们身边。那么，去年王小二推销的是运动鞋，今年炎热的夏季，他又会推销什么呢？掌声有请××、××为我们带来的小品《推销风波2》。

这两个节目的串联词既简洁又富有感染力，如大珠小珠落玉盘，充分调动了观众的感官，使各个看似独立的节目相互关联，成为一个不可分割的整体。多姿多彩的串联词可以把整台晚会的节目串联成一挂精美的项链。

结束语——主人忘归客不发

南宋著名主持人姜夔说：“一篇全在结尾。”别出心裁的结尾往往是文章的画龙点睛之笔，同样，一台晚会的结尾也不可掉以轻心。有了良好的开端，精彩的过程，还要有一个完美的结尾，一台晚会才算是真正成功的晚会。所以，文艺晚会的结束语应激情满怀，铿锵有力，或以豪言壮语催人奋进，或以妙语佳句荡人心扉。总之，结束语要言有尽而意无穷，要百尺竿头更进一步，以收到余音绕梁三日不绝的效果。下面是一家电视台为庆祝祖国五十华诞大型文艺晚会而做的结束语。

男：五十年像一条长河，有急流也有缓流，

女：五十年像一幅画卷，有冷色也有暖色，

男：五十年像一部史诗，有痛苦也有欢乐，

女：长河永远在奔流，史诗还在续写——

男：听，那大地的歌唱，

女：看，那高山的巅峰，

合：历史的画卷又将翻开新的 页。

女：让我们万众一心，与共和国一起——

合：迈向崭新的时代！

男：今天的晚会到此结束，

女：青山不老人常在，朋友们，明年再相会——

这段结束语运用比喻、对偶、排比修辞手法，把伟大祖国五十年的风雨历程浓缩成气势恢宏的整句，字里行间既充满诗情画意又振奋人心，强健明快的节奏奏响了中华民族追赶历史脚步的最强音，令人神思飞跃，流连忘返，恰如白居易所说的“主人忘归客不发”。达到了这样的演出效果，说明一场晚会已经画上了成功的句号。

总而言之，文艺晚会开场白、串联词和结束语的设计要力求做到三点：一是文采飞扬，感情真挚、热烈，用字精练、准确；二是说起来要朗朗上口，如行云流水；三是听起来要动人心扉，如仙乐入耳，如春风润物。

著名作家孙犁在《好的语言和坏的语言》一文中把文章的内容形象地比喻为动人的“新娘”，把好的语言比喻为“花轿”。同样，一台晚会也是一个美丽温婉的“新娘”，这台晚会拨人心弦的台词就是“花轿”。这新嫁娘出嫁，是该愁眉苦脸坐“牛车”还是欢天喜地坐“花轿”，想必此刻您心中已有了明确的答案！

文章来源：《应用写作》2007 年第 11 期

探究学习

借助互联网或图书馆搜集会议主持词、文艺晚会主持词、赛事活动主持词、节庆活动主持词、婚庆礼仪主持词各一篇，比较其在结构及语言上的异同。

随堂讨论

① 下面是一次庆功表彰会主持词的结尾，试分析其有何特点？假如由你主持这样的会议，你会用什么样的结束语？两相比较，孰优孰劣？

庆功结束时我想到了一件事：有人问球王贝利哪个球踢得最好？回答是：下一个！有人问著名导演谢晋哪部片子导得最好？回答是：下一部！有人问一位著名演员哪个角色演得最好？回答是：下一个。看来我们在庆功表彰中也应当牢记：下一个，下一部！散会。

② 例文三为南京艺术学院建校 100 周年民族器乐歌舞晚会主持词演出稿，试对照其第一稿（参见 http：//www. gerenjianli. com/zhuchici/zhuchicifanwen）分析有何改进。

任务演练

✲ 核心任务：

为酒泉职业技术学院 30 周年校庆文艺晚会撰写一份主持词。

✲ 分项任务：

① 搜集晚会主题及节目单信息。如无，分两组各拟一份，择优备用。

② 在了解学院历史的基础上，结合晚会主题每人拟写一份主持词。

③ 抽取3~5份主持词，由作者选择合作伙伴，虚拟场景，完成主持。

经·典·语·录

◇人都是逼出来的。

◇如果你简单，这个世界就对你简单。

◇人生没有彩排，每一天都是现场直播。

◇怀才就像怀孕，时间久了会让人看出来。

◇过去酒逢知己千杯少，现在酒逢千杯知己少。

◇人生如果错了方向，停止就是进步。

◇人生两大悲剧：一是万念俱灰，一是踌躇满志。

◇要成功，需要朋友，要取得巨大的成功，需要敌人。

任务单元二 广告

繁华的都市，人烟稠密区，往来之处及目光所达之点，皆有广告遍布。现代生活中广告无孔不入，电梯轿厢内的广告框图，候梯厅的液晶电视，甚至小区外墙上还有大幅的户外广告。广告被人们称为人类文明中的第八种艺术。现代社会已经没有不做广告的企业和企业家，也没有不依赖于广告进行商品销售的商业活动。广告与现代社会的全部经济活动不可分离，它已成为促进供需的道路，沟通产销的桥梁，活跃市场的媒介，生产生活的向导。

在市场经济社会，无论从事什么职业都应该懂得一些广告知识，说不定还因此使你学会了推销自我。本单元重点学习海报、广告（含广告语）两大广告文体。

教学建议

本单元各项任务难易有别，可结合专业培养方向酌情选取文种，采用项目教学法重点演练。

在教学过程中，可穿插一些创意及视听效果俱佳的广告短片或图片，以增强教学的趣味性和形象性。

任务一　海报

任务导入

曾经有人说过，一张优秀的电影海报抵得上100万元的票房。

数年前美国好莱坞曾推出大片《珍珠港》，制片商为此影片设计创作了多款海报，当海报张贴出来后，在美国引发了一场偷海报热，由此可见人们对《珍珠港》海报青睐有加。此片公映后，不仅美国本土的票房节节攀升，在世界各地的票房也是相当可观。有人曾统计，《珍珠港》票房收入高达数亿美元。能取得如此佳绩，《珍珠港》的海报宣传自然功劳不小。

【例文一】

海　报

为了进一步推动向雷锋同志学习活动的开展，我校团委特邀请雷锋生前所在连队指导员

×××同志来校做报告。希望全体同学积极参加。

时间：×月×日×时

地点：大学生活动中心

××大学团委
2007年×月×日

看　点

这是一份文字说明海报，直接以“海报”为标题，正文交待报告会举办的事由、时间、内容、报告会的场所等情况，落款写了活动举办单位名称及海报发布时间。

【例文二】

明星杂技团演出

精彩杂技　　　大型魔术

表演新颖　滑稽幽默　来去无踪　变幻莫测

演出时间：×月×日—×月×日

每晚×时

演出地点：长风剧场

票　　价：儿童票5元　成人票10元

联系电话：××××××××

看　点

这是一份杂技演出海报，具有广告宣传性、商业性。杂技团要发展生存，必须有社会各界人士积极观看表演，大批的观众无疑会给杂技及其演出团体带来生机。为此，该海报特用加黑的大字号突出表演内容，用充满悬疑性的语言诱惑观众前往，落款具体真实地写明了演出时间、地点、票价及联系电话。整则海报用词简洁，篇幅短小精悍，虽有鼓动性的词语，但并没有夸张失真。

【例文三】

象　棋　比　赛

运筹帷幄　　决胜千里

导游系　王奕——设计系　曹博

两军对垒　　扣人心弦

时间：2005年3月20日15时

××学院学生会体育部
2011年3月16日

看　点

本则海报没有明确比赛举行的确切地点。

【例文四】

学术报告会

为纪念五四运动八十周年，特邀校友××博士来我校做学术报告。

题目：知识经济时代的学习和工作

时间：5月4日14点

地点：学校礼堂

欢迎全体师生踊跃参加。

校学生会

××××年××月××日

看 点

第一自然段用了文字说明式，以下各段采用了项目分列式，格式不统一。

知识储备

在信息化时代的今天，许多商业活动、文化活动或其他活动的举办者，往往都要将该活动的主要信息简写成文，通过传媒进行公开宣传或说明，希望得到广泛关注或以此来表明自己的立场与态度。比如，周末，某影院要放映电影，为了吸引更多的观众，需要制作一份“海报”来进行宣传。

一、海报的概念

海报是主办单位向公众报道举行文化、娱乐、体育等活动的一种事务文书。它是广告的一种，一般要说明表演、放映、比赛、演讲的时间、地点、内容等，同时为便于在放映或表演场所、街头张贴和宣传，一般要有必要的美术设计。

据说，最初海报是职业性戏剧演出的专用张贴物。因为过去人们把戏剧表演界称为“海”，专职从事戏剧表演叫“下海”，介绍某位演员，在什么戏园，演唱什么剧目的招贴，就是“海报”。另一种说法认为，这种形式是起源于上海的，上海简称为“海”，所以称这类招贴为“海报”。现在，海报的使用范围比过去有所扩大，但一般也只限于戏剧、曲艺、晚会等文艺表演活动，以及体育比赛、集会、演讲会、展览、电影放映等方面。

二、海报的特点

海报具有张贴性、广告宣传性和灵活性的特点。海报与广告有相似之处，又像宣传画，大部分是张贴于人们易于见到的地方，重在告知和宣传，其广告性色彩极其浓厚，目的重在营销。但海报较广告更随意。海报可以是设计精美的艺术宣传招贴，还可以写在大小不等的纸上张贴，既可以用质量不错的展板设计制作，也可以用黑板写清楚告知的内容。重要的海报需要通过报刊、电台、电视台等媒体刊登、播放。有一点特别要注意，那就是：海报制作必须醒目。

三、海报的分类

依据不同的标准，可将海报分为不同的类别：依据用途，通常将海报分为演出海报、体育海报、会议海报，销售性海报等；依据写作形式，可将海报分为文字说明海报、图画海报以及文字图画相结合海报；依据发布的形式，可将海报分为报刊海报、电视海报、广播海报、招贴海报等。

四、海报的结构和写法

文字说明形式的海报一般由标题、正文两部分组成。

1. 标题

海报标题可用醒目大字居中写“海报”两字，其他内容在正文中详细叙述。有的海报标题不直接写明“海报”，而是把活动的名称或主要内容作为标题，如“美术专业毕业作品展览”“摄影讲座”等。另一种形式是根据活动内容拟定标题，适当使用修辞手法可以突出海报的效果，比如“奇异的世界——海洋生物展览”。这几种标题形式，可根据需要选用。

2. 正文

海报有吸引群众参与活动的作用，因此海报的正文明确活动名称种类（电影、报告、比赛等），简要交代活动具体情况。比如，比赛的是什么球队、演出的是什么剧种、报告会的内容和报告人、展览的主题和内容等。交代举行活动的时间、地点、票价等。时间、地点要写得明白具体，准确清楚，切忌写出大概范围。比如，报告会只写×日而不写具体时间；地点只写大概位置而不写准确地点，必要时还要标出乘车路线。票价也要明确标出。有的海报还有一些说明性文字。正文之后，还应写出活动举办单位的名称。举办单位名称在海报中的位置，不像公文那样严格，必须放在行文的最后，可以作为落款放在正文之后，也可以根据编排的需要，灵活一些，放在合适位置。

图画形式的海报主要用作电影、戏剧、体育比赛等的宣传画，它以图画表现内容主题，并用简练的文字稍加说明，如电影、文艺、体育活动的名称及时间、地点等。

五、写作注意事项

① 内容必须真实、具体，写清楚有关活动的内容、规模、时间、地点，有些甚至还要加上注意事项，以免引起阅读者的误会。也可适当用一点鼓动性的词语，但注意不可夸大失实。

② 文字力求简明扼要，行文要直截了当。

③ 为了加强宣传效果，可用一些趣味性的构图或鲜艳的色彩来装饰海报，色彩、构图要突出醒目，有新颖的形式美和装饰美。

④ 海报要及时张贴在易为群众注意的公共场所，有时也可利用报刊、广播、电视、网络等渠道发布。

拓展阅读

论电影海报的艺术特色

河南大学艺术学院　张迎春

现代电脑科技的运用，使得电影可以把你所能想象到的一切，都为你创造出来。可以说，电影是人类创造梦想的一种艺术形式，这与其他的艺术有许多相似之处，都是挑战人类想象力的极限。同样，电影海报也不仅是大众获取电影信息的窗口，它还是设计师把这种想象以平面化的视觉语言向你表述的一种方式。电影海报中的图形、色彩、文字等无不是电影中故事的注解元素，并以强烈的视觉符号吸引人们的目光，为电影增添无尽的艺术魅力。那些经典的电影，打动我们的已经不仅仅是电影本身，其富于创意的海报形象就如同电影凝固的瞬间，长久地留在人们的记忆中。

电影海报属于招贴设计的范畴，是一门视觉艺术。它与其他的海报形式，如音乐剧海报、戏剧海报相比，发展历史并不是很长，随着电影的诞生逐步发展起来。20 世纪 90 年代之前，由于没有电脑和大型的摄影加工器材，手绘海报成为当时重要的宣传方式。手绘创作的自由度很大，可以根据需要对画面进行变形、夸张等处理，电影中的人物性格在画匠笔下更加生动、鲜明。这时候的电影海报风格以写实为主，所刻画的内容大多是主要演员的形象，表达直接，亲切自然。像我们所熟悉的《英雄儿女》《林则徐》等电影的海报就是那个时代的经典作品。到了 20 世纪 90 年代以后，在电影海报设计中电脑合成技术运用非常广泛。设计师利用电脑设计，使得海报的画面效果更加丰富多彩，表现手法也更加多元化，有写实、抽象、意象、象征、表现等。在表现风格上和影片本身的格调也更加呼应，较以往的电影海报具有更强的艺术性。如今的电影海报设计随着电影商业化的运作逐渐成熟，对于一部影片来说海报已经不是可有可无的附属品，而是一个闪光的卖点。如我们所熟悉的《阿甘正传》《泰坦尼克号》等经典影片海报，都令人印象深刻，几乎成为影片的化身。纵观电影海报的发展史，其设计手法上是融电影、文学、美术、新闻传播于一体的综合视觉设计，它要调动形象、构图、色彩等形式因素形成强烈的视觉效果，具有独特的艺术风格。

一、言简意赅，直抒主题

电影海报中的图形元素是直观地传播信息、观念以及交流思想的视觉语言，它能超越国界、排除语言上的障碍并进入不同的阶层与人们进行沟通和交流。因此，电影海报中的图形语言能够极大地拓展海报的表现空间，使其具有更加深刻的内涵。在电影海报中，图形的设计有具象和抽象表现之分。具象图形常以鲜明的人物形象为主，以其真实的生活感受和强烈的艺术感染力，从视觉上激发人们对电影的兴趣及需求欲望，尤其是极具创意的写实形象。譬如，很多电影海报将主人公的形象安排在画面的主体位置，通过其造型、表情、动作等特征来表达电影的主题，这是一种很常见的表现手法。还有的电影海报充满特写，一双眼、一双手、一个表情、一个动态，只要是选择最具代表性的形象，就会增强观众对电影的观赏欲望。影片《梅兰芳》京剧造型的电影海报通过主人公———那忧郁的眼神和京剧扮相的脸部特写，揭示出戏曲大师生活的坎坷经历。

在电影海报中抽象图形的运用通常是通过对形象、构图、色彩的单纯化表现来强化电影主题，使主题更加强烈鲜明，更具有情感化和典型性的特征。抽象图形的创意可以使电影海报设计在表现对象和技巧方面不受任何束缚，没有时空的限制。抽象图形的千变万化和象征特性涵盖了更为丰富的内容，也正是由于这种宽泛的表现性，要想识别和理解它还需要凭借于观赏者的感受与文化程度。不同民族、地域、生活阅历、性格、文化程度、欣赏习惯等因素都会使人们对抽象图形产生不同的理解。因此，在运用抽象图形设计电影海报时，必须了解和掌握人们的文化心理。中国写意绘画可以说是最具中国传统文化特色的绘画形式，它具有一定的抽象性，要求笔墨简单且形神兼备，寥寥数笔便能表现出物象特征以及意境氛围。在电影海报设计中通过国画笔墨的“气韵生动”，能够达到两种艺术形式在审美取向上的精神共鸣。电影《白银帝国》海报即是此例，这是一部讲述晋商传奇故事的影片，其海报是写意的水墨画风格，主人公盘腿而坐、极目远眺的造型身后辅以水墨飘渺、悠远的意境，黑白相间的虚实对比，形成一种强烈的视觉冲击力。这款海报不仅使中国观众在接受电影内容的宣传中产生审美性共鸣；同时，这种中国传统绘画艺术的运用也给西方观众留下了深刻的“中国风”印象。

二、情景交融，追求意境美

综观时下各种优秀的电影海报设计，就会发现或以图像鲜明、言简意赅直抒主题取胜，或以色彩绚丽、情景交融追求意境美取胜，成为区别以前的电影海报的一种明显特征。欧美电影海报中相当一部分是以色彩取胜的，从《海上钢琴师》海报中那忧郁的蓝色，到《大鱼》表现热烈爱情的明艳的柠檬黄，或是《总统之死》异动的黑白，海报中会有一种色调给整幅作品渲染出一个情感基调，使你在这种色彩变换中或喜悦、或忧郁、或痴迷。有些电影海报虽然构图简单，但是那令人心醉的迷人色调却能表现出引人入胜的意境。比如《大鱼》的海报设计中一条曲折蜿蜒的小径从色彩斑斓的旷野中延伸开来，通过手绘、摄影图像和字体设计的完美结合，使得整个画面表现出令人无限遐想的空间。在电影海报中意境的表现，往往是客观事物的精粹部分得到集中处理，达到情景交融，牵动着人们的某种情愫。在斯皮尔伯格执导的《艺妓回忆录》中，其海报设计将目光聚焦在一张苍白的脸上，鲜艳的红唇、翠绿的眼珠、飘动的黑发，形成强烈的视觉冲击感。色彩的冷暖对比，黑白的明暗关系，舞动的头发与平静的表情，这些设计元素如同剧情一般，在中西文化的碰撞中得到了莫衷一是的反响。

意境是艺术中的一种情景交融的境界，有些海报追求的是那种写实的自然景象，能使人们陶醉于真实的世界中，去追忆过往的美好时光，或使人产生心驰神往的遐想。可以说，一部优秀的电影海报能够提升电影的艺术品味，甚至成为电影内容所蕴含的某种文化的象征性代表。譬如顾长卫的处女作《孔雀》，讲述的是生活在20世纪七八十年代中国北方小城市里的一个五口之家，在一段时期内各个人发生的故事，它的海报以麦地为背景，左上方是一个白色的降落伞，右下方的女主人公扶着自行车，出神地望着远方天空。画面以纯度较低的灰绿色为基调，呈现出略带伤感的怀旧情绪；女主人公凝视着远方天空的默默神情，还有象征着梦想的白色降落伞等。这些设计元素与影片的主题意义相得益彰，把观众的记忆带回到那熟悉而又远去的年代里。因此，电影海报设计需要针对不同的影片内容量体裁衣，从电影中找灵感，提炼升华，对主题进行诠释和渲染。

三、异想天开，运用超现实语言

“人的每一个思维活动过程都不会是单纯的一种思维在起作用，往往是两种甚至是三种先后交替起作用。比如人的创造性思维过程就绝不是单纯的抽象逻辑思维，总要有点形象直感思维，甚至要有点灵感顿悟思维。”电影海报的设计和其他种类的设计一样，最重要的是有一个好的创意，而创意是依靠丰富的联想与想象来实现的。随着电影艺术的不断发展，在不同时期、不同国度文艺思潮的影响下，电影海报的艺术风格和表现手段也更加多样化。尤其是数码技术的运用，更是为电影海报设计开辟了崭新的天地。电脑作为当今最新的高科技成果，在很大程度上改变了传统的设计观念和方法，自从被运用到电影海报设计领域后，便以其独特的语言给电影海报创造了一种前所未有的表现形式，极大地拓展了创意空间，对电影海报设计产生了极为深刻的影响。电脑既可真实地表现客观事物，也可表现人们幻想中的世界和理想化的形象，还可把表现形式从二维空间的平面上扩展到三维或四维，使画面呈现出强烈的富有意境的美感。电脑设计具有绘画和摄影所无法表现的视觉效果，极大地增强了电影海报的表现力和艺术感染力。我们可利用电脑的表现手法来打破时空的界限，并将各种不同的元素进行移花接木、改头换面，创造出令人惊奇的画面效果，这样会构成一种独特的审美意象，运用这种超现实语言会使得电影海报独具特色。在电影《穿普拉达的女王》中讲述了一个刚从学校毕业不久的女孩安德莉娅为一个著名时装杂志的女主编米兰达做助手的故事，影片中的米兰达是一位在时尚圈中能呼风唤雨，在生活上穷奢极侈，对下属异常苛刻的“女魔鬼”。电影海报中的高跟鞋的鞋跟被置换成童话中恶魔手里的叉子，这种创意手法的运用便淋漓尽致地表现出主人公的性格特征。但是，值得强调的是电脑在电影海报设计中只是一种工具，它本身不会创意。那些忽视设计创意意识，以为只要精通电脑技术并配置最高档的机器设备就能做出好作品的设计者，绝不可能设计出富有创意的作品。设计师应在精通电脑技术的同时，更能拓展创造性思维与设计能力的提高，重视对主题含义的发掘与表现手段的有效应用，设计出真正富于创意的作品。

另外，电影海报还要传达一些必要的文字信息，如片名、情节、主演、导演、制片商、上映日期等，电影海报中的字体设计也是吸引大众目光的一个亮点。如果我们把传统的文字表达方式解释为“叙述”的形式，那么现代的文字表达形式则带有强烈的“表现”意味。如果说文字的运用以及组合形式在传统的设计中显得较为严谨的话，那么现代的文字表达形式则更为灵活。新时代的新字体是在追求自由、奔放，甚至怪诞、图形化的新概念中产生的，与传统字体的严谨、优雅风范形成了强烈的对比。由于现代传达方式的变化呈现出多样性，所以设计师都极力追求标新立异，来增强文字信息的活力与视觉冲击力；把文字作为图形化的要素以及单纯地运用文字作设计的范例占有相当大的比例。如果说在传统的电影海报设计中文字设计除传达信息外，在形式上只是配角的话，那么，如今这一角色的重要性在扩大，甚至在不少优秀的电影海报设计中文字设计被推上了举足轻重的位置。

四、结语

优秀的电影海报一定是浓缩电影中的精华，它不仅是电影的一张名片，而且也是设计师把精彩的故事以平面化的视觉语言向你表述的一种方式，给观众留下难忘的印象。电影海报的表现形式随着电影产业的飞速发展呈现出多彩的内容，有的追求真实与梦幻的结合，有的追求表现形式的抽象美，有的讲究黑白韵律的静态美，有的讲究色彩的变异、夸张的灵动性，有的是在宁谧、祥和之中呈现出生活的情趣，有的则是在充满激情的画面中喷发出生命的活力。海报与电影的深层关系应该是文化内涵的一致性、同源性，应该是创作者创意智慧升华的“珠联璧合”。优秀的电影海报设计者，绝不仅仅把它当作一种美化、一种外加的装饰、一种锦上添花，而是将自己的情感、思考投入其中，再升华出来，这样的海报作品，才会给人们留下比影片还要深刻的记忆。

文章来源：《电影文学》2010 年 22 期

探究学习

结合自己的实际和老师要求，选择以下题目自主学习。

1. 在互联网上搜集几份图文并茂的电影海报或体育比赛海报，思考这些海报在整体创意上是如何既重宣传又重美感的，领会海报的设计要求。

2. 搜集生活中看到的海报，分析其不足，而后重新进行文字写作和版面设计。

随堂讨论

1. 海报有哪些文体特征？

2. 我们在撰写海报时经常存在哪些问题？

任务演练

✼ **核心任务：**

根据给定材料，写作文字说明海报。

✼ **背景材料：**

请以学生会文体部名义为一场篮球友谊赛写一份海报，内容如下：

1. 参加者：兰州金城学院校队和我院校队
2. 地点：北球场
3. 时间：2012 年 11 月 20 日（星期日）下午 4 点
4. 组织者：我院学生会文体部
5. 海报发出时间：2012 年 11 月 14 日

✼ **分项任务：**

① 每人在规定时间内撰写一份海报，并尽可能地进行版面设计，制作一份可供张贴的海报，而后复制（复印、扫描、拍摄）。

② 每 5 ~ 8 人一组，分组评议各自海报，每组推荐 1 ~ 2 份优秀作品；各组汇总评议，全班选出 3 ~ 5 份优秀作品，由作者在班上交流。

③ 共同对交流作品作出评价，并尽可能提出进一步的修改意见，由作者改定后在课程网站发表。

任务二　广告文案

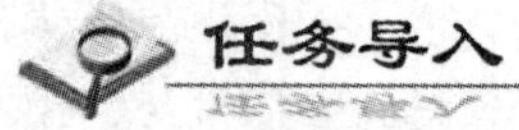

任务导入

美国人说：“你随便拿起一份报纸或杂志，打开电视，拆阅邮件，甚至走在路上，接一个电话，都会受到广告的疲劳轰炸”。

英国前首相丘吉尔认为：“广告滋养了人们的消耗能力”。它创造了对更高生活水准的需求。它在一个人面前树立了追求目标：包括他本人和自己的家庭都有一个美好的住所，更美好的衣着和更精美的食品；广告鞭策了个人奋斗并促进了生产力的发展；它把从来互不相关的事物撮合起来使之繁衍。美国前总统罗斯福热诚地说过：“假如我能重新开始生活的话，我将不顾一切投身于广告事业”。更有一些历史学家、作家这样讴歌广告：“其社会影响可与学校、教堂等传统性机构相媲美”“个体交易的时代已是一去不复返了，资本主义注定终归是要充分利用广告……”

例文看台

【例文一】

春天与您相约

猫了一个漫长的冬天，您一定感到非常沉闷非常倦息！

春天到了！虽没有江南的桃红柳绿，草长莺飞，可大地正复苏，冰雪已消融，草芽正偷偷钻出地面，柳枝正泛出淡青，北方的春，气息已经很浓很浓了！

走出去，走出喧嚣的城市，到郊外去，到大自然中去，呼吸呼吸清新的空气，舒展舒展筋骨，抖擞抖擞精神……

您，难道不想吗？

有这样一个好去处——花城湖风景区。

这儿有大漠、草原、花城湖，有悬泉、烽燧、金沙滩，湖阔地广，百鸟鸣舞……

这里酒菜飘香，歌舞不断，藏族小伙、蒙族姑娘、裕固族歌手将为您献上淳朴真诚的祝福！

可以在旷野上放飞风筝，可以在草原上纵马驰骋，可以在沙滩上玩排球，可以在篝火旁轻歌曼舞，可以……

花城湖距酒泉仅25公里，离嘉峪关才1小时车程，新铺的柏油路如手臂般张开等着您。

来吧！带上家人，邀上朋友，约上同事，来亲近自然！来放飞心情！

大自然与您相约！春天与您相约！花城湖与您相约！

预约电话：13993759104　　　13830708607

看　点

这篇广告词为花城湖旅游景点推介而创作，文章紧扣人们的心理，着眼地域特点、民族风情、活动项目等展示景区的全貌，意在广告，但动人、引人，值得借鉴。

【例文二】

书与酒

价格相同　价值不同

一套书的价格只相当于一瓶酒，但价值及效用却大为不同。尤其，用一瓶酒的代价，买一套最新的管理知识和有效的管理技巧，使你的企业能够提高效率，增加利润，快速成长，无论如何都是值得的。因为，酒香固然令人陶醉，但不过是短暂、刹那的美妙。书香却是咀嚼的品味，历久弥新，源远流长。

一本好书，能为你带来智慧与启示，让你解惑去忧，触类旁通，左右逢源。所以，与其花钱买醉，不如斗室书香。《企业管理百科全书》，正是为每位经营者准备的，它是140位经理、学者智慧的结晶，由20位专家联合编纂，拥有一套《企业管理百科全书》，任何企业管理新知，伸手可得。真正是对付经济不景气与同业竞争最有利的武器。

购书地址：（略）

购书电话：（略）

（台湾广告创作人员　张永诚撰稿）

看　点

为推销《企业管理百科全书》，出版商制作了一则作品，标题为"书与酒"，配图为一本书、一瓶酒，广告标语为"价格相同　价值不同"。将"书"与"酒"并举，通过横向式比较，突出表现了书价的低廉（只相当于一瓶酒的价格），而价值乃至效用却大为不同，从而让消费者明白"与其花钱买醉，不如斗室书香"，取得了很好的广告宣传效果。这份广告在表达上述主题时，成功采用了理由诉求的方式，并列词组构成的标题带有启示性，广告标语言简意赅，富有创意；主体正文采用比较方式，作用于消费者的理智，既引导消费者比较取舍，又对书籍做了简介说明，文字典雅，耐人寻味。整篇文案结构完整，意蕴深长，不失为广告文案的创作经典。

【例文三】

有人认为任何化学品都是坏的，而自然界的东西都是好的，但自然本身就是化学。植物的生命通过光合作用这种化学过程产生氧气，当你呼吸时，就吸进了氧气，然后在你的血液中引起化学反应。

生命就是化学，孟山都化学公司是为提高生命的质量而服务的，化学能帮助生命延长。软骨病是儿童常见疾病，治疗方法就是服用一种化学品，即维生素D，再加上牛奶和其他食品。

化学能帮助你吃得更好。化学锄草剂可使农作物增产，但没有一种化学品在自然界和实验室里都是绝对安全的，真正的挑战是合理利用化学品，使生命更加充满活力。

（广告画面：儿童伏在草地上逗一只小狗……）

看　点

这是美国孟山都化学公司的广告，兼具企业形象塑造和产品宣传功能。美国孟山都公司是全球最大的化工公司之一，也是全球90%转基因作物的种子技术的提供者。在美国的公司中，孟山都的形象从来都不友好，全世界很多地方都在讨伐孟山都留下的污染遗害。而该广告只用“但没有一种化学品在自然界和实验室里都是绝对安全的，真正的挑战是合理利用化学品，使生命更加充满活力”这一句将化学制品的危害轻轻带过，隐瞒了不同种类的化学产品带来的不同危害性，因而存在欺瞒消费者的嫌疑。再者，从广告文案的结构来看，缺少标题和随文。

【例文四】

欢迎订阅2012年《应用写作》

邮发代号：12－59　定价：5.00元/月

——中国应用写作学科核心期刊

——中国发行量最大的实用写作类月刊

香如陈酒　始创于1985　专业权威

生如夏花　读者众多　发行量十余万册

实如硕果　内容丰富　精彩实用

《应用写作》杂志由长春理工大学和吉林省写作学会联合主办，始创于1985年，是目前中国唯一的专门研究探讨应用写作理论和技法、传播现代应用文写作知识、面向国内外公开发行的综合性月刊，系全国应用写作学科核心期刊，近几年连年被中国期刊协会指定为向全国百家期刊阅览室赠阅刊物。众所周知的学术成就和切实有力的实践指导作用，使本刊在国内应用写作学界和文秘领域享有很高的声誉，并以其“关注学科前沿、重视实际应用，兼顾理论指导性与实践操作性”的刊物风格深受全国广大文秘工作者、应用写作研究者和写作教师的喜爱与好评。

二十六年来，《应用写作》始终坚持“提高质量、讲求实用、办精品期刊、服务全社会”的办刊理念和“研究应用写作理论、传播应用写作知识、探讨应用写作技法、指导应用写作实践”的办刊宗旨，努力开拓进取，不断发展壮大。尤其是在近几年，应广大读者的要求，本刊进行了大规模的扩版增容，使内容更加丰富实用，形式更加活泼新颖，受到广大读者的肯定，发行量呈现出连年增长的良好势头。被百万读者誉为“学习应用写作的良师，写作应用文章的顾问”。

《应用写作》发行范围涵盖各级党政机关、企事业单位以及各大中专院校等，海外发行到美国、日本、新加坡、韩国、澳大利亚、马来西亚等若干国家及港澳台地区。发行量和发行范围在全国写作类刊物中高居榜首。目前国内相当多的学术性刊物主要依靠财政拨款来维持其发展，而《应用写作》作为一份具有较强学术性、理论性的刊物，能够在激烈的市场竞争中激流勇进、逆风飞扬，读者群不断扩大，发行量持续稳定地增长，充分体现了刊物旺盛的生命力和较高的实用价值。

《应用写作》现设有专论、基础理论、公文写作、经济写作、广告写作、科技写作、法律写作、军事写作、新闻写作、日常应用文写作、大中专写作教学研究、中学作文教学研究、中高考作文名师指导、写作课堂、文章评改、公务员考试写作指导、佳作评析、例文看台、电脑写作、写作文萃等栏目，适于各级党政军警机关、各类事业单位和厂矿公司中的管理人员、秘书人员，大中专院校的教师和学生，中学语文教师及一切想学习应用写作知识、提高应用文写作能力的人阅读。

《应用写作》正沐浴着21世纪的春风，与读者同在，与作者同行，与我们伟大的新时代共同前进！

2012年《应用写作》16开64页，月价5.00元，全年价60.00元，国内外公开发行。邮局订阅代号：12－59，电话：0431－85384664、85337690。地址：长春市卫星路7989号应用写作杂志社，邮编：130022。

看 点

该广告文案直接以广告目的为题，吸引力不够；“邮发代号：12－59；定价：5.00元/月”应该在随文部分；广告标语部分“中国应用写作学科核心期刊、中国发行量最大的实用写作类月刊”与“香如陈酒 始创于1985 专业权威；生如夏花 读者众多 发行量十余万册；实如硕果 内容丰富 精彩实用”将两段逻辑意义和修辞意义不同的段落并置，不合乎广告标语的写作要求。

一、广告的概念与分类

顾名思义，广告就是“广而告之”，是为了某种特定的需要，通过一定形式的媒体，公开而广泛地向公众传递信息的宣传手段。

广告有广义和狭义之分，广义广告包括非经济广告和经济广告。非经济广告指不以盈利为目的的广告，又称效应广告，如公益广告及政府行政部门、社会事业单位乃至个人的各种公告、启事、声明等，主要目的是推广。狭义广告仅指经济广告，又称商业广告，是指以盈利为目的的广告，通过大众传播媒介（如报纸、杂志、电视、广播、网络等）向公众提供有关的商品、劳务、观念等信息的一种传播方式。

按内容特点，可分为商品广告、企业广告、公益广告、文艺广告、劳务广告等；按选用媒介，可分为报刊广告、招贴广告、橱窗广告、广告牌、灯光广告、电视广告、广播广告等；按构成成分，可分为物像广告和文字广告。

二、物像广告

在传媒日益发达的今天，相对于语言文字，广告的图像性因素更加彰显。从视觉角度看，广告的图像以直观的视觉画面为基础，具有无可抗拒的“真实感”和“现场感”。随着广告画面的一闪而过，不仅强调了产品的形象内容，同时还通过一定技术手段（如电影蒙太奇手法或特写镜头）为人们提供感官的刺激，以追求直接、冲击、同步、轰动的效应。只有图像，才具有如此震撼人心的张力和独具的魅力，迎合了现代大众的消费心理，因而统率了观众。

例文一：麦当劳宝宝广告

一个可爱的小宝宝坐在摇椅上，红着脸，一会儿皱眉哭，一会儿展颜笑。

（全景）当摇椅摇近窗户时，宝宝咯咯笑出声来。

当摇椅远离窗户时，宝宝不高兴地皱着眉头。

（特写）当摇椅荡起至窗户时，一个麦当劳的标志出现了。

（远景）妈妈站在宝宝旁边，疑惑地看着宝宝。

这则电视广告，全部采用图像语言来传递信息。每个镜头画面都是直观、简洁、可视的。画面始终处于运动状态，人物的表情也起伏分明，镜头的巧妙相接，使得画面悬念迭起。每个观众的思绪也随着广告图像的变幻而起伏着。宝宝为什么哭？又为什么笑？直到麦当劳标志的出现，悬念才解除。这一个接一个的悬念，不仅抓住了观众的注意力，还牢牢地吊住了观众的胃口，使你非要一看到底不可。整篇广告虽然没有优美流畅、富有吸引力的精彩言辞，可是有简单清脆、富有表现力的稚嫩童音，这已足够能弥补画面展现瞬间性的不足。每一个观众，也由此沉迷于图像打造的日常生活的场景中，享受着图像所带来的视觉愉悦和情感体验。

例文二：旅游广告

（全景）：雨中，含苞待放的梧桐树。

（全景大远）：江水。雨点。小船。

（全景仰视）：高耸入云的建筑。

（全景）：某建筑物的屋顶，被春雨冲刷得更加耀眼。

（全—特）：停靠在河中央的木船在水中飘荡着，镜头推到船上滴着水珠的红、白、蓝三色的饰物。

（全—大全）：某幢房屋前的小花园里，种着许多植物，在雨中闪着光。（拉）房子连成一片。

（全—摇）：雨中，漫步着手持各色雨伞的游人。

（全—特）：广场中心，一只金属雕塑的鸟儿欲展翅飞翔。

美丽的风景，是一个城市的无声语言，也是一篇旅游广告的灵魂，仅仅有精致的画面、简单的组接是不足为奇的。这则广告的经典之处在于画面内各个要素的巧妙布置以及画面之间的匠心设计，具体包括完美的构图技巧、单幅特写的细致刻画、景物所占比例的分配以及色彩浓重的选择等。

这则广告的拍摄，完全借鉴了电影手法。虽没有语言，但富有情趣，使人心驰神往；虽时间有限，但能强化印象，引人浮想联翩。尤其是蒙太奇（镜头剪接）技巧的运用，一方面将城市的美，用图像化的“语言”生动而感人的表现出来；另一方面打破了时空的界限，将图像重新排列组合，使其创造的屏幕形象与生活原貌发生差异和变形。也就是说，图像化的表达，完全只是广告作品展示自身目的的手段。

三、广告文案的写作

广告的写作主要指广告文案的写作。广告文案是以语词进行广告信息内容表现的形式，或者说是广告内容的文字化表现。广告文案有广义和狭义之分。广义的广告文案就是指通过广告语言、形象和其他因素，对既定的广告主题、广告创意所进行的具体表现。狭义的广告文案仅指表现广告信息的言语与文字构成。

广告写作与其他写作有很大的不同，广告写作是“戴着镣铐跳舞”，它带有既定的功利目的，但又要求有富有创意的表现形式。如何处理广告写作中真实与虚构的关系，运用合适的文字恰当地表现广告产品，创作出具有冲击力的广告文案，是广告文案最终的目的。

广告文案一般包括广告标题、标语、正文、随文等要素。

（一）广告标题的写作

广告标题是广告主题的精密概括，是广告的窗口。广告标题具有引人注意，激发消费者阅读广告正文，促使消费者进行购买的功能，其文字要简明扼要、生动有趣、新颖别致、引人注目，一个优秀的广告标题能起到画龙点睛的作用。

根据标题内容的不同，可以将广告标题分为直接标题和间接标题；根据标题的结构形式，又可以将广告标题分为单一性标题和复合标题。

1. 直接标题

即开门见山，把广告中最重要的事实或情况直接了当地告诉公众，常见的是以商品名称和组织名称为标题。如：“宜兴紫砂壶”“威力洗衣机，献给母亲的爱”等。

2. 间接标题

即不直接点出商品，而采用隐喻、比拟、迂回、悬念等修辞手法，或习惯性的常用语，或富有哲理性的文字吸引公众阅读广告。如“一毛不拔”（牙刷广告）。

3. 复合标题

就是把直接标题和间接标题组合起来，类似新闻标题形式。复合标题可以由引题和正题构成，也可由正题和副题构成，还可以是引题、正题和副题三者兼备。引题用来交代背景，衬托主题，或点明广告的意义，正题用来表明广告的主要内容，副题则是对正题的补充或说明。如：

引题　车到山前必有路
正题　有路必有丰田车

正题　宝刀不老
副题　王麻子菜刀乃厨房之宝（菜刀广告）

引题　四川特产，口味一流
正题　天府花生
副题　越剥越开心（花生广告）

（二）广告标语的写作

广告标语即广告口号、广告语，是指广告文稿在一定时期内反复使用的特定商业用语。具体说，广告标语就是广告的宣传用语，它是以经济利益为目的，在一定阶段相对稳定的具有延伸性的某一商品特殊的识别标志，只是一两句最引人、最动人、最感人、最惹人注目的精彩言辞，潜移默化之间就成为消费者购买某一商品的依据。广告标语是广告主题的集中体现，是广告的精髓，故有人称其为广告的“商标”，其特点是简洁、整齐、有韵、上口、易记。如：“好吃点，好吃点，好吃你就多吃点”（好吃点食品广告）“农夫山泉有点甜”“金利来，男人的世界”“孔府家酒，叫人想家”等等。

广告标语之所以具有很强的鼓动性，主要在于发挥了文字本身的无穷韵味。意义生于文字之外，具有丰富性和再生性，修辞手法的运用就十分重要了。广告标语中可运用双关、顶针、比喻、设问、反问、对偶、飞白、移觉等修辞手法。

例如双关，即在一定语境中，利用词的多义和同音条件，有意使语句具有双重意义，言在此而意在彼的修辞方式。使用双关，一方面可使语言幽默风趣，一方面也能适应某种特殊语境的需要，使表达含蓄曲折、生动活泼，增强语言表现力。如：

“闲”（贤）妻良母——某洗衣机广告
不“打”不相识——某打字机广告
爱是正大无私的奉献——正大集团广告
万事俱备，只欠“东风”——某汽车广告
大宝明天见，大宝天天见——某化妆品广告

又如设问，是为了引起别人注意，故意先提出问题，紧接着说出自己的看法（有时不说出看法）的一种修辞方式。适时地提问，可提请注意，引起思考，具有针对性、启发性；恰当地回答，可增强感染力和说服力。如：

人类失去联想，世界将会怎样？——联想集团
（甲）：阿凡提，胀肚打嗝怎么办？
（阿凡提）：用为消牌乳酸菌素片。——某药品广告
鞋上有342个洞，为什么还能防水？——某休闲鞋广告
今天你喝了没有？——乐百氏广告
想下手吗？拿惠泉来。有实力，当然有魅力。——惠泉啤酒广告

（三）广告正文的写作

正文是广告的核心和主体，主要内容为商品介绍。正文部分要摆出强有力的证据说明本商品的优越性，文字应简洁、清楚、直接、实在。过去商品广告一般写明商品的名称、品种、用途、使用范围、规格、特点或突出优点及注意事项，而现在的商品广告则突出它与同类产品与众不同的品质特点，更讲究感染力和创意性。如《密山葡萄酒》广告的正文：

在莽莽苍苍的完达山下，烟波浩渺的兴凯湖畔，有一座青山环抱的县城——密山。

密山，甜蜜的山。每当金秋季节，漫山遍野熟透了的山葡萄、紫梅，万紫千红，美不胜收。以野生山葡萄和各种水果为原料酿成的葡萄酒，更是盛名传南北，香飘万人家。几年来，密山县葡萄酒厂的“味可思”“双玫”酒，在全国葡萄酒评比中质压群芳，名列榜首。饮一杯密山葡萄酒吧，您就会感谢完达山的奉献！啊，朋友，当您在喜庆的宴席上祝酒的时候，当您在节日欢乐的气氛中干杯的时候，请别忘了完达山下、兴凯湖畔诚挚好客的密山人，回味绵长的密山酒。

（四）广告随文的写作

广告随文也称附告，是正文之后的必要说明，包括广告单位名称、地址、电话号码、电报挂号、开户银行、邮政编码、负责人或业务联系人姓名、购买手续等内容，附文要写得具体、明确。

四、广告写作注意事项

① 广告内容必须真实，必须对公众负责，不得以任何形式欺骗公众。
② 广告讲究构思新颖，必须要突出商品的与众不同处，切忌雷同。
③ 艺术性广告允许夸张，但不能过分，切忌说大话、空话。
④ 广告内容应当高雅健康，富有情趣，给人以美感。

浅谈商业广告方案的写作技巧

广西经济管理干部学院文化与传播系　高文

商业广告是广告主用购买媒体的方式，向社会推广商品，诱导公众购买的宣传销售形式。广告文案是广告作品的有机组成部分，是呈现在广告作品中的文字符号或有声语言，它直接呈现在广告受众面前，对广告受众的心理和行为产生影响，能否掌握好广告文案写作的技巧，关系到广告文案制作质量的优劣，关系到广告效果的高低。以下拟谈谈写作商业广告文案的一些技巧。

一、确立主题的技巧

主题是文章的灵魂，广告写作首先要确立主题。一则广告，要向消费者推销产品，就必须向人们提供有关这种商品的信息。而有关商品的信息不是单一的，是多方面的。但是，在一则短小的广告中，不可能也没必要把所有的信息全介绍给消费者，只能有选择地突出某个方面，以此作为吸引消费者的“卖点”，这个“卖点”，就是广告主题。怎样确定广告的主题呢？可以从两个角度来考虑。

一是从商品的角度确立主题。这又有两个视角：首先，抓住商品与众不同的特征。每种商品都有自己的特征，即使是同类商品，也会有许多差异。如电视机，不同厂家的电视机在造型上、性能上会各有特色，如液晶、背投、等离子电视，数码、丽声电视。如果你的电视机有某方面的优点，在广告中最好以此作为主题，突出这一“卖点”，这样更能吸引消费者的眼球。如创维电视有八大系列高端产品，最令其骄傲的是逐行扫描而屏幕不闪动。创维电视广告是这样确立“卖点”，即主题：“不闪的，才是健康的！”广告中小孩子的一句话使得创维一度拥有中国逐行扫描电视的大半市场。其次，根据商品经济寿命周期确定主题。商品从投放市场到被淘汰出市场，一般会经历五个阶段：试销期、成长期、成熟期、衰退期和消亡期。处在不同阶段，广告有不同的做法：试销期和成长期，广告主题应定位在实用性上，要做实一些，让消费者更多了解商品的优点长处；当商品进入成熟期后，广告主题应定位在品牌形象的塑造上，广告不妨做得虚空一些，让品牌形象深印在消费者脑中。如湖南白沙集团白沙牌香烟，早期广告做得比较实在，进入成熟期后的白沙香烟是这样确定广告主题的——“鹤舞白沙，我心飞翔”。白沙的品牌定位是飞翔文化。尽管虚空了一些，但那飘飘欲仙的品牌形象却令人神往。

二是从消费者的角度确立主题。制作广告的最终目的，是为了向消费者推销商品，因此，广告主题的确定，必须符合消费者的心理要求。消费者的心理既有共同性，又有差异性。所谓“人同此心，心同此理”，这说的是人的心理的共同性。但由于每个人的需求、个性、处境不一样，其心理也存在着差异。从消费者角度确立主题，既要考虑消费者心理的共同性，更要考虑其差异性。金利来领带广告文案“恭喜发财迎新岁，长年好运金利来”针对的是消费者人人都希望吉祥如意、财源滚滚的共同心理。百年乐广告文案“常服百年乐，健康乐百年”，针对的是老年消费者渴求健康长寿，做百岁健康老人的心理。台湾兰丽化妆品公司祛斑霜的广告文案“只要青春不要痘”，针对的是青春期女性厌恶青春痘斑，保持青春靓丽的心理。有两家房地产公司的广告文案，一家这样做广告——“房子马上住，房款慢慢付”；另一家则这样吸引消费者——“重量级地段，轻量级房价”。同样是房地产广告，前者主要针对手头较紧，却急于购房的消费者的心理；后者则针对既想房子地段好，又想房价低一些的这部分消费者的心理。

二、拟制标题的技巧

商业广告文案的标题就像广告的眼睛，它最先给消费者以感官的刺激，对消费者构成视觉冲击，在很大程度上决定着广告的最终效果，如果广告标题不能引起消费者的注意，那么花在广告制作上的心血就可能会付诸东流。因此，广告写作，首先要在拟制标题上下工夫。商业广告文案标题常见有两种类型，一种比较直截了当，如威力洗衣机广告文案的标题“威力洗衣机，献给母亲的爱”。这种标题比较直露，直接用商品的牌号、商品名称作标题，不加修饰，实实在在，向消费者直接传递商品信息，激起购买欲望。另一种比较含蓄委婉，如新飞冰箱广告文案的标题“谁能惩治腐败?”这种标题富有暗示性、诱导性和趣味性。光看标题不能马上就知道它所要传递的商品信息，但略加品味揣摩，就能领悟其意图。这种标题巧妙地间接传递商品信息，要靠消费者自己去领悟其中的妙处，因此更有文采，也更富有吸引力。

三、拟制广告口号的技巧

广告口号是广告主为了达到营销目的或树立企业形象而提出的有鼓动作用的、简练明确的语句，其作用是保持广告宣传的连续性，不断强化消费者对某种商品的印象。从形式上看，广告口号与广告标题很相似，都是简短的语句，但二者还是有区别的。一是所起的作用不同：广告标题起导读作用，引导人们阅读正文；广告口号则起鼓动作用，强化印象，鼓动购买。二是所处的位置不同：广告标题位置固定，只位于文案之首，而广告口号的位置则极为灵活，文首、文中、文尾都可以，甚至可以脱离广告文案，单独使用。拟制广告口号要注意以下两点。

① 简练醒目，朗朗上口。如下面这些广告口号：“人头马一开，好事自然来”（人头马酒）“要想皮肤好，早晚用大宝”（大宝护肤霜）“汽车要加油，我要喝红牛”（红牛饮料）。这些广告口号简练醒目，观之整齐划一，赏心悦目；诵之节奏鲜明，朗朗上口，具有一种音韵美，起到一听便懂、过目不忘之效。

② 富有鼓动性。广告口号具有极强的鼓动性，往往在媒体上反复出现，以不断强化消费者对商品的印象。如脑白金的广告口号："今年过节不收礼，不收礼呀不收礼，收礼只收脑白金，脑－白－金!"广告针对中国人注重亲情、友情、人情的传统习俗，结合高频度的广告投入，使用广告口号反复强调、大肆宣扬过节送礼要送脑白金，对人们的视觉听觉造成极强的冲击，极富鼓动性，以至于一到年节，人们给老人、亲友送礼就想到要送脑白金，脑白金热销与其广告的鼓动性、推销力不无关系。

四、创意的技巧

做广告又叫做买眼球，要善于把消费者的眼光吸引过来。在光怪陆离的广告海洋里，广告文案写作如缺乏创意、不新不奇就难以引起广告受众的注意，只有创意独特、新颖生动，才能引人注目，出奇制胜。如某理发店广告文案："新事业从头做起，旧现象一手推平。"不就是理个发、剃个头吗？但这一广告语却妙趣横生，给人耳目一新之感，靠的是什么？靠的就是充满睿智的创意！广告创意从何而来？

① 善于突出与众不同的"卖点"。要想把广告做到消费者的心里去，最有效的办法就是针对消费者的心理需求，突出商品与众不同、最能吸引消费者的"卖点"。如肠虫清的广告文案："肠虫清——两片。"其创意在于突出了驱虫药的"卖点"：两片搞定，疗效极强。再如美国七喜饮料广告文案："没有咖啡因，从来没有，永远没有!"许多可乐饮料都含有损害人体健康的咖啡因，七喜饮料的广告文案则公开标示自己不含咖啡因，其创意在于突出了自己是健康饮料这一与众不同的"卖点"。凭此广告语，使七喜饮料后来居上，成为与可口可乐、百事可乐平分秋色的美国三大饮料巨头。

② 展开丰富的联想。某眼镜店的广告文案："眼睛是心灵的窗户，为了全面保护您的心灵，请为您的窗户安上玻璃。"先由警语"眼睛是心灵的窗户"联想到窗户要装玻璃，再进而联想到保护心灵要给眼睛装玻璃，这一巧妙的创意由广告人丰富的联想而来。

③ 使用欲擒故纵的手法。美国一家酒店的广告文案："本店素来出售的是掺水10%的陈年老酒，如果不愿掺水者，请预先说明，但饮后醉倒，与本店无关。"店主深谙欲擒故纵之道，店主本意是想夸自家酒好，但却绕了个弯子，故意说自家酒掺了水，若不愿掺水，则饮后醉倒是消费者自己的事，真可谓妙语解颐！

④ 善于使用幽默手法。幽默是精神的润滑剂，它可以使人开心快乐，可以调整心绪，陶冶性情。俗话说，笑一笑，十年少。没有谁不喜欢幽默风趣、令人开心快乐的东西，广告创意要善于运用幽默增加趣味性，吸引受众的注意。如某牌子傻瓜照相机的广告文案："聪明人用傻瓜。"此广告语妙在将聪明人与傻瓜机对举，你选择了傻瓜机，你就成了聪明人，谁不想做聪明人？既善于攻心，又幽默风趣。又如某香水公司广告文案："我们的新产品极其吸引异性，因此随瓶奉送自卫教材一份。"使用了该公司香水，竟然得提防异性骚扰，这香水的质量还用多说吗？难怪广告大师波迪斯说："巧妙运用幽默，就没有卖不出去的东西。"

⑤ 巧妙运用各种修辞手法。广告是一门艺术，表现在广告文案的写作中，在很大程度上就是语言的艺术，其创意也常通过各种修辞手法、巧妙的文字体现出来。请欣赏以下的广告语：

美加净生发灵广告文案："聪明不必绝顶。"妙在巧用成语，且反其意用之，突出生发灵的疗效。

某祛斑化妆品广告文案：“趁早下‘斑’。”使用谐音双关，妙不可言。

天然居酒楼广告文案：“客上天然居，居然天上客。”使用回环的修辞手法，文字的巧妙，令人叹绝。

娃哈哈矿泉水广告文案：“我的眼里只有你。”使用双关手法，暗示非娃哈哈不喝。

以上这些广告语，妙语连珠，创意独特，新颖生动，使商品能在消费者心目中占一席之地，留下鲜明难忘的印象。

文章来源：《应用写作》2011 年第 7 期

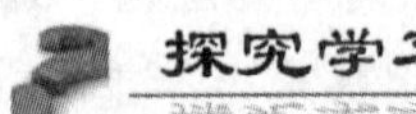

探究学习

1. 搜集几份不同媒介上刊登的广告词，比较这些广告词的异同，体会不同媒介对广告文案创作的不同要求，尽可能以小论文形式阐发自己的观点。

2. 搜集生活中看到的广告，分析其不足，而后重新进行文字写作和版面设计。

3. 搜集几则广告策划文案，领悟策划与广告之间的关系。

随堂讨论

1. 海报和广告有何异同？结合收集的范文实例进行比较，发表见解。

2. 我们在撰写广告文案时经常存在哪些问题？从学生习作或整理资料中随机选取一份广告文案文本，按照相应的写作规范进行点评，发现其优点和不足之处。

任务演练

✲ 核心任务：

某化妆品网店（网址为：http：//lady. qq. com/d/brand/1/734/#）即将推出品牌化妆品“名门闺秀”，请你为它撰写广告文案。

✲ 分项任务：

① 了解相关信息，每人独立完成一则广告文案。

② 撰写完成后，请教老师和同学，按征求到的意见、建议修改完善。

③ 将改定的文稿按规范格式誊写好，提交组织。

④ 分角色模拟一场小型的商品展览会，现场宣传，面对面沟通。

⑤ 由“网店店主”审阅所收到的广告词，汇总意见并进行反馈。

✲ 背景资料：

20 世纪 90 年代中期，“名门闺秀”就成为代表中国女性高档养颜化妆品的先行者，倡导着清新、天然、健康的护肤方式，追求肌肤由内而外散发自然健康之美。她是东方梦想与智慧的结晶，其与生俱来的高贵与优雅，具有浓郁的东方美学特征以及极强的感召力，贵气逼人却又让人心驰神往，将女性激情自信、性感妩媚、时尚优雅的魅力诠释得淋漓尽致！

1998 年，“名门闺秀”首次推出珍珠系列护肤品，优雅、清新的东方韵味及品质与品牌俱佳的质地造就了空前的成功。其珍罕天然、品质卓著的化妆品，赢得了万千女性的厚爱和推崇。

“名门闺秀”的明星产品有：

“名门闺秀”极度保湿眼部精华，主要成分：珍珠活性精华、水磁石保湿因子Pentavitin、天然角鲨烷、鳄梨油、抗皱成份Tinocare GL、常青藤提取液。为眼周肌肤提供24小时水分滋润，抑制眼角松弛和下垂，缓解皱纹、细纹的产生。

“名门闺秀”东方魅力粉底液，任何肤质适用，集养颜与修饰于一身的新型粉底液，蕴含超微细珍珠粉体和保湿因子，防止皮肤干燥，维持湿润的皮肤状态，发挥持久养颜润肤功效。优异的轻盈粉体科技，能自然服贴地吸附于肌肤上，让肌肤看起来更加白皙剔透。

“名门闺秀”珍珠御白精华，蕴含珍珠、桑叶、熊果叶、葡萄柚等精华成分，创新的渗透凝露可由外入内瞬间到达肌肤底层，净化排毒，生肌悦色，清除沉积毒素，集中改善肌肤黄气、暗哑及瑕疵，强化肌肤深层的根本美白过程，由内衍生透白无瑕的完美肌肤，令盛夏的你更加白皙出众。

万宝路成功的“变性手术”

万宝路刚进入市场时，是以女性作为目标消费者的，它的口味也是特意为女性消费者而设计，淡而柔和。为此它推出的广告口号是：“像五月的天气一样温和。”从产品的包装设计到广告宣传，万宝路都致力于明确的目标消费群——女性烟民。然而，尽管当时美国吸烟人数年年都在上升，万宝路香烟的销路始终平平。40年代初，莫里斯公司被迫停止生产万宝路香烟。后来，广告大师李奥·贝纳为其做广告策划时，作出一个重大决定，万宝路的命运也由此发生了根本性的转折。李奥·贝纳决定沿用万宝路品牌名对其进行重新定位。他将万宝路重新定位为男子汉香烟，并将它与最具男子汉气概的西部牛仔形象联系起来，吸引所有喜爱、欣赏和追求这种气概的消费者。通过这一重新定位，万宝路树立了自由、野性与冒险的形象，在众多的香烟品牌中脱颖而出。从80年代中期到现在，万宝路香烟一直居世界各品牌香烟销量首位，成为全球香烟市场的领导品牌。

任务单元三 / 契约

契约是经济发展的产物。英国学者梅因指出：“所有进步社会的运动……是一个从身份到契约的运动。”

在中国古代典籍中，“契约”一词出现较少，“契”之概念则多次出现。“契”既指涉协议过程，又指协议结果。《说文解字》说：“契，大约也。”所谓“大约”，即邦国之间的盟约、要约。为保证其效力，还要辅之以“书契”。“书契，符书也。”指用来证明出卖、租赁、借贷、抵押等关系的文书及法律条文、案卷、总账、具结等。

随着社会发展，契约的分工越来越细，“契”专用于买卖和大宗借贷，交易活动形成的文字凭证则称为“约”，如“约文”（也称“约书”，是契约的另一大类），取约束之意。依据约文的形式，可分为条约、公约、协议、协定、誓词等多种类型。

日常使用的借据和欠条，只是缔结契约关系的简单形式，无法承担人们之间的各种交易，更无法承载司法上的法律行为。因而，才有了备忘录，有了意向书，有了协议，有了合同。正是这些相对完备的契约形式的存在和履行，才使人与人之间的信用关系得以延续。

本单元重点了解意向书、协议书和经济合同。

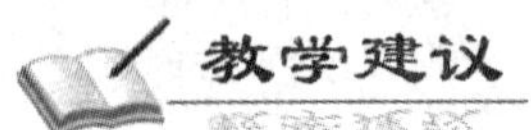

财经类专业学生应适当加大对本单元内容的训练力度，其他专业学生可视课时等情况在教学内容上有所取舍。

写作训练建议采用项目教学法进行，理论知识可以探究式学习代替讲授。

任务一　意向书

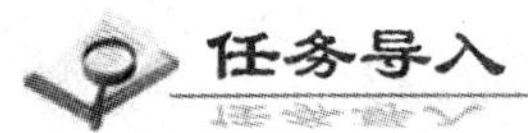

有这样一则故事：

小张和中介公司签订了一份房屋买卖意向书，同时付给业主2万元定金。一周后，当他去签合同时，业主又说不卖了。为了讨说法，小张咨询了律师。律师仔细阅读了意向书，发现上面写着：“如果卖主同意以意向书上的金额卖房并签字后，意向金就自动转为定金，如卖方已同意后反悔以致无法完成签定买卖合同的，除向中介赔偿服务费外，还须向买方双倍返还定金”。律师认为小张通过中介和卖方签订了意向书，该意向书属于双方真实意思的表现，不违反法律规定，双方签定后即达成合意，都应该受该意向书的约束。同时也约定了定金条款，应当认为是签订正式合同的担保，现卖方不愿意签订合同，属于违约，必须承担违约责任。小张可以要求双倍返还定金。

在现实生活中，许多人都误认为意向书只是一种意向，并不是正式的契约，无须像合同那样承担违约责任，事实上，小张与中介公司签订的房屋买卖意向书，其内容对买卖关系的主体、违约责任等都做了明确的约定。如果意向书有明确的违约条款，任何一方违反约定均应承担违约责任。

【例文一】

联办综合服务公司意向书

××市化工厂（以下简称甲方）和××公司（以下简称乙方）于××××年×月×日在×地就创办联营综合服务公司的问题进行了初步协商。根据双方需要，为更合理利用双方优势，提高经济效益和社会效益，双方在平等互利的基础上达成如下联营意向。

一、联营综合服务公司在创建之初的生产经营项目主要有二：一是利用甲方在生产过程中产生的废渣石灰脚生产煤渣砖；二是代客户运输。

二、甲方提供运输工具载重车数辆给联营企业，按月收取适当的租用费。乙方提供土地一块给联营企业，按月收取适当的租用费。乙方一并提供综合服务公司所需的生产人员。

三、此联营项目投资总额估计十余万元（包括基建、厂房、设备及流动资金）。甲方投资比例约七成，乙方投资比例约三成，实现的利润按投资比例分成。

四、综合服务公司是具有法人资格、实行独立核算、自负盈亏的企业。

五、双方各派代表若干人组成筹建小组，具体负责筹建工作。筹建小组应于明年春完成可行性研究并提交工作方案。

六、有关具体问题双方在进行可行性研究后进一步协商。

七、本意向书一式四份，双方各执两份。

甲方（盖章）　　乙方（盖章）

甲方代表：×××（签字）　　乙方代表：×××（签字）

××××年××月××日

看　点

这是一份双方联办公司的意向书。标题由项目名称和文种构成。导言部分，写双方单位名称、因何事项进行了“初步协商”和合作的指导思想。后以“……达成如下意向”过渡，引出主体部分。主体部分采用条文式结构，依次写了联营综合服务公司的经营项目、双方职责、投资比例、公司性质和经济形式、组建筹建小组及意向书份数等内容。各条款只确定了原则意向，不涉及具体细则。全文目标具有导向性，条款只表现出原则性，为下一步进行实质性、具体性的项目洽谈奠定了基础。

本意向书注重使用留有余地和弹性的语言，比如载重车是“数辆”、土地是“一块”、投资比例约“七成”“三成”，各派代表“若干”等，还有“有关具体问题双方在进行可行性研究后进一步协商”，这些都是颇能体现意向书写作特点的语言。

【例文二】

电子商务师远程培训合作意向书

甲方：××银行××金融研修学院

乙方：中国××协会

经双方商讨，拟合作进行中级电子商务师的培训认证工作，初步意向如下：

一、合作培训期2年。

二、培训学员5000名。由甲方组织具备电子商务师报名条件的人员。

三、资格认证费××元/人，在每次培训班结业时统一支付给乙方。

四、甲方提供培训场地，远程教育平台，网上教务管理；乙方负责师资、教材，并负责发放电子商务师资格认证证书。

××银行××金融研修学院（盖章）　　中国××协会（盖章）

代表：×××（签字）　　代表：×××（签字）

20××年×月×日

看　点

以上例文以项目名称（电子商务师远程培训）加文种（合作意向书）为题，给人一目了然的感觉。结构套用合同模式，形成了首部、正文、尾部三大板块：首部给定甲乙双方名称，为下文行文提供了方便；正文主要围绕“做什么”“怎么做”展开，主题突出，合作事项简单明了、具体；尾部即落款，单位署名、代表签字及日期签署格式规范。

【例文三】

意向书

××××××厂（甲方）　　××××××××公司（乙方）

双方于×年×月×日在×地，对建立合资企业事宜进行了初步协商，达成意向如下：

一、甲、乙两方愿以合资或合作的形式建立合资企业，暂定名为××有限公司。建设期为×年，即从×年－×年全部建成。双方意向书签订后，即向各方有关上级申请批准，批准的时限为×个月，即×年×月×日－×年×月×日完成。然后由×××厂办理合资企业开业申请。

二、总投资×万（人民币），折×万（美元）。××部分投资×万（折×万）；××部分投资×万（折×万）。

甲方投资×万（以工厂现有厂房、水电设施现有设备等折款投入）；

乙方投资×万（以折美元投入，购买设备）。

三、利润分配：各方按投资比例或协商比例分配。

四、合资企业生产能力：……

五、合资企业自营出口或委托有关进出口公司代理出口，价格由合资企业定。

六、合资年限为×年，即×年×月－×年×月。

七、合资企业其他事宜按《中外合资法》有关规定执行。

八、双方将在各方上级批准后，再行具体协商有关合资事宜。

本意向书一式两份。作为备忘录，各执一份备查。

××××××厂（甲方）（盖章） ××××××××公司（乙方）（盖章）

代表：×××（签字） 代表：×××（签字）

×年×月×日

看 点

以上例文以文种作标题，结构仍采用合同模式。正文引言部分先交代签订意向的背景（时间、地点、协商事项），再以过渡语导向核心内容，行文简洁；主体部分分条列项陈述项目名称及建设期、总投资额度及双方投资计划、利润分配、项目预计生产能力、出口及定价责任、合资年限等合作意向，内容完整，层次清晰，时间、投资额等细节性内容较为具体；结尾重申了该文本的份数及其“备忘录”作用。

【例文四】

合资兴建麦秆草席加工厂意向书

中国××省××公司，××市××厂与日本国东京××服务中心，本着“友好、平等、互利”的原则精神，双方于19××年××月××日至××月××日，19××年××月××日至××月××日，先后两次在中国××就合资兴建麦秆草席加工厂有关事宜进行了友好协商。在此基础上，中国××省××公司派员于19××年××月××日至××月××日，赴日本东京对此事进行了进一步磋商，日方应中国人民对外友好协会的邀请，于19××年××月××日至××月××日，一行四人在中国人民对外友好合作服务中心有关负责同志的陪同下，对中国××市××厂进行了实地考察和商定，中日双方同意利用中国××省××市××厂的现有厂房等设施合资兴建麦秆草席加工厂，现达成如下意向：

一、整体规划、分期投资

（1）中方以××省××市××厂现有厂区土地（空坪）40亩，车间6栋，办公楼1栋，配电间1栋和其他生产和生活等设施，作为合资股份总额，分为两次投资入股。

（2）第一期以现有车间3栋，办公楼1栋，厂区土地（空坪）20亩、配电间1栋等其他辅助设施，投入合资兴建麦秆草席加工厂。

（3）第二期项目的投入，根据需要与可能相结合的原则，在第一期合资兴建麦秆草席加工厂获得中方正式批准之日起，10个月内，中日双方签署第二期合资项目的意向书，与此同时，再用两个月时间，提供出项目的可行性报告，项目建议书，项目的合同、章程等有关资料，以利申报。超过上述期限，第二期项目的投入为自动放弃，中方可将所剩余的车间3栋、土地20亩等，自行安排。

二、合营期限与货币计算方式

1. 合营期限

（1）时间从19××年××月至200×年××月止，计10年整，一方如需继续履行合同，须经三方协商同意后，可重新申请延期，并申报有关部门办理延期手续。

（2）合同期满后，其固定资产的残值归中方所有。

2. 货币计算方式

三方不管采取什么投资方式，一律以美元为计算单位进行核算。

三、工厂规模

工厂占地面积为28.6亩，年生产能力为21.6万床草席，职工人数为100人。

四、投资金额及比例

合资工厂总投资额为×××万美元。日方投资×××万美元，占总投资额的52.1%，其中包括提供全套生产草席的机器3套，辅助设备、生产和工作用车11辆，部分办公设备，现有工厂改造、配套及生产周转资金。

中方投资×××万美元，占总投资额的47.9%（其中××省××公司为17%，××市××厂为30.9%）。以3栋车间（面积为4425平方米），办公楼1栋（1434平方米）。配电间1栋（120平方米），高压供电输电装备，配电设备，柴油机发电机组，饮用水机井等作为投资入股。

五、双方责任分担

中方：

（1）在3个月内办理有关中外合资企业的申报，审批手续和工商登记注册手续。

（2）厂区的整体规划，附属设施的配套完善及财产保险等工作。

日方：

（1）派遣技术人员3名，为中方培训技术工人，指导生产及设备安装。

（2）包销10年内所生产的全部产品（共计×××万床麦秆草席），提供生产周转资金及工厂改造配套的所需资金。

（3）在近期内提供有关中外合资企业所需的资料及文件。

六、利润分配及亏损分担

（1）中日双方按认可的投资比例分配利润及承担亏损责任，即中方获全部利润的47.9%（其中××省××公司为17%，××市××厂为30.9%）。日方获全部利润的52.1%。

（2）亏损按利润分配比例承担。

七、合资兴建工厂的未尽事宜，在正式签订协议书时予以补充。此意向书用中、日文字书写，双方各持三份。

中国××省××公司（盖章）代表：×××

日本国东京××服务中心（盖章）代表：×××

中国××省××市××厂（盖章）代表：×××

20××年××月××日

注：原20××年××月××日所签订的合资兴建麦秆草席加工厂的意向书为自然失效，此意向书从即日起签字生效。

看　点

这则意向书篇幅较长。正文起笔加了一段导语，概述了各方为达成意向所做的努力，使合作意愿显得更为迫切。主体部分分述投资方式与规划，合营期限与货币计算方式，工厂规模，投资金额及比例，双方责任分担，利润分配及亏损分担，内容详尽，表达准确，为最终签约和促成合作事实打下了很好的基础。结尾用惯用套语，提出未尽事宜的解决办法，留下了应有余地。落款要素全面，格式规范。最后以附注形式就前后两份同一标的的意向书的效力做了必要交代，行文可谓缜密。

知识储备

意向书是合作双方或多方之间，针对某个建设项目通过初步洽商就各自的意愿达成一致认识而签订的准契约性书面文件，包括商务意向书、政务意向书、科技意向书、文教意向书等。本书所指，仅限于经济活动方面的商务意向书。

意向书是表达意图和目的的契约文书。其主要作用是记录和传达“意向”（即合作设想或愿望），提请对方注意或提供参考。它是各方进行实质性谈判的依据，是签订协议（合同）的前奏，可以约束各方的行动，保证各方的利益，能够反映各方业务工作上的关系，保证业务朝着健康有利的方向发展。

一、意向书的特点

意向书是经济技术合作领域常见的文种，主要具有以下四个特点。

1. 协商性

意向书是合作各方为了实现各自利益而平等协商的结果，反映了各方真诚合作的愿望。行文时多用商量的语气，不带任何强制性，有时甚至还会用到假设、询问的语气。

2. 简略性

意向书只是记录、传达各方愿意合作的基本意向，而不是可操作的具体方案，因而其条款比较简略，往往只做原则性、轮廓性的表述，求同存异，为进一步谈判创造气氛。

3. 灵活性

主要表现在两方面：一是内容不确定。在协商过程中，当事人各方均可按各自的意图和目的提出意见，在正式签订协议、合同前亦可随时变更或补充，最终达成协议。意向书发出后，也可以改变自己的主张。对方如有更好的意见，可以直接采纳，部分改变或全盘改变均有可能。二是方案可选择。在同一份意向书里可以提出多种方案供对方选择；或者对其中的某项某款同时提出几种意见或调查，让对方比较和选择。意向书不像协议、合同那样，一经签约不能随意更改，意向书比较灵活，

4. 临时性

意向书是协商过程中各方基本观点的记录，不像协议、合同那样具有确定的法律效力，一旦达成正式协议，意向性的使命也便随之完结。

5. 一致性

签订意向书就表明双方或多方在某一具体事务上取得了共识，有共同语言、有共同意向。并根据各自的利益和要求，在初步商谈的基础上，待共同的目的明确下来，再进一步讨论具体细节。

二、意向书的基本格式与写法

意向书的一般结构，主要是标题、正文、落款三部分。

（一）标题

意向书的标题有两种形式。

1. 文种式

即直接以文种“意向书”作标题。

2. “项目名称+文种”式

如《合资兴建××××丝绸服装厂意向书》《就业意向书》。

（二）正文

常见的意向书由“导语+主体+结尾”组成。

1. 导语

写明合作各方（甲方、乙方）单位的全称，简述合作背景（双方接触的简要情况，包括出席代表、时间、地点及协商经过等），说明合作目的（“为了……，”）、意向（“本着……原则，兴建××××项目”），然后用承转语（“现达成以下初步意向：”）引出主体部分。这部分主要解决的是“为什么”的问题。

2. 主体

采用条款形式逐条逐项说明已达成的意向的内容，集中解决“做什么”“怎么做”的问题。一般来说，意向书应当包括的基本内容是：项目名称及规模，投资方式及比例，利润分配及亏损责任分担，合作期限及双方责任分担等。项目的写法及其排列方法，基本与经济合同一致。

3. 结尾

为了慎重稳妥起见，要专门写明“未尽事宜，在签定正式合同或协议书时再予以补充”一语，以便留有余地。

（三）落款

签订意向书各方单位署名、用印，各方代表人亲笔签名，并标注签字日期。

三、意向书与商务谈判备忘录的区别与联系

二者的联系主要在于：① 都是一种“录以备忘”的文书，都具有提醒、督促对方的作用；② 都适用于某项事务在正式签约、达成协议之前一方向另一方表明基本态度或提出初步设想；③ 都包括标题、正文、落款三个要素，都采用分条列项的形式组织正文，而且在

意向书的结尾也常会出现“本意向书一式两份，作为备忘录，各执一份备查”一类的说明；④ 商务谈判备忘录往往是签订商务合作意向书的前奏。

二者的区别主要在于：① 内容框架不同。典型的备忘录结构一般包括首部、前言、达成一致的事项、尚需进一步磋商的事项、下一步行动、通用条款、签字页、附录及附件等八项内容，而意向书一般只涉及商定事项，往往不明确反映尚需进一步磋商的事项及下一步行动。② 约束力不同。意向书本质上属于协议，虽然作为契约还远不成熟，但仍具有某种契约性，在个别情况下亦可生效；而备忘录的约束力集中在保密要求、独家谈判权的享有、有关文件的提供及以诚信的态度进行谈判等方面，其具体的商务条款（即使已确定为达成一致的事项）、下一步采取的行动（除非已明确规定有约束力），一般无约束力。③ 对写作主体的要求不同。备忘录为确保交易框架在法律上可行、具有可操作性，清楚地表达当事人意识，避免就无意承担的义务作出承诺，确定项目进程（即由谁在什么时间实施什么行动），往往要求由律师起草，而意向书在这方面的要求并不强烈。

四、意向书与合同的区别

1. 所指不同

意向书与合同本质上均属协议的范畴，但又都不等同于协议。协议可能只是一种合作意向，其表现形式即合作意向书；而合同是“平等主体的自然人、法人、其他组织之间设立、变更、终止民事权利义务的协议”，也就是说，凡民事主体之间设立、变更、终止民事权利义务的协议，都是合同。

2. 法律效力不同

一般合同与协议的法律性质一致，但意向书并不一定涉及双方的具体权利义务，因而也不完全具有合同法上的法律效力，除非其内容明确约定了双方具体的权利和义务，才可以认定为合同或协议，并且必须有一方已经开始履行了有关约定，方才生效，否则只是要约，也即双方合作的意识表示；而合同一经双方签字盖章，即刻生效。

3. 自由度不同

合同具有显著规定性和强制约束力，一经签约就不能随意更改；而意向书具有较大灵活度，合作各方均可按照各自意图和目的提出意见，在正式签订合同前往往可随时调整或补充有关内容，直至最终达成确定的协议即合同。

五、意向书写作的注意事项

① 准确体现洽谈内容。意向书是依据双方洽谈会议记录整理而成的，必须准确体现洽谈会议商定的内容，不能擅自改变，更不能随意编造。

② 表现形式要符合体例要求。意向书必须按照分条列项的形式拟写与排列，做到内容明确、条款具体、层次清晰，以便于理解和操作执行，并为最终签定正式合同奠定基础。

③ 语言准确简明，表达清楚肯定，语义单一，力戒歧义。

④ 态度诚恳，语气中肯，不卑不亢，礼貌客气。

拓展阅读

“契约”与“合同”之辨——以清代契约文书为出发点

华中科技大学法学院　俞江

契约，按其意义的不同可区分为四类范畴，一是经济法律的；二是宗教神学的；三是社会政治的；四是道德哲学的。其中，唯有经济法律范畴的契约从实证层面上可以认识。本文即以实证观察为基础，辨析法律意义上的“契约”与“合同”两个概念。

汉语中的“契约”与“合同”两个概念是有区别的。故有学者提出，今天有必要用“契约”概念代替“合同”。但民法学者认为：“考虑到合同一词已经约定俗成，广为流传，而‘契约’、‘契据’等提法已在实践中极少采用，因此我们认为区分契约与合同实无必要。”可见，关于“契约”与“合同”的争议集中在实践上是否有必要用其中一种称谓替代另一种。

……

一、“合同”的渊源

关于中国古代契约的记载，较早见于《周礼》。通过《周礼》，大致可以了解汉代及稍前时期的契约形式。在这一时期，契约的称谓有“傅别”“质剂”“书契”“判书”和“约剂”等五种。其中，“傅别”是关于借贷债务的契约文书，即“听称责以傅别”。但这个“债”比今天说的债务关系要窄，基本上限制在金钱借贷之内；“质剂”是关于买卖的契约文书，即“听卖买以质剂”。买卖需要制作契书，说明标的具有较大的金钱价值，故“质剂”可能是田房、大牲畜等买卖时订立的契书；“书契”则是普通财物受让方面的契书，即“听取予以书契”。从字面看，“傅别”和“质剂”都是就同一内容制作两份文书。“傅别”的“别”字，郑众注曰：“别为两，两家各得一也”。“质剂”也是制作为两份。《周礼·地官·司市》中说：“以质剂结信止讼”，郑玄注曰：“谓两书一札，同而别之，长曰质，短曰剂”。关于“书契”，郑玄的解释是：“其券之象，书两札，刻其侧”。这说明“书契”也是制作同样的两份，不过，两份文书制作完毕后，合在一起，在中间刻出纹路，即所谓的“刻侧”。《周礼·秋官·朝士》中还记载有“判书”：“凡有责者，有判书以治则听”。可见，“判书”是当时所有民间契约文书的总称。郑玄的注释称：“判，半分而合者”，故“判书”的形制也是两份。“约剂”则是一个最广义的契约概念。《周礼·夏官·司马》说：“凡邦国都鄙及万民之有约剂者，藏焉，以贰六官，六官之所登，若约剂乱，则辟法，不信者刑之”。而《周礼·秋官·司盟》说：“凡民之有约剂者，其贰在司盟”。这些记载说明了“约剂”的两种基本涵义。(1)“约剂”不但包括民间契约文书，还包括“邦国”之间的盟约；(2)“约剂”也是制作两份，一份由当事人保存，一份保存在官府内。有纠纷则取官府内的副件比对。

……

实际上，后来的“合同”文书是书写同样内容的两份或多份契书，然后将尾部并合，骑写“同”或“合同”等字，并由当事人分执一份。这样，其中一份文书的尾部就有半个“同”或“合同”的字样，也称“半书”。因此，说后世的合同契综合了“傅别”、“质剂”和“契书”的形制特征或许更合适。

二、清代“合同”的形式特征

……

三、清代“合同”的意义

……

四、重新认识“契约”与“合同”

……

五、结语

英美法中表达“契约”或“契据”的概念是多种多样的，这些概念构成了一个丰富的契约世界。反观现代汉语在契约用语上则显得乏味无比。我们反复使用的就是“合同”“协议”，勉强加上“契约”“字据”和“契券”等。从语言学的角度来说，概念是分析事物的基本工具，某一范畴内的概念越丰富，说明对该范畴的认识越细致。如在汉语世界中亲属范畴的概念就远远多于西方语言，这样，许多中国人关于亲属关系的区别是西方人难以理解的。反之，用汉语中的契约概念理解英美法的契约世界也是远远不够的。

对于概念的理解涉及语词的意义和相互之间的关系，这就需要对概念进行辨析。辨析工作能够得到概念的差异，从而使概念在系统中通过比较而固定下来。本文对“契约”与“合同”两个概念加以辨析，也是试图达到这个目的。

……

本文一直试图说明的是，在汉语世界中，最适合描述社会一般关系的概念就是“契约”。相反，“合同”则是一个在内涵与外延上均小于“契约”的概念。汉语“契约”的成立不一定需要平等的价值观，也不需要“完全”或完整，而“合同”却至少从清代起就已经附着了平等、对等、完整等意义。因此在汉语中，“契约”和“合同”的关系是上位和下位概念的关系而不是相互替代的关系。进一步，也唯有在契约范畴内保持概念的多元化和层次化才能真正为现代契约理论提供有力的分析工具。从这一意义上来说，本文不同意将“契约”与“合同”视为非此即彼的关系。

……

……承认“契约”概念独立于“合同”之外，是将关于契约活动的描述更加接近其真实的面貌，从而一方面肯定事实身份在契约中不可替代的地位，扩大契约中的自治空间，鼓励私人更多地通过协商行动而摆脱对国家权力的依赖；另一方面则勾勒出国家权力能够介入契约活动的领域，并为国家权力的介入提供合理性。

总之，应该严格区分“合同”“契券”和“契约”之间的关系。合同是平等主体为处分各自的权利义务而达成的合意关系。在合同中，主体之间的平等性不但包括抽象关系上的平等，且意味着具体关系的相对平等。以平等性为前提，合同当事人的意思表示具有相对完整的真实性。正是平等性和真实性决定了合同的本质仍然体现为一种合意，而合同的约束力与合理性均首先来自于真实意思表示和平等主体之间的合意。

契券则是平等主体在具体关系中因允诺而形成的约束关系。在契券中，抽象关系的平等和具体关系的不平等，决定了当事人意思表示并非具有完全的真实性。由于意思表示的不完全真实性，契券的达成不是基于充分的协商，因此，契券属于效力有瑕疵的契约。如果契券的一方当事人对契券提出异议，则仍有通过法律或非法律手段修正契券的可能性；如果契券当事人放弃异议的权利，则当事人的履行或默认应视为填补了契券的瑕疵。

最后，契约是合同与契券的总和，契约当事人因合意或允诺而受到某种程度的约束。其中，合意与允诺的区别在于：① 在意思表示的真实性方面，合意具有相对完全的真实性，允诺则具有不完全的真实性；② 在可协商性方面，合意的效力基于协商的充分性，允诺的效力则基于协商的不充分性。但无论意思表示的真实性是否完全以及协商是否充分，都不阻止当事人继续协商或协调的可能性。即使基于完全真实的意思表示和充分的协商，即在合同中，“由信息不对称引起的弱或强的不可缔约性”，以及偶发事件的不可预测性，都或多或少地注定了契约的不完全性。因此，无论是合同还是契券，要达致平衡的状态，均允许协商的可继续性。这里所谓的“协商”，既包括当事人提出异议、反异议和重新达成一致等交流活动，也包括基于利益考量后的默认、履行、部分履行以及对部分履行的承认等行动。可见，契约可归结为，在约束条件下，当事人利益在协商的可继续性（交流与行动）中达到系统性的平衡的状态。这里的“约束条件”，既包括制度框架，又包括外部环境和事件发展的可能性。这里的“平衡”，既取决于主体意志即权衡利益的主观性，同时受到信用程度或“议价能力”的制约。总之，既不是合意也不是允诺，而是协商的可继续性对契约当事人产生约束。只有当事人处于可继续协商的系统中时，我们才把这个系统称为契约；反之，丧失协商的可继续性的系统则不再视为契约。换言之，不是意思表示或意思表示一致，而是协商的可继续性才是契约的根本属性。

文章来源：《中国社会科学》2003 年第 6 期（有删节）

探究学习

搜集备忘录写作知识及其范文，与意向书进行比较，领会其区别与联系。

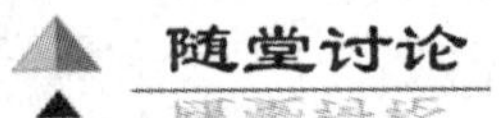

随堂讨论

下面是一篇瑕疵文案，请结合自己的理解，指出其存在的毛病。

共建合资企业意向书

一、甲、乙两方愿以合资或合作的形式建立合资企业，定名称为 ×× 有限公司，地址在中国 ×× 市 ×× 街 ×× 号。建设期为 ×× 年，即从 ×××× 年至 ×××× 年全部建成。双方签订意向书后，即向各有关上级申请批准，批准的时限为 × 个月，即 ×××× 年 × 月至 ×××× 年 ×× 月完成。然后办理合资企业开业申请。

二、合资公司经营范围：合资公司从事 ×× 产品的生产、研究和开发。新产品在中国国内外市场销售，并进行销售后的技术服务。

合资公司的生产规模：生产初期年产 ××× 吨；正常生产期年产 ××× 吨。

三、合资公司为有限责任公司。合资各方按其在注册资本中的出资额比例分配利润、分担亏损和承担风险。

总投资为 ×× 万元，其中注册资本为 ×××× 万元，贷款为 ×× 万元。×× 部分投资 ×× 万元；×× 部分投资 ×× 万元。

甲方投资 ×× 万元（以工厂现有厂房、水电设施现有设备等折款投入），占注册资本的百分之××。乙方投资××（以折美元投入，购买设备），占注册资本的百分之××。

四、合资公司所需要的机械设备、原材料等物资，应首先在中国购买，如果中国国内不能满足供应的，可以在中国国外购买。

五、合资企业自营出口或委托有关进出口公司代理出口，价格由合资企业定。

六、合资年限为×年，即××××年×月至××××年×月。

七、合资企业其他事宜按《中外合资企业法》有关规定执行。

八、双方在各方上级批准后，再具体协商有关合资事宜。

九、本意向书生效后，甲、乙双方应认真遵守本意向书的规定。任何一方因不执行本意向书规定的义务，对方有向违约一方索取赔偿经济损失的权利。

十、本意向书用中文和××文写成，两种文本具有同等法律效力。

××厂（甲方）	××××公司（乙方）
代表：	代表：
××××年×月×日	××××年×月×日

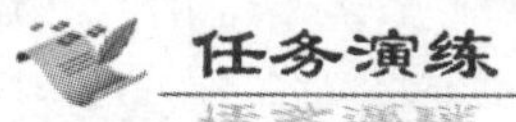

✻ **核心任务：**

根据给定资料，两人一组合作起草一份规范的意向书并签约。

✻ **背景资料：**

2013年4月16日至18日，××大学王大伟先生与××公司李小明先生就校企合作事宜进行了初步协商，双方对合资建立生产性实训基地的可行性深感兴趣。双方商定，愿以合资或合作的形式建立合资企业，暂定名为××有限公司。建设期两年，即从2013—2015年全部建成。双方意向书签订后，即向各方有关上级申请批准，然后由××公司负责办理合资企业开业申请。双方同意于2013年6月15日至18日就双方投资和合同的方式和比例、双方的权利和义务等问题进行进一步的探讨和协商。

✻ **分项任务：**

① 自愿组合，每两人一组分成若干小组。

② 每组在规定时间内合作完成意向书的起草。

③ 审查无误后，以给定的虚拟身份签订合作意向书。

④ 将签订好的合作意向书扫描成图片格式，上传到课程网站。

任务二 协议书

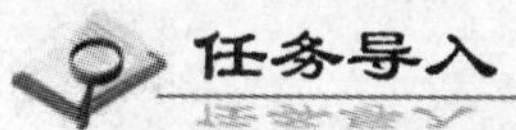

2010年11月，某报社派两人到某高校选聘文字编辑，小周参加了招聘考试。当天，她就签了约，一份是《全国普通高等学校毕业生就业协议书》，另一份是《聘用协议》。然而，直到2011年6月中旬小周仍未来报到，也没有任何音信。原来她已经到另外一家报社上班去了。7 月，报社正式致函，请其履行协议，否则，将通过法律途径解决问题。9 月，在始终没有得到任何方面明确答复的情况下，报社向法院提起诉讼，状告小周违约，要求被告赔偿。10 月 28 日，法院开庭审理此案，认为，原、被告之间自愿签订的全国普通高等学校毕业生就业协议、聘用协议，是双方当事人真实意思的表示，双方都应按照协议履行。被告的行为，违反了《合同法》，应承担违约责任。

由以上案例可见，用人单位获得胜诉即得益于明确劳动关系的协议。因此，签订权责分明的协议，对用人单位和毕业生同等重要。

有人形象地比喻：就业协议就像“出嫁协议”，劳动合同就像“夫妻协定”；前者发生在学生毕业之前，由学生、学校、用人单位三方签订，以确定就业意向和相关权益，但它只约束“婚前”，“婚后”的生活如何安排呢？那就要及时与用人单位签订劳动（聘用）合同来确立双方新的关系，明确各自的权利和义务了。一旦学生毕业离校，学校将脱离三方关系，“出嫁协议”也便随之终止。

例文看台

【例文一】

还款协议

甲方（债权人）：	乙方（债务人）：
地址：	地址：
邮编：	邮编：
电话：	电话：

为了使……，双方经过友好协商，就有关事项协议如下：

第一条　还款内容

1. 还款金额：××××元人民币。

2. 还款期限：自签订此协议之日起乙方至×年×月×日前还清。

3. 利率：按照……的利率执行，具体为：……。

第二条　抵押物

乙方将××作为还款的抵押。抵押期限：自本协议生效之日起至乙方还清甲方与本合同有关的全部款项及利息为止。

第三条　甲乙双方的义务

（一）甲方的义务：

1. 对甲方交来抵押物的单证妥善保管，不得遗失、损毁。

2. 在甲方到期还清所有本协议规定的款项后，将抵押物的单证完整交给甲方。

（二）乙方的义务：

1. 应按本协议规定时间主动偿还对甲方的欠款及利率。

2. 乙方在签订协议之日起交付抵押物的所有权证书。

第四条　违约责任

乙方如因本身责任不按合同规定支付给甲方欠款及利息的，乙方应负违约责任。

第五条　本合同经××××××见证后生效。

本合同一式六份，具有同等法律效力，甲乙双方各执二份，见证单位留存二份。

甲方：（公章）　　　　　　　　　　乙方：（公章）

代表人签字：　　　　　　　　　　　代表人签字：

签约日期：

见证单位：（签章）

看　点

这是一篇还款协议，措词准确、简明，主要条款清晰，当事人权责明确。协议最后一条注明“本合同一式六份，具有同等法律效力”，突出了其协议性质。需要说明的是，第三条“乙方的义务”下“应按本协议规定时间主动偿还对甲方的欠款及利率”一句中“利率”一词使用明显有误，应为“利息”。

【例文二】

合资创办出租汽车公司协议书

中国黑龙江国际经济技术合作公司（甲方）

香港金桥金属有限公司（乙方）

双方于×年×月×日至×日在哈尔滨市友好协商，在平等互利的原则下，就合作投资创办出租汽车公司事宜，达成如下协议：

一、合营企业定名为北方出租汽车公司。经营大、小车100辆。其中：德国奔驰280－S轿车7辆（为二手车，行车里程不超过17000公里，外表呈新）、日产丰田轿车83辆（其中：50辆含里程、金额记数表、空调、步话机等）、面包车10辆。

二、合营企业为有限公司。双方投资比例为3:7，即甲方占70%，乙方占30%。总投资140万美元，其中：甲方98万美元（含库房等公用设施），乙方42万美元。合作期限定为5年。

三、公司设董事会，人数为5人，甲方3人，乙方2人。董事长1人由甲方担任，副董事长1人由乙方担任。正、副总经理由甲、乙双方分别担任。

四、合营企业所得毛利润，按国家税法照章纳税，并扣除各项基金和职工福利等，净利润根据双方投资比例分配。

五、乙方所得纯利润可以人民币计收。合作期内，乙方纯利润所得达到乙方投资额后，企业资产即归甲方所有。

六、双方共同遵守我国政府制定的外汇、税收、合资经营以及劳动等法规。

七、双方商定，在适当的时间，就有关事项进一步洽商，提出具体实施方案。

甲方代表：×××（签字盖章）

乙方代表：×××（签字盖章）

××××年××月××日

看　点

这是一篇合作投资创办公司的协议书。首部给定甲乙双方全称，为下文引述提供了便利。正文开头简述协商时间、地点、签约原则、标的（合作投资创办出租汽车公司），之后以过渡性词语转入主体内容，基本模式与意向书趋同。正文主体分七项陈述双方商定事项，内容涉及拟建公司名称、预计运营能力、公司性质、双方投资比例及方式、合作期限，管理、决策机构设置及人员构成，利润分配及资产最终归属，以及下一步行动计划等诸多方面，但行文简洁，主旨明了。

【例文三】

临时用工协议书

甲方：××××××××

乙方：×××　　身份证号码××××××××××××××××××

1. 根据有关规定，经协商甲、乙双方共同签订本协议，共同执行。

2. 本协议期限为×（年/月），自××××年××月××日起至××××年××月××日止。

3. 工作任务：

（1）甲方安排乙方在××××××××岗位，从事该岗位职责范围内的工作；

（2）乙方的岗位、职责及工作质量要求，按照甲方的有关规定执行；

（3）乙方应完成工作任务，执行安全规程，遵守劳动纪律和职业道德；

（4）因甲方生产（工作）情况发生变化或乙方不能胜任岗位时，乙方应服从甲方的工作安排和调配。

4. 劳动报酬：

甲方应按照国家有关规定，遵守按劳分配原则，结合工作价值，根据乙方所从事的工作岗位，依法确定乙方的劳动报酬为××××元（人民币）/月（大写：××××××××××××），其他各种福利、津贴均含在当月的劳动报酬中而不再另行计发。

5. 劳动纪律：

（1）乙方应严格遵守国家各项法律规定。遵守甲方工作规范、操作规程、劳动安全卫生制度等各项规章制度，包括《员工手册》中写明的各项规定要求。同时，爱护甲方财物，保守甲方机密，维护甲方利益，服从甲方的领导、管理和教育。

（2）乙方违反劳动纪律，甲方可对其进行批评教育，直至按有关规定给予必要的纪律处分或解聘。

6. 协议的终止、变更、续签和解除：

（1）本协议期限届满时即终止，由于生产、工作需要，在双方同意条件下，可续签协议，并应提前1个月办理续签协议手续。

（2）经双方协商同意，可以变更协议有关内容并办理协议变更手续。

（3）甲方可以根据国家有关规定和生产经营状况解除本协议。

（4）具有下列情况之一，乙方可以解除本协议：

①经国家有关部门确认，生产安全、卫生条件恶劣、严重危害职工身体健康，企业又不加以改善的；

②甲方违反劳动协议或法律、行政法规，侵害乙方合法权益的。

（5）任何一方提前解除协议，均应提前15日通知对方。

7. 任何一方违反本协议规定，给对方造成经济损失，应视其后果和责任大小按有关规定予以赔偿。

8. 协议如有未尽事宜，凡属国家有规定的，按有关规定执行；凡属国家没有规定的，甲、乙双方可协商修订、补充。

9. 本协议双方签字即生效。协议一式贰份，甲、乙双方各持一份，具有同等法律效力。

甲方：××××××××（盖章） 乙方：×××（签字盖章）

代表人：×××（盖章） 代表人：×××（盖章）

签订日期：××××年××月××日 签订日期：××××年××月××日

看 点

这份临时用工协议的正文采用条款式，分九项一一陈述。其中，第一项相当于引言；第二至八项分别说明了协议有效期、工作任务、劳动报酬、劳动纪律、协议终止、变更、续签和解除、违约责任，以及未尽事宜解决办法等；第九项确认协议效力并补充交代协议份数及去向。要旨突出，结构明晰，有关条款合情、合理、合法，对协议期限、劳动报酬等关键内容表述严谨、细致，几近合同。

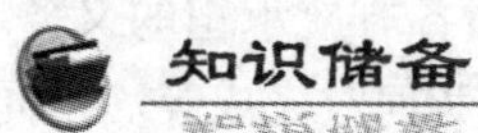

一、协议书的概念

协议书是企事业单位、团体或个人经过谈判、协商取得一致意见后共同订立的一种具有经济或其他关系的契约性文书。按性质，可以分为委托协议书、经销协议书、联营协议书、补充协议书、调解协议书、仲裁协议书、税收协议书、租赁协议书、变更或解除合同协议书等；按内容和功能，则有离婚协议、租赁协议、合作协议、购房协议、就业协议、企业合作协议等。

二、协议书的特征

协议书具有以下特征：

1. 合法性

即协议书的内容、形式、程序必须遵守国家的法律，符合国家的政策，这样才能得到认可和保护。如果违反了国家的政策法规，并由此给社会公共利益造成了一定的损害，当事人必须承担一定的法律责任。

2. 约束性

协议书一经签定，就具备了法律约束力。当事人都必须履行协议书中的规定，信守协议书中的条款。由于故意或疏忽大意而造成的违约行为，都必须承担相应的法律责任。

三、协议书的写作格式

协议书的整体结构要素，一般包括标题、首部、正文、尾部四项。

（一）标题

格式类似于合同标题。一般采用“性质＋文种”形式，如《战略合作协议书》《赔偿协议书》《委托协议书》等；有时也单纯以文种即“协议书”或“协议”作为标题。

（二）首部

即当事人名称，在标题之下写明协议各方全称或规范化简称或协议人姓名，并为了行文方便，在立约各方当事人后面注明“甲方”“乙方”“丙方”等代称。

议书首部无需标编号。

（三）正文

协议书正文也包括引言、主体及结尾三块。

引言即首段，主要说明签订协议书的原因、目的和双方商定的具体内容，如“双方于×年×月×日在×市，经过友好协商，在平等互利的原则下，就合作投资创办出租汽车公司事宜，达成如下协议:”。

主体部分集中陈述双方商定的具体内容，大多用条款罗列，并写明各方应承担的义务、责任和应该享受的权利；写明各方或共同需要完成的工作、完成的程度和何时完成等。不同类型不同性质的协议书，所包括的条款也不尽相同，要依双方协商的结果而定。

结束语则主要是附加说明协议书的份数、有效期、保存人或单位等。

在正文部分，协议书与意向书的不同主要体现在主体条款上，与意向书相比，协议书对核心条目有比较严格的限定。

（四）尾部

即签名和日期，也就是生效标志。与合同一样，协议书最后必须签上立约各方当事人的单位全称或个人姓名，然后写明协议书的签订日期。如果是单位，必须加盖公章并签上代表人姓名；若有中间人或公证人，也要签字盖章；若是手抄件，抄写人还要签字。如果协议书内容重要，最好请公证处公证，并签署公证意见、公证机关名称（加盖公章）、公证人姓名（加盖私章或手印）及公证日期。

四、协议书与意向书的区别

协议是党政机关、社会团体和企事业单位、自然人与他人进行某种合作，经谈判、协商后取得一致意见而形成的具有法律效力的记录性应用文书。意向书是双方或多方就合作项目在进入实质性谈判之前，根据初步接触所形成的带有原则性、意愿性和趋向性意见的文书。与协议书相比，意向书大多没有写明违约责任，因此不具备协议书那样的法律效力，只具备对立各方信誉上的约束力，是双方进行实质性谈判的依据，是签订协议（合同）的前奏。

意向书的内容具概略性、轮廓性，不像协议书那样具体，一般将当事人议定的共同目的、合作领域和项目、大体规模等初步意向记下来即可。有时意向书可以是一方以广告形式来征求合作单位，如 CMC 作为专业的管理类网络媒体在网上发布媒体合作意向，寻求合作伙伴。

五、就业协议与劳动合同的区别

就业协议与劳动合同是用人单位录用毕业生时所订立的书面协议，但两者分别处在两个相互联系的不同阶段，表现在以下几方面。

1. 主体不同

就业协议适用于应届毕业生与用人单位及学校三方之间，学校是就业协议的鉴证方，协议本身对用人单位的性质没有规定，适用任何单位；而劳动合同是毕业生与用人单位明确劳动关系中权利与义务关系的协议，学校不是劳动合同的主体，也不是劳动合同的鉴证方。劳动合同是上岗毕业生从事何种岗位、享受何种待遇等权利和义务的依据。

2. 内容不同

毕业生就业协议的内容主要是毕业生如实介绍自身情况，并表示愿意到用人单位就业、用人单位表示愿意接受毕业生，学校同意推荐毕业生并列入就业方案，而不涉及毕业生到用人单位报到后应享有的权利义务。劳动合同的内容则涉及劳动报酬、劳动保护、工作内容、劳动纪律等方方面面，条款更为具体，劳动权利义务更为明确。

3. 签订时间及有效期限不同

就业协议应在毕业生就业之前签订，其有效期自协议签订起至毕业生按协议约定时间到用人单位报到止；而劳动合同往往在毕业生到用人单位报到后才签订，其有效期开始之前学生就已经离校。

4. 目的不同

就业协议是毕业生和用人单位关于将来就业意向的初步约定，是对双方的基本条件以及即将签订的劳动合同的部分基本内容的大体认可，并经用人单位的上级主管部门和高校就业部门同意，一经毕业生、用人单位、高校、用人单位主管部门签字盖章，即具有一定的法律效力，是编制毕业生就业方案和将来双发订立劳动合同的依据。

5. 解决争议所适用的法律依据不同

就业协议发生争议，除根据协议本身内容之外，主要依据现有的毕业生就业政策和法律对合同的一般规定来加以解决，尚没有专门的一部分法律对毕业生就业协议加以调整。而劳动合同发生争议，应依据《劳动法》来处理。

六、协议书写作的注意事项

协议书是由当事人各方为了共同实现一定的目的，明确相互之间的权利、义务关系而制订的书面契约，写作时应当遵守以下基本原则。

① 要贯彻平等自愿、协商一致、等价有偿的原则。平等协商、自愿互利是签订协议的前提和基础，不同机关和经济组织在职能、规模和经营能力等方面各有区别，或有领导与被领导的关系，但在订立协议时，彼此的地位是完全平等的，应充分协商、互相尊重。任何一

方不得以自己的意志强加于对方，任何单位和个人也不得从中非法干预。双方取得的权利和承担的义务应当是对等的。

② 要贯彻合法原则。即协议书内容、形式和程序，均须遵守国家法律，符合国家政策要求，方能得到国家的承认和保护。凡违反国家政策、法令和危害国家与公共利益的协议是无效的，当事人须承担由此而产生的法律责任。

③ 协议的权利义务要明确。因为协议一经签订，即具有法律约束力。由于故意或自己的过失造成的违约，必须承担赔偿损失的责任，因此写作协议条款时要实事求是、诚实信用，切忌夸大其词，无中生有。

订立“夫妻财产协议”应注意的几个问题

高进

“夫妻财产协议”也称“婚姻财产协议”，它是夫妻（或准备结婚的）双方就其财产关系而依照法律精神，在平等、自愿基础上订立的一种契约性文书。其婚前、婚后均可订立。

订立“夫妻财产协议”（以下简称“协议”）的目的是：为了明确夫妻双方各自的私有（独有）财产，约定婚姻存续期间所得财产以及婚前财产的归属形式，避免日后可能产生的“财产损失”和“分割纠纷”，规定双方的权利与义务，建立平等和谐的家庭关系。“协议”与单纯的“婚前财产公证”不尽相同。婚前财产公证只是证明各自婚前已经拥有的私有财产，而“协议”不仅要明确“已有”财产的权属关系，同时还将约定夫妻未来新增财产的权属关系，即对夫妻（一方或双方）未来所得财产的归属形式、支配方式、继承方式等财产关系及债务责任进行约定。

订立“协议”是非常正当的行为，是法律赋予公民可以自由选择的，“为”或“不为”的一项权利。我国现行《婚姻法》规定了两种调整夫妻财产关系的制度：“法定财产制”和“约定财产制”。（《婚姻法》第十九条规定：夫妻可以约定婚姻关系存续期间的财产关系。）而且，在通常情况下，“约定财产制”的适用优先于“法定财产制”。“协议”是近年来人们（特别是中层成功人士、中老年人结婚或再婚时）常选择的一种契约形式。这不仅显示了相当多的人已经能够自觉地运用法律来保护自己的合法权益，而且更表明了他们愿意在法律允许的范围内自由选择与“法定夫妻财产制”（我国法定的夫妻财产制为“婚后所得共同所有制”）不同的、适应自身情况的“其他夫妻财产制”。可以预测：随着时代的进步、经济的发展、个人财产的增加以及大众法律意识和“私产观念”的增强，将会有越来越多的人赞成并采取“订立协议”这一做法，这是国民素质提高的标志。

订立“夫妻财产协议”应注意以下几个问题：

一、符合法律、遵守道德规范

首先，“协议”的内容必须符合国家的法律法规，尤其要符合《婚姻法》精神，这是最基本的前提。因为任何有悖于国家法律精神的协议条款都是无效的。所以在订立协议之前，要学习、理解《婚姻法》中有关“夫妻财产制”的条款。现行《婚姻法》中既规定了“法定夫妻财产制”（“婚后所得共同所有制”），但同时也允许“约定夫妻财产制”，即当事人可以自行约定其他办法，如约定“分别财产制”“联合财产制”等，但约定的具体条款必须符合法律精神。其次，协议不得损害第三方利益。订立协议的目的，只能用于保护公民的合法权益免受侵害（损失），决不可以用于其他非法目的。任何以逃避债务、骗取钱财、转移赃物（款）、侵占他人（或公共）利益等为目的而订立的“协议”，一经证实，即告无效。还需注意：“协议”在合法的同时，还应该遵守婚姻道德规范，应有利于家庭和睦，促进社会主义精神文明建设。如某《协议》中有这样的条款“双方打麻将赢的钱归各人私有”，这条“约定”无效，因为赌博既违法，又违背道德，对家庭关系极为不利。

二、平等自愿、协商一致

这是订立协议的基础。协议的各项条款都应由双方协商约定。当分歧较大时，双方应作出相应的让步。协议中规定的夫妻双方的权利、义务和所受的约束应体现夫妻平等原则。任何一方都不能只享受权利而不承担义务。不允许一方强加给另一方不平等条款，也不允许出现只约束对方而不约束自己的“特别条款”。依法订立的协议，对双方都具约束力。如某《协议》约定：“婚后双方的工资归各自私有，家庭生活支出全部由男方负担，男方的奖金全部交由女方统一管理……”这显然是不平等的。既然约定了“工资归各自私有”，那么家庭生活支出就应由双方“共同负担”，而且“奖金全部交由女方统一管理”的约定也不明确，其属共同财产还是一方的私产？即使男方暂时愿意接受，日后也极易产生矛盾。另外，使用欺骗、强迫等手段订立的协议也是无效的。

三、真实有据、互相确认

协议中所列双方已有（婚前）财产必须真实、有据。要写清财产的名称、品牌、型号、数量、购买价格（或估价）等，还要提供与实物相符的权属证明材料。双方必须互相确认、核对（如核对房产证、行车证、购买发票等是否与实物相符）。如办理公证，这些证明材料更是必不可少。与他人共有的财产，也需提供相关证明材料。

四、避轻就重、丢卒保车

协议不可能（也无需）对夫妻二人（过去和将来）的全部财产进行约定，因而最好是有选择地就某些“重要财产”进行约定。它们大致有两类，一类是价值较高的财产（包括无形资产），如房屋、汽车、高档家具、薪酬奖金、大额存款、贵重饰品、债权、企业（或其他设施的）产权、智力成果等。另一类是自视为“重要的”财产，它们虽然本身价值不高（或目前价值不高），但与自己关系密切或潜在价值较大，一旦失去（或与对方共有后），有可能对自己的生活、工作乃至心理产生不利影响，甚至可能损害到自己家族的利益，如书籍资料、创作手稿、设计图样、自编程序、字画古玩、馈赠物品、与家族成员共有的有形及无形财产（祖传物品、秘方、家族的商标、字号使用权）等。上述两类财产，如果其中某些是在婚后取得的，双方又无明确约定，那么，通常情况下就视为“夫妻共同财产”。因此，对“重要财产”的权属关系进行明确约定非常必要。它可以避免日后可能出现的麻烦、损失或债务连带责任。《婚姻法》规定：“夫妻对婚姻关系存续期间所得的财产约定归各自所有的，夫或妻一方对外所负的债务，第三人知道该约定的，以夫或妻一方所有的财产清偿。”因此对“重要财产”的权属关系进行明确约定，其意义重大。至于一些“小财产”，可以“丢掉”。如果在协议中所列财产的项目过多、过细，反而显得冗赘。如有的协议，大到房屋、小到餐具，这样既繁芜琐碎，又不能突出“重点”，其不像夫妻财产协议，倒像古代兄弟分家的清单。

五、着眼将来、有所预见

订立协议要有发展眼光，要考虑“今后”。协议不能只对婚前的、已知的财产进行约定，重要的是对将来新增财产的权属关系、家庭开支、债务问题等进行约定。这是协议的重要内容。例如：对于夫妻在婚姻关系存续期间所得的工资、奖金、生产经营收益、出租收入、投资收益、兼职及业余创收、知识产权收益等，应明确其所属关系（如各自所有、共同所有；或部分各自所有、部分共同所有等）。如果没有约定或约定不明的，上述财产都将被视为“夫妻共同财产”。协议还可以对今后家庭的日常开支、重大支出等事宜进行约定。有的夫妻在协议中对已知的婚前财产约定得很清楚，而对未来的“财产关系”缺乏具体约定，这实际上起不到协议应有作用。

六、合理可行、留有余地

协议约定的事宜，要在合法的基础上尽量使之合情合理、可以履行。协议要体现“既分清、又联系；既防备、又信任；既原则、又灵活”的精神。毕竟是夫妻之间，在原则之中应有适当的弹性，留有商量的余地，要体现出协作和互助精神。如果斤斤计较、视同路人则不能体现出夫妻间的情意。协议订立后，仍可以用协议的形式对原有“协议”进行变更、修改。

七、用语准确、避免歧义

这是任何契约性文书都必须注意的问题。如协议中常见的“工资”一词，其含义就很广泛。是指“基本工资”“档案工资”“实际收入”还是“包含奖金的收入”或“总收入”等等？因为实际上有些地方的工资与奖金、补贴等就很难分清。还有“奖金”，其名目更是繁多，难以确定。再如“所有”一词，到底是指“所有权”，还是指“全部”？这些词语，如果修饰限制不准确，极易产生歧义。

八、标注“界限”、约定时间

即可以在“协议”中标明：以××××年×月×日为界限（如结婚日），之前所取得的财产依据实际情况及相关证明（如公证材料）属各自私有财产；之后取得的财产依据“协议”和“取得时间”来认定归属关系。这样可以避免麻烦。如果一旦发生“说不清”的问题，“时间”和“时间界限”将可以帮助说明问题。

最后，当整个“协议”完成后，签字前最好征求一下律师的意见。如需公证，则应依照有关规定及程序办理。顺便说明，公证与否，并不影响协议的法律效力，但前提是协议本身必须合法。

文章来源：《应用写作》2003 年第 7 期

探究学习

1. 查找有关资料，熟悉各类协议书的概念，做好读书笔记。

2. 搜集劳动合同范本，仔细阅读，体会其内容条款及表述方式，并将其与学院就业部门提供的就业协议书比较，进一步理解劳动合同与就业协议的区别。

随堂讨论

从写作角度分析下面一份协议书的得失：

离婚协议书

立协议人：×××，男，一九××年××月××日出生，现住××××××。身份证号码：××××××××××××××××××。

×××，女，一九××年××月××日出生，现住××××××。身份证号码：××××××××××××××××××。

×××与×××于一九××年××月××日在××××登记结婚，现因××××××××××，已无法共同生活，故双方向婚姻登记机关申请离婚，现就财产及子女抚养达成如下协议：

一、×××××××的房产是婚前财产，离婚后归×××所有，×××搬出。

二、×××、×××的婚生子女×××归×××抚养，×××每月给×××生活、教育费500元，直至×××18周岁。

三、现家中的彩电、冰箱、洗衣机、金银首饰全归×××所有。

四、夫妻关系存续期间，所欠×××的5000元人民币，由×××负责赔偿。

本《离婚协议书》自婚姻登记机关颁发《离婚证》之日起生效。

立协议人：×××（签名）

×××（签名）

年 月 日

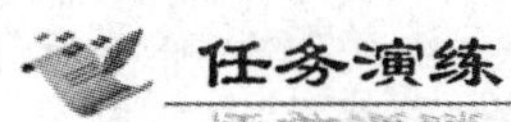

✲ 核心任务：

根据给定资料，拟写一份规范的协议书。

✲ 背景资料：

为了共同的经济目的，某厂与某公司自愿订立合作协议，就合作范围，出资额和出资方式，合作财产的管理和使用，盈余分配方式，债务承担办法，以及合作终止、生效等项目内容达成了一致，只待签订协议书。

✲ 分项任务：

① 两人一组，完善相关条款，合作完成协议书起草。

② 交换意见，修改完善。审查无误后，分别代表双方签约。

③ 将签订好的协议书扫描成图片格式，上传到课程网站。

任务三 经济合同

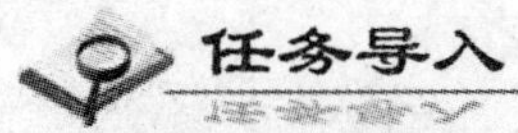

合同是契约的一种形式。契约与信用互为因果，契约关系的完美终结是良好的信用关系的开始；同样，良好的信用关系又有助于新的契约关系的缔结。

就复杂的经济合作而言，往往会经历从谈判备忘录到合作意向书，再到协议书直至合同这样一个文种“升级”的过程。当然，这里所显示的，已经不光是文种规格的加强，也从一个侧面显示了合作各方信用关系的逐步加强。

例文看台

【例文一】

购销合同书

立合同者 ××果品公司（甲方）
××××果园（乙方）

为了满足人民生活需要，促进果品生产和流通，经双方协商同意，特订立如下条款，以资共同恪守。

一、产品的名称、价格、数量、交货期：

产品名称	单位	单价（元）	数量	交货期（××××10月）		
				上旬	中旬	下旬
青蕉苹果	千克	1.00	450 000	200 000	150 000	100 000
酥梨	千克	1.20	30 000	10 000	10 000	10 000
鸭梨	千克	1.20	50 000	20 000	15 000	15 000
蜜桃	千克	1.20	25 000	10 000	10 000	5 000
合计			555 000	240 000	185 000	130 000
合计货款人民币（大写）略						

二、产品的规格质量。产品的规格，青蕉苹果和鸭梨每个直径不得低于6厘米，酥梨和蜜桃每个直径不得低于6厘米，蜜桃每个直径不得低于5厘米。碰伤的水果不得超过5%，有虫的水果不得超过3%。各种水果要求在八成熟后采摘。检验方法以乙方自检为主。甲方在收货时如发现规格质量不符合标准的，应由乙方负责处理，甲方应予以协助。

三、产品的收购价按上表所列价格执行。在执行中，如遇价格升降时，经双方协商，产品价格可在10%范围内浮动。

四、其包装由乙方负责用柳条筐包装，按时运至甲方所在地。包装费用和运费均由乙方负担。

五、乙方应按合同的规定分期交货，按旬结算。

六、甲方应在乙方交货后三日内付清货款。

七、违约责任：

甲方应负责任：

1. 如果甲方中途要求变更或撤销合同，应偿付乙方变更或撤销部分货款总值的20%的罚金。

标题：由合同类型和文种两项构成，表明了合同性质和类别。

立合同当事人：按规范格式写明双方全称、简称。

正文开头：简要交待签订目的和原则。

正文主体：以分条列项形式详列合同条款，包括标的、数量、质量、单价及总货款、交货日期、包装与交货方式、货款结算方式、违约责任以及合同的鉴证与保管等，内容全面清楚。合同条款内容完全符合《经济合同法》的有关规定。在表述第一项条款时，采用了表格形式，在表格中列出标的各项指标，非常清楚，同时也节省了篇幅。要注意借鉴这种写法。

<table>
<tr><td>
2. 根据双方规定的交货期，无故拒绝收货，应偿付乙方该批货物货款总值的10%的罚金。
3. 未按合同规定的日期付款，每延期一天，应偿付乙方延期货款总额5%的罚金。
乙方应负责任：
1. 甲方在验收时，如发现水果的规格、质量及包装不符合合同规定的，应由乙方全部负责。
2. 如果在规定期限内不能如数交货的，应偿付甲方不能交货部分货款总值的10%的罚金。
八、由于人力不可抗拒原因而不能履行合同的，免予承担经济责任。
九、以上条款经双方及行政管理机关盖印签证后生效。
十、本合同一式三份。甲乙双方各执一份，签证机关一份。
</td><td></td></tr>
<tr><td>
甲方：（公章）
签证机关：（公章）
法人：×× （私章）
地址：×××
电话：×××
传真：×××
开户行：×××
银行账号：×××
签订日期：××××年×月×日

乙方：（公章）
法人：×× （私章）
经办人：××× （私章）
地址：×××
电话：×××
传真：×××
开户行：×××
银行账号：×××
签订日期：××××年×月×日
</td><td>结尾：合同双方签名盖章（包括双方单位、法定代表人地址、电话、电挂、开户银行、账号）、鉴证机关签章，最后署上签约日期。</td></tr>
</table>

看 点

这是一份条款表格结合式合同，选自《经济应用文》（中国统计出版社，1993年版），略有改动。这种合同的外在形式结合了表格式合同和条款式合同的特点，既利用了表格式的简明扼要与方便，又体现了条款式的详尽，是销售合同类较为理想的形式。其标题、合同双方的基本情况明确。从内容来说，在表格部分把有关产品的要求如名称、单位、规格、数量、单价、交货期等印好，在具体签订合同时对号入座填写即可；而其它要求再通过不同条款来满足双方共识，写得简明、具体、完备。第一，说明了货物交付时间、方式和地点；第二，注明了结算付款方式和有关要求；第三，规定了包装方式和包装物处理的要求；第四，规定了质量标准；第五，明确了双方的违约责任和处罚方法；第六，注明合同的执存方式。所列的条款已体现了合同主体的必备内容，分条列述具体，具有可操作性。从结构来说，标题、立约单位、正文、结尾几个部分齐备，符合写作要求。语言表达严谨，对产展的名称、价格、交货时间和数量表述具体准确，以防止歧义的产生和纠纷的发生。

【例文二】

房屋租赁合同

出租方：×××（以下简称甲方）
承租方：×××（以下简称乙方）

根据《中华人民共和国合同法》及有关规定，为明确甲、乙双方的权利义务关系，经双方友好协商一致，签订本合同。

第一条　甲方将自有的坐落在×市×街×巷×号第×栋房屋×间，建筑面积××平方米、使用面积××平方米，类型××××，结构等级××，完损等级××，主要装修设备××××，出租给乙方作××××××××使用。

第二条　租赁期限及终止合同情形

租赁期共×年，甲方从××××年××月××日起将出租房屋交付乙方使用，至××××年××月××日收回。

乙方有下列情形之一的，甲方可以终止合同，收回房屋：

1. 擅自将房屋转租、分租、转让、转借、联营、入股或与他人调剂交换的；

2. 利用承租房屋进行非法活动，损害公共利益的；

3. 拖欠租金××个月

合同期满后，如甲方仍继续出租房屋的，乙方拥有优先承租权。

租赁合同因期满而终止时，如乙方确实无法找到房屋，可与甲方协商酌情延长租赁期限。

第三条　租金和租金交纳期限、税费和税费交纳方式

甲乙双方议定月租金××××元，按年交，由乙方在每年的××月××日交纳给甲方。先付后用。甲方收取租金时必须出具收租金凭证。无收租金凭证乙方可以拒付。

甲乙双方按规定的税率和标准交纳房产租赁税费，交纳方式按下列第×款执行：

1. 有关税法按××部发〔××〕号文件规定比例由甲、乙方各自负担；

2. 甲、乙双方议定。

第四条　租赁期间的房屋修缮和装饰

修缮房屋是甲方的义务。甲方对出租房屋及其设备应定期检查，及时修缮，做到不漏、不淹、三通（户内上水、下水、照明电）和门窗好，以保障乙方安全正常使用。

修缮范围和标准按城建部〔××××〕××号通知执行。

甲方修缮房屋时，乙方应积极协助，不得阻挠施工。

出租房屋的修缮，经甲乙双方商定，采取下述第×款办法处理：

1. 按规定的维修范围，由甲方出资并组织施工；

2. 由乙方在甲方允诺的维修范围和工程项目内，先行垫支维修费并组织施工，竣工后，其维修费用凭正式发票在乙方应交纳的房租中分×次扣除；

3. 由乙方负责维修；

4. 甲乙双方议定。

乙方因使用需要，在不影响房屋结构的前提下，可以对承租房屋进行装饰，但其规模、范围、工艺、用料等均应事先得到甲方同意后方可施工。对装饰物的工料费和租赁期满后的

权属处理，双方议定：

工料费由×方承担（　　　）；

所有权属×方（　　　）。

第五条　租赁双方的变更

1. 如甲方按法定手续程序将房产所有权转移给第三方时，在无约定的情况下，本合同对新的房产所有者继续有效；

2. 甲方出售房屋，须在三个月前书面通知乙方，在同等条件下，乙方有优先购买权；

3. 乙方需要与第三人互换用房时，应事先征得甲方同意，甲方应当支持乙方的合理要求。

第六条　违约责任

1. 甲方未按本合同第一、二条的约定向乙方交付符合要求的房屋，负责赔偿××××元。

2. 租赁双方如有一方未履行第四条约定的有关条款的，违约方负责赔偿对方××××元。

3. 乙方逾期交付租金，除仍应补交欠租外，并按租金的××%，以天数计算向甲方交付违约金。

4. 甲方向乙方收取约定租金以外的费用，乙方有权拒付。

5. 乙方擅自将承租房屋转给他人使用，甲方有权责令停止转让行为，终止租赁合同。同时应交纳违约金，违约金标准以约定租金的××%计，以天数为单位由乙方向甲方支付。

6. 本合同期满时，乙方未经甲方同意，继续使用承租房屋，按约定租金的×× %，以天数计算向甲方支付违约金后，甲方仍有终止合同的权利。

上述违约行为的经济索赔事宜，甲乙双方议定在本合同签证机关的监督下进行。

第七条　免责条件

1. 房屋如因不可抗拒的原因导致损毁或造成乙方损失的，甲乙双方互不承担责任。

2. 因市政建设需要拆除或改造已租赁的房屋，使甲乙双方造成损失，互不承担责任。若因上述原因而终止合同，租金按实际使用时间计算，多退少补。

第八条　解决争议的方式

本合同在履行中如发生争议，双方应协商解决；协商不成时，任何一方均可向房屋租赁管理机关申请调解，调解无效时，向市工商行政管理局经济仲裁委员会申请仲裁，也可以向人民法院起诉。

第九条　其他约定事宜

1. ……

2. ……

第十条　本合同有效期限：××××年××月××日至××××年××月××日。

第十一条　本合同未尽事宜，甲乙双方可共同协商，签订补充协议。补充协议报送市房屋租赁管理机关认可并报有关部门备案后，与本合同具有同等效力。

第十二条　本合同一式4份，其中正本2份，甲乙方各执1份；副本2份，分别送市房管局、工商局备案。

出租方：×××（盖章）　　　　承租方：×××（盖章）

法定代表人：××（签名）　　　　法定代表人：××（签名）

单位联系地址：×××××××　　　　单位联系地址：×××××××
电话：×××××××××　　　　电话：×××××××××
委托代理人：××（签名）　　　　委托代理人：×××（签名）
××××年××月××日　　　　××××年××月××日

看 点

这是一份条款式合同，由标题、首部、正文和落款四项组成。具有以下特点。

1. 结构完整，标题、立约单位、正文、结尾几个部分齐备，符合写作要求。标题用以标明合同的性质，明确是哪种类型、哪个方面的合同。正文又包括导言、主体和结尾三部分：首段为导言，写立合同人、立合同的目的，并说明订立本合同双方经过了友好协商。

2. 条款清晰，一目了然，详尽而完备。第一条至第十条为正文主体，分别写经双方协商约定的各自承担的法律责任、享有的权利、解决争议的方式和有效期；第十一、十二条作为正文结尾，分别写未尽事宜解决方式和合同份数及去向。

3. 条款的内容明确细致。比如对“房屋基本情况”的表述，从坐落、层数、套数、结构、建筑面积、实际面积等都写进去，又如，对“违约责任”的处理都明确了责任，可以说是合同详尽细致的代表。

4. 全文格式规范，语言明晰，行文周密，可以说详尽地包揽了房屋租赁合同的写作内容。

【例文三】

资金拆借合同

合同编号：

拆出单位（甲方）	名　称	×××××	拆入单位（乙方）	名　称	×××××
	开户银行	×××××		开户银行	×××××
	账　号	×××××		账　号	×××××
	住　所	×××××		住　所	×××××
拆借资金人民币（大写）×××××××××× 拆借利率（月息）×‰					
拆借期限××××年 ××月 ××日至××××年××月 ××日止共计××天					

为维护甲、乙双方权益，经双方协商一致，共同遵守以下条款：

1. 甲方应根据本合同议定的借款时间将款项于借款起始日上午九时，用加急电汇至乙方账户，并起息；乙方应于借款到期日上午九时用同样方式还款，并止息。双方划款时均应派员到开户银行督办。如发生资金在途，属于拆出方或该方邮电局或银行的延误，由拆出方承担在途利息，反之，由拆入方承担。

2. 利息清算应按日计算，利随本清，利息由乙方归还借款时，一并主动划付甲方。

3. 逾期：到期未能归还，逾期部分按日息5‰计收罚息，由乙方主动计还甲方。

4. 本合同在执行期如遇国家调整利率，其拆借资金之利率经双方协商后作相应的变动，或按原利率即刻还款，重新订立新合同。

5. 责任：乙方所拆入资金的用途应符合金融政策和信贷原则及资金拆借有关规定，如有违者乙方自行负责。

6. 合同生效：本合同经双方加盖公章，法人代表签章后，在签订的日期起生效，外系统金融单位拆

<table>
<tr><td colspan="4">借资金时还须有担保单位加盖公章、法人签章。无担保单位，需持有拆入资金地区的银行承兑汇票抵押。
7. 款项经划入账后，本合同即成借据。
8. 担保：如乙方不履行合同条款时，其担保单位要承担全部经济责任。
9. 本合同一式四份，由甲乙双方及签证的金融市场和担保单位各执一份。四份具有同等的法律效力。
10. 合同终止：甲方接到乙方所归还的款项，经查收本金及利息无讹后，本合同自行终止；否则需查时，查询待本利清算后才能告终。</td></tr>
<tr><td>拆出资金单位公章
法人代表：</td><td>拆入资金单位章
法人代表：</td><td>担保单位公章
法人代表：</td><td>金融市场公章
法人代表：</td></tr>
</table>

签约日期：××××年××月××日　　　　　　签约地点：××××××××××××

看　点

这份合同属于借款合同下的短期借款合同，内容主要包括借款种类、币种、数额、利率、期限和还款方式等条款。文本整体上采用表格式，分别列出了当事人名称和住所、借款金额、利率、期限及其他一些固定的约定内容等，简明扼要，一目了然，清晰规范，操作方便；在表述固定的约定内容时，又采用条文式，条款具体，语言简洁明确，表达准确严密。

知识储备

一、合同的概念

广义的合同，泛指当事人之间设立、变更、终止权利义务关系的协议，这种合同既可以是民事合同、行政合同，也可以是劳动合同。狭义的合同，即民法上的合同，指“平等主体的自然人、法人、其他组织之间设立、变更、终止民事权利义务关系的协议”。合同是当事人协商一致的产物，是当事人意思表示相一致的契约。

经济合同属狭义合同之列。按照内容、性质、期限及表现形式等不同标准，又可以分为不同类型，例如：按内容不同，可分为购销合同、借款合同、供用电水气热力合同、财产租赁合同、货物运输合同、加工承揽合同、仓储保管合同、科技协作合同、融资租赁合同、建设工程合同等；按表现形式差异，可分为条款式、表格式、条款与表格结合式等。

二、经济合同的特点

1. 主体限定性

即立约人须为具有法律行为能力者，未成年人、精神病患者、醉酒者和被剥夺政治权力者，以及丧失语言思维能力者，均不能作为立约人。代表经济组织团体签订合同的签约双方，必须具有法人代表资格。

2. 协商互利性

各方当事人必须平等相待，协商一致，本着自愿、诚信、等价有尝、互利互惠的原则，解决签定合同过程中的一系列问题。任何一方不得把自己的意志强加给他方，不能以牺牲对方的权利来谋取己方的利益。

3. 约束性

经济合同是双方自愿签定的具有相互制约性的文书，为了保证双方经济利益的实现，双方必须如约履行合同规定的各项事宜，不得随意违反，否则要承担相应的法律责任。

三、经济合同的写作格式

经济合同主要有条款式、表格式和条款表格综合式三种体式，基本结构主要包括标题、首部、正文和尾部四个部分。

（一）标题

标题即合同名称，写在第一行中间，一般有两种形式：一是按合同法中关于合同的分类标明合同的性质，如《购销合同》《租赁合同》《借款合同》等；二是由标的名称、交易方式和文种组成，如《煤矿机电产品购销合同》，其中“煤矿机电产品”是标的，“购销”是交易方式，“合同”是文种。

（二）首部

1. 立约方

标题下空一行，分左右两侧（或上下）按相同形式写出签约单位（或个人）的全称（真实姓名），并注明双方约定的固定指代，如“甲方”“乙方”“卖方”“买方”“供方”“需方”“出租人”“承租人”“委托方”“受托方”等。可在固定指代后加冒号标注立约方，也可在立约方之后加括号标明其在合同中的约定指代。如有第三方，可将其称为“丙方”。

2. 合同编号

根据需要在标题下方、立约方上方或上方偏右位置，写明合同编号和签订日期及签订地点。签订日期及签订地点有时也置于尾部。

（三）正文

经济合同正文的基本结构是引言＋主体＋结尾。

1. 引言

即正文开头，又称约首、立约开头语，简要说明签订合同的依据、目的及是否经过平等、友好协商等。如：“根据××法律和有关××法规，经甲、乙双方协商一致签订本合同”；又如：“为了保证双方协商拟订的交易得以正常进行，双方特签订合同并同意按本合同下列条款履行各自的义务”。

2. 主体

即合同实质性内容。在行文模式上，大多采用条文式结构，根据合同性质增减条款，以序数安排条款顺序。一般应具备以下条目。

① 标的：指合同当事人的权利义务所共同指向的对象，即合同双方要实现的目的。可以是货物，也可以是货币，还可以是劳务或工程项目等。

② 数量和质量：这是衡量标的的指标，是标的的具体表现。数量指标的计量含产品数量、款项金额等，质量指标则主要包括规格、式样、使用材料、质地、性能、用途等。没有数量和质量，权利和义务的大小就无法确定，合同也不能生效。

③ 价款或报酬：指取得合同标的的一方向另一方所支付的代价和报酬，即标的以货币数量来表现的价值，包括总价、单价、货币种类及计算标准等。

④ 合同履行的期限、地点和方式。

履约期限指合同兑现的时间，包括交货期限和付款期限。这是合同具有法律效力的时限和责任界限，应以公元纪年方式写全年、月、日。

履行地点指当事人履行各自义务的地点，如交货、提货、付款和建设的地点。这直接关系到履行的义务和费用，是履行合同的保证。

履行方式指采用什么方式和手段履行合同约定的义务，即当事人履约的具体办法，如交货方式、结算方式、一次履行还是分批履行等。

⑤ 违约责任：指双方不能履行或不能完全履行合同义务时必须承担的经济责任和法律责任。这是对不按合同履行义务者的制裁办法，也是避免经济损失、维护合同严肃性的重要措施。承担违约责任的主要方式是支付违约金和赔偿金。要充分考虑一切偶然或必然因素，写明因此影响合同履行时如何处理等。

⑥ 解决争议的方法：说明履行合同过程中出现争议时应采取的解决方式。

3. 结尾

即附加说明，主要写明合同的份数、效力、保存方式，如：“本合同一式两份，具有同等效力，双方各执一份”。有的还需要注明合同的有效期限和附件（包括图纸、表格、实物样品或有关协议等）名称及份数等。

需要注意的是，正文的每个部分和每项内容，在条款式中都要另起一段，在表格式中都要另占一行，复杂的合同（如进出口贸易合同）还要划分章目，并在前面列出目录。

（四）尾部

尾部即落款，又称生效标志，是合同合法性和有效性的标记。必备项有：双方单位全称、盖章，双方法人代表或委托代理人亲笔签名、盖章，签订合同的日期（可置于标题下方）；可选项有：地址、邮编、电话、电传、开户银行名称和账号等。根据国家规定需要鉴证机关审核的合同，经过鉴证后，鉴证机关可单独开具“合同鉴证书”，也可在合同末尾签署意见，由经办人和鉴证机关署名、盖章，并注明日期。

四、经济合同与协议书的区别

广义上讲，合同归根结底是一种协议。作为信用凭证性文体，二者在性质、作用、结构模式上大致相似，且一旦签订都具有法律约束力，签订方都必须依照规定享有权利和承担义务。但在一般情况下，协议书指的是单位之间就重大原则性的问题达成的协议并写成的条款；而“合同”则是指两个或两个以上当事人之间，在办理某事时，为了确定各自的权利和义务而订立的共同遵守的条文。就复杂的经济合作而言，协议书签订在前，合同书签订在后，协议书往往是签订合同的依据。

具体来看，二者的主要区别如下。

（一）使用范围不同

合同使用范围比较窄，多用于经济领域，是双方或多方之间为实现一定的经济目的而签订的，如购销合同、借贷合同等。协议书不仅用于经济领域，还用于其他领域，如政治、军事、文化、教育、科技、宗教、民事关系等，使用范围更具开放性、广泛性。

（二）订约主体不同

合同订约主体有较为严格的限制，法律规定必须是平等主体的自然人、法人和其他组织。协议书订约主体没有限制，国家与国家之间、国家与政党之间、国家与单位之间、单位与单位之间、单位与个人之间、个人与个人之间等等，都可以本着自愿、互利的原则签订。

（三）形式不同

合同写作可采用条款式、表格式、条款和表格结合式等三种结构形式，而协议书除了毕业生就业协议等专门化的协议采用表格式以外，一般只采用条款写法，且条款多少不受任何约束，可以有一项，也可以有许多项，因而篇幅长短不一。

（四）内容不同

合同的内容要求较为全面、细致、规范、具体，而协议书的内容比较单纯，一般为原则性条款。如与外资合营企业签订的协议书，往往只涉及投资、利润分配、产品销售、贷款、技术培训等方面内容，而其中所含项目，还要订立一系列专项合同对相关权责进一步加以明确。

（五）时效不同

合同的时效一般比较固定，而协议书时效比较灵活，变化比较大，长则数年、数十年，如子女收养、过继协议书；短则几天、几小时，如赔偿协议，赔偿完毕后有效期随即结束。

六、经济合同写作的注意事项

① 合法、合理。合同内容、形式、签订程序都必须符合国家方针政策、法律法规；签订合同必须贯彻平等互利、协商一致、等价有偿的原则。

② 规范、完整。拟写合同要使用规范汉字，按照统一的合同文本格式行文。条款规定必须全面完整，各个必备要素不能缺少，关键条款不能遗漏。价款与酬金数字必须和以大写形式标注。签字要用碳素笔或蓝黑墨水的钢笔。发现错漏或其他必须修正补充的问题，必须在双方协商一致的基础上修改，并注意在改动处加盖双方印章。

③ 简明、精确。条款清晰，内容具体，语句简练，表意明确，数字精确，计量单位准

确，不能出现错别字和标点符号使用不当的现象，避免使用“你方”“我方”之类的代称或“车、堆、套”之类含糊不清的量词及“最近”“基本上”“可能”“大概”“上一年”一类模糊词语。

④ 充分了解合作方的资格、资信和履行合同的能力。

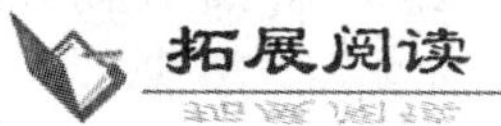

谨防经济合同中的语言陷阱

常德职业技术学院人文科学系　蔡业银

在现实生活中，常常有人别有用心地在合同语言上玩花样，设下陷阱让我们钻，稍不注意便会使我们损兵折将、血本无归，因此我们在签订经济合同时必须要特别注意其语言的严谨、准确和科学。经济合同中常见的语言陷阱有以下几种：

一、在签订合同双方的名称上使用不规范的字或同音字，致使一方受到损害时无法向对方追讨。如1995年11月某日，被告朱某到新疆吐鲁番采购葡萄干，供货人需要预付现款5万元，朱因没有现款，交易未成。次日，朱返回乌鲁木齐，向在新疆电力研究所供职的朋友冯维钢借得了货款并打入供货人的账户。

当时，朱向冯立下一张借据，言明：今借冯维刚同志伍万柒仟元整，12月12日归还。借款人：朱彬彬。落款时间：1995年11月30日。可是，朱如一去不复返的黄鹤，冯苦等近二年杳无音讯。冯无奈呈一纸诉状将朱告到法院。

冯的诉讼请求为：1. 判令被告朱彬彬立即返还借款57000元及利息18952元；2. 本案诉讼费2788元由被告承担。在审理中，细心的法官敏锐地发现：原告身份证上的姓名冯维钢与借据上的姓名冯维刚的一个字音同字不同，即：此“钢”非彼“刚”。据此，法院认为：原告提供的借条权利人“冯维刚”与原告姓名不符，原告又无证据提供给法院，被告下落不明，故原告不具备主体资格。依照《中华人民共和国民事诉讼法》规定，法院作出了如下裁定：驳回原告冯维钢的起诉；本案受理费2788元，由原告负担。原告至此才后悔不已，但已无法挽救。由此可知，在经济合同中要特别注意单位名称及姓名的写法一定要和单位的注册名称或身份证上姓名的写法完全一致，否则一旦发生经济纠纷便难以维护自己的权益。

二、在产品数量的计量单位上打马虎眼。经济合同中涉及到产品的计量时一定要注意使用法定的计量单位，或对此作出明确的界定，不能用“××车”“××船”“××趟”等含混不清的说法。如：广东某单位和港商签订了一份出售废矿渣的合同。矿渣是广东这家工厂的生产废料，在院中堆积如山，正苦于无法处理，有港商来购买真让人喜出望外，所以未经仔细斟酌便在合同上签了字。合同上写明港方每天来拉一车，共拉十天，最后总付货款。广东方面没想到港方第一天来的是小翻斗车，第二天是小卡车，第三天是大卡车，至此广东方面才发现吃了亏，赶去交涉，港方强调并未违反合同，广东方面就只有哑巴吃黄连有苦难言了。

三、在产品的质量标准上故意使用含混不清、难以作出科学界定的概念。产品的质量标准是对产品使用价值的规定，也是买卖双方经济利益的重要体现，所以在经济合同中关于产品的质量必须有科学化的界定，否则极易让对方钻空子，给自己造成难以挽回的经济损失。例如：

中国南方某机械厂曾经与G国签订了一份机床销售合同，谈判之时此种产品在国际市场上十分走俏，所以谈判在轻松愉快的气氛中进行，双方顺利地签订了合同。合同当中关于机床的噪音问题，G国商人提出以不刺耳为标准，中方人员未及多想就在合同上签了字。产品发往G国后，中方左等右等都不见对方付款，于是派出代表团赴G国谈判，G国商人提出拒付货款的原因在于产品噪音太大，超过了“不刺耳”的标准。众所周知，噪音应以分贝来计算，所谓不刺耳是个不科学的概念，无法用一个绝对的标准来衡量，所以中方只好自认倒霉了。

四、在交接货的日期上使用模糊性的时间概念。由于时间上的模糊性，一方便会在不违反合同的前提下按有利于自己的期限来交货，而另一方的利益则会受到损害。如：某染化厂从一家化工厂订购了全年所需的十二吨染料，由于在谈判中染化厂已经说明他们每月需要一吨染料，所以在合同中，关于交货日期这一款写的是：年初开始交货。谁知化工厂在年初就将十二吨染料全部运抵染化厂，因为这样可以降低自己的仓储成本。这种染料性似海绵，比重轻体积大，染化厂的仓库只能装下三吨货物。染化厂声言拒收提前交付的货物，但合同条款规定“年初开始交货”，没写明交多少，染化厂不得已只好让化工厂运回染料，但运输费用及仓储费用由自己负责。经济合同中像这样关于交接货日期的模糊性时间概念还有很多，诸如“尽快发货”“分期分批发货”等等都是。因为“分期分批发货”没有说明分几期、分几批，每一期每一批具体的起始时间及数量，故很容易造成不必要的经济纠纷。

五、在产品的计价方式或计价标准上模棱两可。经济合同中标的的计价方式或计价标准是双方经济利益的具体体现，如在这上面出现漏洞，将会给其中一方造成直接的经济损失。如：广州市番禺区窝头镇的何某在1993年至1995年期间，借款10万元给同村的郭某，郭某在1998年归还了2万元后，余款一直未还。经何某多次追讨后，郭在1998年5月12日向何某写了一张借条，明确欠款8万元在1998年10月30日前清偿，并在该借条的最后一句写上“到期不还按总额的3%计息”。因事先两人已商定是按月计息，因而何某并未在意这句话是否恰当。

借款期限届满，何某见郭仍不还款，便向番禺区法院提起民事诉讼。在法院审理中，双方便围绕“到期不还按总额的3%计息”这句话打起了嘴巴仗。“3%”到底是指月息还是年息，计息时间到底是从借款之日算起还是从约定的还款之日算起，双方争论不休。最后何某因拿不出对自己有利的有力证据，法院判决郭某除归还借款本金外，从借据规定的还款之日起到判决生效之日止，参照中国人民银行规定的同期6个月内短期贷款利率计算利息给何某，对何某所要求的高利息不予支持。何某因提不出有力的证据，只得白白损失了一大笔快要到手了的利息。

文章来源：《应用写作》2006年3期

搜集教材没有给出的其他各类经济合同的范本，推荐到课程网站，并选择其中1~3篇在线做简要点评。

下面是一份产销合同，曾被作为范文选入应用写作的一些辅助教材中。试结合你所掌握

的有关知识及自己的理解，从写作角度看查找这份合同在格式、语言、结构、逻辑等方面存在的毛病，并逐一提出修改意见。

产销合同

签订合同单位：××县××供销社（简称甲方）

××工艺社（简称乙方）

甲方为了发展农村付业生产，保证市场供应，与乙方商定同意以下几点，特签订本合同，以资共同遵守。

货物名称：草席、草帽。

规格：……

订购数量：草席：××条：草帽：××顶

货款单价：草席每条×元，草帽每顶×元。

货款总额：××××元。

交货日期：×月×日前交货。

交货地点：供销仓库。

交货办法：由工艺社送到供销社仓库，不计运费。

付费办法：交货之日，当面结算，用现金付清。

违约处罚办法：如有一方违约，致使另一方造成经济损失时应承担赔偿责任。

货物质量、品种、花色不合要求，乙方应负责退，乙方延期交货，每日交延期交货部分货物总值×%的违约金，甲方延期付款，每日交延期付款部分×%的违约金。

本合同自签订之日起经双方盖章后生效，本合同一式三份，双方及鉴证机关各执一份。

甲方：

单位名称：××县××供销社（公章）

法人代表：×××（章）

开户行：××××××

银行帐号：××××××××××××

乙方：（略）

鉴证机关：×××工商管理局（章）

签约日期：19××年×月×日

任务演练

✲ **核心任务：**

按规范要求，修改完善经济合同瑕疵文案。

✲ **分项任务：**

① 认真记录上述产销合同的随堂讨论结果，整理合理化建议，着手修改。

② 交换评点修稿好的产销合同，推荐3～5篇最佳习作，上传到课程网站。

③ 对照原稿和修改稿，在线点评，发表个人见解。

任务单元四 / 科研

现代社会，科学技术飞速发展，知识经济迅速兴起，科技进步日益成为经济发展的决定性因素，未来的时代必将是“整个人类”进行“自觉创造性的时代”。而创造力是每个正常人都具有的自然属性，是每个人都具有的一种潜在能力。科研活动是培养创造力的有效手段，而高职高专学生掌握科研类常用文书写作，可以巩固专业知识，检验将专业知识应用于实践的能力，有效地提高专业技能。

本书遴选学术论文、毕业设计两个文种，重点讲解。

本单元可结合平时作业或毕业环节，采用任务驱动法教学。

本单元各项任务具有较强的专业性，可请专业课教师参与教学。

任务一　学术论文

在美国，从小学低年级起，教师就开始给学生布置“小论文”，以培养孩子对科学研究的兴趣。而家长也积极鼓励孩子进行探索，并为孩子的探究学习提供坚实的后盾。下面是美国中小学生研究的一些有趣的课题。

——音乐（古典音乐、乡村音乐、摇滚乐）对植物生长的影响

——色彩对植物生长过程的影响

——猫是左撇子，还是右撇子

——辛辛那提地区的气温与环保

……通过小学到中学循序渐进的独立探索、独立研究，学生在查找资料、获取有效信息和动手操作等方面的能力得到不断提升，从而为美国的科学发展和全民科学素质的提高铺平了道路。

而我们虽然已经进入大学，又有多少人写过论文?！又有多少人不必去摘抄他人观点而敢用、会用自己的语言阐述独到见解?

【例文一】

贫困女大学生的心理问题及其调适

崔 寅

摘 要：在我国高等教育迅速发展的过程中，高校贫困生现象日益突出。贫困女大学生作为大学生中的一个特殊群体，由于社会、学校、家庭等因素的影响，可能会出现自卑心理突出、人际交往困难、心理压力过大、交友恋爱障碍等不同程度的心理问题。可以采取加强心理健康教育、完善心理辅导机制和改善资助体系等措施对贫困女大学生的心理问题进行调适。

关键词：贫困女大学生；心理问题；调适

大学生的心理发展尚未完全成熟，自我调节和自我控制能力还不强，环境的改变、复杂人际关系的处理、学习和就业的压力、对未来生活的担忧等都会给他们造成心理方面的障碍，对于女大学生来说更是如此。关注女大学生特别是贫困女大学生的心理健康，加强她们的心理健康教育，理应得到高等院校的重视。

一、贫困女大学生常见的心理问题分析

1. 自卑心理突出

大学生正处于自我意识发展的重要时期，由于主客观因素的影响，他们的自我意识容易形成偏差。尤其对于贫困女大学生来说，面对其他同学的优越条件，她们会产生强烈的心理落差，感觉自己在家庭背景、经济条件、穿着打扮等方面低人一等，不能正确地悦纳自己，欣赏不到自己的优点。这些自我意识中具有的否定和不接纳的倾向，直接影响了她们对自己的自我控制，不能正确地评价自己和及时调整自身的行为。

2. 人际交往困难

贫困女大学生因家庭贫困背负着经济上和心理上的双重负担，面对大学生活的丰富多彩，面对其他同学的优越条件，她们会产生强烈的心理落差。但作为一个自我意识已经成熟的个体，她们有融入群体的强烈意识，有得到周围环境支持的心理需求，却又不愿接受他人的同情和怜悯。特别是性格上比较内向、孤僻，或不擅言谈的女大学生，不知道怎么样来正确表达自己的思想感情。她们既希望与人接近，又害怕自己在交往中的表现不尽如人意，给他人留下不良的印象，所以把自己的内心世界和情感封闭起来，害怕与人交往和沟通，造成人际关系紧张，从而产生压抑和焦虑，常常表现出羞怯、孤独、自我防卫强、难以沟通等特点。

3. 心理压力过大

大学的学习和生活方式与中学有很大的不同，大学生如果不能很好地适应新的学习方式，难免在学业上产生一定的压力。贫困女大学生面临的这种学习压力相对更大一些。一方面，她们想用优秀的学习成绩冲淡其由于家贫而形成的自卑心理，另一方面，学业成绩优秀也能够获取奖学金，减缓经济压力，并且在未来的就业竞争中提高竞争力。另外，贫困女大学生为了维持必要的生活，不得不兼职赚取必要的生活费用，她们花在学习上的时间相对不足，大学生活相对艰难，学习和生活压力都较大。

4. 交友恋爱障碍

由于贫困女大学生的自卑心理以及社会交往能力较差，导致她们接触异性的机会较少。由于生活拮据，生活费用少，怕异性瞧不起自己，从而在与异性交往方面总是表现得很被动，无法正视自己内心的感情需求，以至于不敢、不愿、甚至不能和异性交往。这样就会使她们陷入感情矛盾之中，承受沉重的情感的负担和压力。长期压抑真实情感，容易形成畸形的感情心理。

二、贫困女大学生心理问题的成因分析

1. 家庭因素

（1）经济贫困

研究表明，19.5%的贫困女大学生父母无业，29.3%的贫困女大学生父母以务农为生。贫富差距在代际之间得以延伸，父代的经济状况直接影响了子代的经济状况。这种影响不仅包括在求学的过程中沉重的经济压力，还要承受更多的心理上的负担。

（2）性别歧视

受以男性为中心的封建传统文化的影响，一些边远、落后的地区，仍有不少家庭认同“重男轻女”“女子不如男”“女子无才便是德”等封建的传统性别观念。这些落后观念制约着贫困女大学生的心理、行为和自我意识，使她们往往产生焦虑、抑郁、自卑、自怨等心理困扰。

（3）教育方式不良

贫困女大学生家长大多文化水平较低，奔忙于生活，很少与子女进行有效的沟通，使得子女长期处于压力下的心理难以得到疏导。同时，更多的家长多采用简单、粗暴的传统的家长制手段对待子女的问题，这种消极的教养方式，容易使子女形成敏感多疑、自卑易怒、抑郁焦虑、偏执敌对等不健康的心理问题。

（4）家庭期望过高

贫困女大学生大多来自偏僻落后的农村、城市下岗工人或突发变故的家庭，高额学费多是通过父母辛苦积攒、东借西凑或牺牲兄弟姐妹的上学机会换来的。特殊的家庭环境和成长经历，使她们大都背负着光宗耀祖、出人头地的精神枷锁走进大学，她们是家庭经济条件改善的最大希望。面对日益激烈的就业竞争，她们承受着过重的心理负担。

2. 社会因素

（1）生活环境的变化

贫困女大学生多来自“老、少、边、穷”地区，客观生存环境相对落后封闭，使她们的物质和精神文化积累相对薄弱。进入大学后，所需要学习掌握的能力也更为宽泛，城乡巨大的反差和经济的贫困使她们的心理很难适应。在这个过程中，如果出现认知偏差，就会导致贫困女大学生出现心理困扰从而影响到她们的人格发展，甚至可能出现偏执的人格。

(2) 社会评价标准的变化

在中学阶段，贫困女大学生可以通过自身的优异成绩赢得同学的羡慕和老师的喜爱，得到较高的社会评价和自我满足。然而步入大学后，成绩不再是大学生价值评价的唯一标准，社会活动、家庭背景、个性特长、人际关系等都被纳入到一个立体的社会评价体系之中。而原来社会评价较高的贫困女大学生很可能因为失去成绩优势又缺乏其他资源，而在新环境中获得较低的社会评价。这种落差既可能成为贫困女大学生努力奋斗的动力，也可能成为其自卑、敏感心理形成的诱因。

3. 个人因素

(1) 自我认知偏差

贫困女大学生往往不能正视自身生理特点和实际情况，对自己的认识和评价与实际不相符，容易关注不足或弱点，由于自身存在的某些不足缺乏向社会展示自己的勇气，甚至将自己取得的良好成绩也看成是“死用功”的结果；另外有些贫困女大学生有强烈的自信心和进取心，但对自己要求超过能力所及，因而感觉压力很大，在没有压力时自己给自己施加压力，在外在压力来临时，自己无意识夸大压力，加重压力感受；贫困女大学生由于经历了各种挫折，往往对来自他人的评价非常敏感。她们通过他人对自己的态度、评价，来认识并确认自我的存在价值，导致自我意识发展不完善。

(2) 自身心理特点的影响

贫困女大学生年龄一般在18~25岁之间，相当于青春中期，这是心理发展开始走向成熟的重要阶段，是一个人心理变化最激烈的时期，同时又是心理发展与成长的困惑期。心理学上关于性别差异理论认为，女性大多有感知细腻、思维具体、情感脆弱、性格上依赖、封闭性、敏感多疑等心理特点。她们受性别角色的影响，面对日常生活的压力，在自我意识的发展中的成就动机和自我评价方面会表现出自卑和易受暗示的心理弱点。这也是导致其机体功能衰退和精神压抑等心理困扰的重要原因。

三、贫困女大学生心理问题的调适

学校要抓住贫困女大学生的心理特点及其产生的根源，把经济资助与心理健康教育相结合，帮助她们健康成长。

1. 加强心理健康教育，完善心理辅导机制

① 充分发挥心理咨询机构的作用，增强心理健康教育的针对性

近年来，许多学校在心理健康教育方面虽然取得了显著的成绩，但尚缺少专门针对女大学生尤其是贫困女大学生的心理健康教育和心理辅导。因此，在建立健全心理咨询机构、开展各种教育活动的同时，要考虑到女生特有的生理、心理因素，最好要配备女性心理工作人员。对贫困女大学生要进行一对一的、深入的心理辅导或者进行定期、匿名的团体心理辅导，帮助贫困女大学生找到解决心理问题的途径，提高其情绪调节的能力。

善于接受现实，容纳自我，坦然面对自己的优缺点，是心理健康的重要标准之一。因而，加强心理引导、帮助贫困女大学生正确认识自己的优缺点、学会正确地自我归因是很重要的。我们应该帮助她们学会悦纳自我，学会全面接受自己的优缺点。比如说，她们都是在

艰苦环境中成长起来的，性格比较坚强，生活比较朴素。另外，由于从小就较少依靠父母，所以在日常生活和学习中表现出较强的独立性，多能严格要求自己，遇事也比较有主见，有较强的自我约束能力。这些优点是值得教师去关注和发掘的。教师要帮助她们掌握处理人际关系的基本原则和一般技巧，使她们生活在一个和谐的人际关系氛围中。这样不仅可以增强她们在人际交往、学习、活动中的自信心，而且还可以减轻她们因不正确的自我评价和过低的成就期望而导致的焦虑感。同时，通过学习成功贫困女大学生的先进事迹，逐步确立自己的发展目标，增强自信，发展自己的优势，达成目标并从中获得乐趣和成就感，强化自信，产生勇气，战胜心理障碍，从而逐步消除自卑、焦虑、悲观等心理困扰。

② 营造良好的校园文化环境，开展丰富多彩的活动

学校应加强校园文化建设，为大学生健康成长创造良好的心理社会环境。良好的、和谐的校风会潜移默化地优化学生的心理品质，团结、互助的校园风气会减轻学生的心理压力。要鼓励学生成立多种多样的学生团体，并根据自己的兴趣和爱好，参加不同的团体，设计和组织丰富多彩的活动，既能锻炼学生的组织能力，又能加强学生之间的合作与交流。学校可以组织学生观看关于心理健康教育的电影、听讲座、举办学术论坛等活动，为大学生提供互相交流的平台，促进同学之间相互沟通、相互帮助，有利于人与人之间保持和谐的人际关系，也有助于培养学生健康、乐观的生活态度。

2. 改善资助体系，充分发挥教育功能

（1）完善资助体系

贫困女大学生的心理问题在很大程度上来自于贫困的生活。因此，改善她们的生活条件理应成为贫困女大学生心理健康教育的重要内容。加强贫困女大学生权利救济，政府、社会和学校应多管齐下，切实维护贫困女大学生的物质帮助权。作为贫困生中的特殊群体，贫困女大学生们更需要来自全社会对她们的关注和扶持，给予她们应享有的权利和关怀。政府应给予在校贫困女大学生以当地城市居民最低生活保障待遇，增加社会的有偿资助，政府与学校及社会公共机构也要在高校设立贫困女大学生特别奖学金、助学金，提高奖学金的额度甚至可免除其部分学杂费用，学校要进一步完善“奖、贷、助、补、减”五位一体的资助体系。

（2）提供勤工助学岗位

仅仅对贫困学生进行资助是不够的，还要尽可能营造一个解困氛围，要多为她们创造勤工助学的机会。比如在学校提供勤工俭学岗位的同时，可以与企事业单位联系建立勤工俭学岗位，凡不影响贫困女大学生上课时间的工作要尽量给贫困女大学生做，通过勤工助学的途径解决其生活困难问题。这样不仅会帮助她们重新认识自我，增强自信心，提高人际交往能力，而且还可以减轻其心理压力，使个性得到健康的发展，从而做到救济式助困和激励式助困结合。

参考文献

［1］方继勇. 大学生心理健康问题探讨［J］. 科技情报开发与经济，2005（13）.

［2］尚云，李辉. 师范院校贫困大学生心理健康状况调查分析［J］. 曲靖师范学院学报，2005（3）. 91.

[3] 李美英. 贫困女大学生心理健康状况初探［J］. 中国农业大学学报，2004（2）.
[4] 廖凤池. 认知治疗理论与技术［M］. 台北：天马出版社，2003.
[5] 樊富珉. 大学生心理健康教育与发展［M］. 北京：清华大学出版社，1997.

文章来源：http：//www. xueshuqikan. cn

看 点

本文研究并分析了贫困女大学生存在的心理问题及其成因，并从学校教育的角度提出了调适策略和方法，研究内容具有现实针对性和操作性。作者思路清晰，论述过程严谨，全文结构安排合理，观点表达清楚，层次分明，语言平实简洁，通俗易懂，格式上符合学术论文规范化的要求。

【例文二】

论维西旅游资源优势及其开发对策

×××（佚名）

摘要：21世纪，旅游作为新的产业，以无烟工业的角色在全球得以迅猛发展。国家确定迪庆为我国中西部旅游开发重点地（州）之一。随着“三江并流”世界自然遗产的成功申报、云南省委、省人民政府提出建设“旅游经济强省”和迪庆州建立“旅游支柱产业”等战略目标的确定，为维西发展旅游业创造了千载难逢的机遇。为此，结合维西实际，本文从三个方面分析了维西旅游资源的优势及其开发对策，以供有关人士参考。

关键词：维西旅游资源；特征；问题；对策

地处国家级风景名胜区“三江并流”中心腹地的维西，历史悠久，是一个多民族多宗教并存的地区，又是迪庆藏族自治州所辖的傈僳族自治县，是迪庆香格里拉的重要组成部分。维西素以动植物资源丰富、民族风情浓厚、饮食文化独特而著称，有“横断山中绿宝石”“天然杜鹃花园”“兰花之乡”等美称。

金沙江、澜沧江流经维西境内，怒江离维西县境仅十几公里之遥，与金沙江、澜沧江并肩而流，形成了三江夹两山，两河入两江的地势。县境内从最高海拔4880米的查布朵嘎雪山到海拔1480米的碧玉河，海拔高差3000多米，形成了比较典型的立体气候植被带，蕴藏着较为丰富的动植物资源和独特的地貌奇观。境内大江滔滔，峡谷重重，林海莽莽，高原湖泊晶莹透明，构成了奇特的三江自然景观。

全县三大景区中，澜沧江景区以峡谷、雪山、高原湖泊、傈僳族“阿尺目刮”为代表；塔城景区以滇金丝猴、热巴、藏传佛教、生态为代表；保和镇以古乐、兰花、杜鹃、傈僳族对脚舞、饮食为代表。三个景区集中展示了维西独特的自然风光和人文景观。特别是叶枝阿尺木刮、塔城热巴、永春地脚舞、维西古乐，可谓是民族民间艺术宝库里的奇葩，深受中外游客的欢迎。

维西通往兰坪、中甸、丽江、德钦的公路有5条，有一个旅游开发公司，一家三江并流旅行社，6家酒店，5家涉外定点接待单位。有1600余个接待床位，100余个标间，3条旅游黄金线路和一批通过严格培训的导游队伍和服务人员。

历史上，居住在境内的各民族长期和睦相处、互相依存、互为影响，因而在宗教、民俗、饮食文化等诸多方面形成了既有融合又各具特色的特点，形成你中有我、我中有你的文化教育现象。傈僳族特色文化，是维西各族人民长期融洽相处的结晶。

继云南省委、省政府提出“建设文化大省”和州委、州政府提出“建设香格里拉文化州”战略目标之后，为了使维西旅游业顺利步入21世纪，促进旅游业的可持续发展，本文在分析了维西旅游资源优势的基础上，对旅游资源的开发提出了一定对策和建议。

一、维西旅游资源的特征

维西素有“兰花之乡，金丝猴家园”“横断山脉中的绿宝石”的美誉。这里山河壮丽，自然风光优美，拥有北半球最南端终年积雪的高山，茂密苍茫的原始森林，险峻深邃的峡谷，发育典型的喀斯特岩溶地貌，使维西成为自然风光的博物馆，再加上维西众多的历史古迹、多姿多彩的民俗风情、神秘的宗教文化，更为维西增添了无限魅力。

从维西旅游资源的分布、构成、景观质量及特征、开发程度、社会情况等来看，可将维西旅游资源的特征概括为以下7个方面。

1. 多样性

维西山川秀美，其旅游资源构成复杂多样、丰富多彩。自然景观和人文景观都十分丰富，有立体气候；有雄伟壮丽的山川地貌；有古老悠久的历史文化遗存；还有各具特色的多民族文化；有多种奇异典型的地质现象、丰富的矿产矿床及动植物群落；有大量高峰绝壁、急流险滩和洞穴可供攀登、漂流探险；还有数量和品种多样的矿泉供人闲逸疗养。而雄奇壮伟的“三江并流”核心腹地更是世界上独一无二的。特殊的区位，形成维西旅游资源组合的多样性。

2. 奇特性

通过维西众多的景观与州内外相似或同类景观比较，得出这样的结果：维西许多地区地学景观都具有奇特性，构成旅游资源优势。

3. 地域性

维西旅游资源分布极为广泛，除塔城、保和镇、叶枝、永春、攀天阁等乡镇的旅游景观已享有一定的盛名之外，在澜沧江沿岸的维登、中路、白济汛、康普、巴迪等乡镇旅游资源大量分布，并且有相当程度的集中。全县各乡镇几乎都有景点，并各有特色。但是，各类旅游景观资源的分布却受一定地域限制，例如塔城、叶枝两大旅游片区的显著差别，少数民族分布的地域性等等。

4. 多民族性

维西的民族旅游资源特色鲜明，丰富多样。云南有51个民族，维西有13个。各民族在长期的生产、生活中，形成了风格各异、类型多样的民族文化、风俗习惯、节日、服饰、村舍建筑，构成了维西旅游资源的一大特点和优势。

5. 融合性

在维西，不同的地学景观与各异的动植景观、气象景观和民族文化、少数民族风情组合，形成风格、特色不同的景区，各类景观相辅相成，互为依托，体现出极高的组合性。

6. 生态性

维西生物旅游景观极为丰富独特，素有“横断山中的绿宝石”“灵灵家园”“兰花之乡”等美誉，不少动植物类型观赏价值极高，自然生态系统保存较好，充分体现了人与自然和谐相处，“天人合一”的主题，成为香格里拉一大生态旅游景观。

7. 潜力性

维西县地处祖国西南边陲，旅游资源丰富，但绝大数未加以开发利用。可利用和挖掘的潜力还很大。例如：位于维登乡境内的新化湖、叶枝镇的查布朵嘎等，到如今仍处于未开发状态，应不断补充内涵，赋予其新的生命力，充分挖掘出其潜力。

二、维西旅游资源开发存在的问题

为把旅游资源优势转化为经济优势，迪庆州委、州政府，维西县委、县政府提出了把旅游业发展成为新兴支柱产业的决策，加快了维西旅游资源的开发和建设的步伐。

目前，维西已开发和建设了一大批具有地方特色的风景旅游区和旅游服务设施，基本上形成了以县城保和镇为中心的三大旅游线路，重点建设了县城、塔城镇、澜沧江流域为中心的三大旅游区。目前维西旅游资源开发已取得了喜人成绩的同时，仍然有大量不容忽视的问题存在。

1. 资源总体开发程度不高

当前，维西服务设施还不配套，景观资源的开发较单一，造成资源特色的浪费，开发缺乏系统性和整体性。

2. 行业管理差

维西旅游资源的开发，缺乏统一规划和管理，各自为政，各行其是，盲目开发的现象时有发生。相当部分环境质量高、历史文化价值和艺术观赏价值上乘，且具有科学考察价值的重点旅游资源得不到新的或深层次的开发，利用效率不高。部分地方因行业管理不当，造成景观的破坏和景点的重复建设，大大损害了维西旅游地的形象。

3. 保护意识差

开发过程中资源的保护意识差，对旅游资源的破坏现象仍然存在，人为性破坏和建设性破坏现象严重。

4. 开发资金不足

维西旅游资源的开发，资金来源不稳定。旅游资源的发展建设本身就具有建设周期长、资金消耗大的特点。而目前维西县旅游开发的资金基本上由政府划拨，尽管政府也建立了发展旅游业的基金，分年度划拨，但仍是杯水车薪。因此，有些好的旅游项目因资金问题而搁浅，其开发速度远不能与迅速增长的游客需求相适应。另外，由于资金不足，相配套的交通、能源和自身基础设施欠帐太多，制约着维西旅游业的发展。许多景观资源，由于地处边远地区，交通设施落后，可进入性差，导致这些颇有价值的景观鲜为人知。

5. 环境管理差

许多景点，由于环境管理差，有损于维西旅游形象。虽然政府投入一定的人力、物力和财力抓环境卫生，但成效不大。脏、乱、差现象仍然存在，损害了高质量的旅游资源，造成游客滞留时间较短。

6. 宣传力度不够

维西诸多的名胜风景旅游点，由于宣传力度不够，多年来一直鲜为人知，造成旅游资源的极大浪费，而维西每年的旅游宣传资金较低。

此外，诸如资源开发规划人才匮乏，地方政府对旅游资源开发与保护政策的认识不足、各地区经济发展不平衡等因素也是制约维西旅游资源开发与旅游业发展的重要因素。

三、对策及建议

针对维西旅游资源的特征及开发管理中存在的问题，吸取多年来的经验教训，提出以下建议，以供参考。

1. 转变政府职能，加大开发力度

“十一五”是维西旅游业发展的关键时期，一定要坚持社会、经济、生态全面发展，充分转变政府职能，组织力量对维西县的旅游资源进行全面的普查、评价，并在政策上给予一定的倾斜，加大开发力度，立足于充分发挥维西自然旅游资源优势和人文旅游资源优势及区位优势。

2. 加强法制建设，加大执法力度

制定和完善旅游资源开发的政策和法规，使维西旅游资源的开发工作有法可依，对违反法规的开发行为和破坏资源的行为进行严厉惩罚，保证资源开发工作顺利进行，使维西旅游资源的开发工作走向正轨。

3. 积极倡导生态旅游，做到资源的保护性开发

积极倡导生态旅游，使生态旅游进入人们的生活，并逐渐成为一种时尚，做到以旅游带动资源开发，以资源开发促进旅游发展，加强对旅游资源的保护，做到资源的保护性开发。

4. 进行全方位、多层次的深度开发

加强以自然旅游资源优势为基础的资源开发利用，同时注重人文旅游资源的利用和开发，并把二者有机地结合起来，进行全方位、多层次的深度开发，对那些市场潜力大、功能开发齐全的旅游地积极引导，大力扶持，对尚未开发的旅游资源多渠道进行开发，对已开发的旅游资源应不断完善其功能，增加其深度和内涵。

5. 广辟财源、多方集资、落实旅游资源开发、建设资金

维西旅游资源的开发和建设，必须贯彻利用内资和引进外资相结合；国家、地方、部门、集体、个人一起上的方针，动员社会各方面力量，积极争取国家各种专项建设资金扶持。以多形式、多渠道地筹集社会资金，广辟财源，多方集资，解决维西旅游资源开发资金不足的难题，在西部大开发中，起到良好的示范作用。

6. 坚持旅游资源的永续利用

开发维西旅游资源，应树立长远观念，为子孙后代保存珍贵的自然遗产和文化遗产，不要只顾及眼前利益，做到旅游资源开发一项、见效一项、保护一项，使维西的社会、经济、生态、环境健康协调发展，创造一个良好的生存空间和旅游区域，以“兰花节”“阔时节”为契机，紧紧抓住西部大开发的有利之机，实现维西旅游业的持续增长和强续发展。

参考文献

［1］杨桂华，钟林生，明庆忠. 生态旅游［M］. 北京：高等教育出版社，2000.

［2］周国星. 香格里拉——维西旅游指南［M］. 昆明：云南人民出版社，2000.

［3］维西县旅游局. 三江并流腹地·灵性香格里拉维西傈僳族自治县［M］. 昆明：云南人民出版社，2005.

［4］维西傈僳族自治县外事旅游局. 维西傈僳族自治且旅游发展“十一五”规划及2020年远景目标规划（草案）［R］. 2005. 3.

文章来源：http：//wenku. baidu. com

看　点

本文虽然具备一般学术论文的基本要素，但总体上缺乏论文应该具有的创新性及理论性，论证缺乏严密性，论据不充分。各要素内容都有不符合写作要求之处：一是摘要不是全文的概括，内容上与正文第一部分“维西旅游资源的特征”重复；二是正文部分的展开不符合逻辑关系，第二部分“维西旅游资源开发存在的问题”与第三部分“对策及建议”在衔接上缺少“分析问题产生原因”部分，因而第三部分的对策及建议就缺乏针对性，其可行性必然大打折扣；三是没有结论（结语）；四是将各部分分论点以小标题形式明确标出，条目虽多却没有相应的论据支持。

一、学术论文的概念

学术论文，也叫科学论文或研究论文，“是某一学术课题在实验性、理论性或观测性上具有新的科研成果或创新见解和知识的科学记录；或是某种已知原理应用于实际中取得新的进展的科学总结，用以提供学术会议上宣读、交流或讨论；或在学术刊物上发表；或作其他用途的书面文件。”（中华人民共和国国家标准 GB7713—87《科学技术报告、学位论文和学术论文的编写格式》）。简言之，学术论文就是对科学领域中的问题进行讨论、研究的文章，是反映科学研究的书面成果。常见的有高等学校的学年论文、毕业论文、学位论文以及发表在专门性杂志或一般报刊上探讨各学科领域中的专门性问题的文章。

学术论文按学科通常分为两类：自然科学论文，包括数、理、化、天文、地理等学科；社会科学论文，包括文、史、哲、心理、社会等学科。按写作目的，也可分为两类：① 交流性论文：为学术交流而撰写，包括在学术刊物上发表的期刊论文和杂志论文，或在学术会议上宣读、提交的会议论文。② 考核性论文：为参加学术考核而撰写，包括高等院校学生为取得学位撰写的学位论文（学士学位论文、硕士论文、博士论文）及在校期间完成的学年论文，专业技术人员为职称考核所提交的论文。主要是检验提交者的学习成绩、业务水平。

二、学术论文的特点

（一）科学性

学术论文的科学性也称学术性，是学术论文写作的基准点，是由科学研究的性质决定的。学术论文科学价值的衡量标准之一，就在于它在多大程度上揭示、运用和反映了客观规律。这就要求学术论文所论必须真实客观，经得起实践的检验，要求作者有科学素养，不能凭主观臆断或个人好恶，要从客观现实出发，尽可能以真实、充足、典型、有力地分析研究中自然地引出结论。

（二）首创性

首创性是学术论文生命力的根本。学术论文的价值，在很大程度上是由其首创性决定的。这种首创性，要求学术论文提供新的信息，其内容应是有所发现、有所发明，有所创造、有所前进，表现为：或者是研究和探索他人未曾涉猎的领域，创立新说；或者是对前人已研究过的课题进一步开掘，对前人的观点加以补充完善；或者综论前人的研究成果并对其加以分析，指出争论之所在；或者是经过自己的深入研究，得出与已有结论完全不同但又科学的结论；或者是披露新事实，提供新资料。

（三）理论性

学术论文要求作者经过周密思考，进行富有逻辑性的科学论证，而不仅仅是对于事实现象的罗列，要探求事物的本质和规律。写作者要有相当的理论思维，要站在一定的理论高度去审视、探究，将现象上升到理论的高度。论文的基本框架是符合逻辑的，以中心论点为核心，以并列的小论点组成严密的论证体系，力求做到前提完备，推断合理，结构严谨。

三、毕业论文的概念与特点

毕业论文是高等院校的毕业生在老师指导下综合运用已学专业的基础理论、基本知识和基本技能进行研究和探讨后写出的阐述解决某一问题、发表自己学术见解的文章。它是学生完成学业的标志性作业，也是对学习成果的综合性总结和检阅。

毕业论文属于学术论文，与学术论文具有相同的科学性、首创性、严密性的特点，不同之处主要体现在以下方面。

（一）指导性

毕业论文是在导师指导下独立完成的科学研究成果。对于如何进行科学研究，如何撰写论文等，教师都要给予具体的方法论指导，要启发引导学生独立进行工作，注意发挥学生的主动创造精神，帮助学生最后确定题目，指定参考文献和调查线索，审定论文提纲，解答疑难问题，指导学生修改论文初稿等。

（二）习作性

对多数学生而言，毕业论文是第一次撰写论文，对撰写论文的知识和技巧知之甚少，缺乏运用知识独立进行科学研究的训练，加之写作时间短，写作的主要目的是为了培养学生具有综合运用所学知识解决实际问题的能力，为将来作为专业人员写学术论文做好准备，它实际上是一种习作性的学术论文。

（三）以答辩及成绩评定作为毕业论文撰写结束的标志

导师认为论文定稿后，要邀请若干个老师组成论文答辩小组，然后让学生围绕自己的论文进行答辩，最后赋予其一个成绩。毕业论文的撰写及答辩考核结束以后，毕业论文才算完成了。

四、学术论文的基本格式

国家标准（GB7713—87）规定，学术论文在编写格式上由前置部分和主体部分两大部分构成，前置部分包括题名、作者、摘要、关键词，主体部分则包括引言、正文、结论、参考文献。各部分的写作要求和方法简述如下。

（一）题名

题名也称题目或标题，是以最恰当、最简明的词语反映论文最重要的特定内容的逻辑组合。好的题名应该使读者能从中了解到该论文所要研究的范围和深度，用尽可能少的词充分表达论文的内容。撰写题名的要求是准确得体，简短精炼（GB7713—87 规定，中文题名一般不宜超过 20 个汉字），外延和内涵恰如其分，既不能过于空泛和一般化，也不宜过于繁琐，使人得不出鲜明的印象。如果题名很难完全表达论文的内容，可以用副标题名对主题名进一步说明。主、副题名之间中文用破折号连接，英文用冒号连接。题名还应尽量避免使用化学结构式、数学公式及不为同行熟悉的缩略语等。

标题体现作者的写作意图、文章的主旨。论文标题常见的写法如下。

1. 揭示课题实质

这种形式的标题，高度概括全文内容，往往即文章中心论点。如《关于经济体制的模式问题》《经济中心论》《县级行政机构改革之我见》等。

2. 提问式

这类标题用设问句的方式，隐去要回答的内容，实际上作者的观点是十分明确的，只不过语意婉转，需要读者加以思考罢了。这种形式的标题因其观点含蓄，容易引起读者的注意。如《家庭联产承包制就是单干吗?》《商品经济等同于资本主义经济吗?》等。

3. 交代内容范围

这种形式的标题，从其本身的角度看，看不出作者所指的观点，只是对文章内容的范围作出限定。拟定这种标题，一方面是文章的主要论点难以用一句简短的话加以归纳；另一方面，交代文章内容的范围，可引起同仁读者的注意，以求引起共鸣。这种形式的标题也较普遍。如《试论我国农村的双层经营体制》《正确处理中央和地方、条条与块块的关系》《战后西方贸易自由化剖析》等。

4. 用判断句式

这种形式的标题给予全文内容的限定，可伸可缩，具有很大的灵活性。文章研究对象是具体的，面较小，但引申的思想又须有很强的概括性，面较宽。这种从小处着眼、大处着手的标题，有利于科学思维和科学研究的拓展。如《从乡镇企业的兴起看中国农村的希望之光》《科技进步与农业经济》《从“劳动创造了美”看美的本质》等。

5. 用形象化的语句

如《激励人心的管理体制》《科技史上的曙光》《普照之光的理论》等。

为点明论文的研究对象、研究内容、研究目的，对总标题加以补充、解说，有的论文还可以加副标题。特别是一些商榷性的论文，一般都有一个副标题，如在总标题下方，添上“与××商榷”之类的副标题。另外，为了强调论文所研究的某个侧重面，也可以加副标题，如《如何看待现阶段劳动报酬的差别——也谈按劳分配中的资产阶级权利》《开发蛋白质资源，提高蛋白质利用效率——探讨解决吃饭问题的一种发展战略》等。

设置分标题主要目是为了清晰地显示文章的层次。有的用文字，一般都把本层次的中心内容昭然其上；也有的用数码，仅标明“一、二、三”等的顺序，起承上启下的作用。需要注意的是，无论采用哪种形式，都要紧扣所属层次的内容，以及上文与下文的联系紧密性。

（二）作者

此项属论文署名问题。署名是为了表明文责自负及作者的劳动成果，也便于与作者联系及文献检索（作者索引）。署名可分为两种，即：单个作者和多名作者。独立完成的论文只需属作者的姓名、单位或地址；合作完成的论文按实际贡献大小署名顺序分列为第一作者、第二作者……

（三）摘要

摘要是论文内容不加注释和评论的简短陈述，其作用是不阅读全文即能获得必要信息。摘要应是全文基本内容的概括，包括以下内容。

1. 目的

主要说明此研究、研制、调查的前提、目的和任务所涉及的主题范围或要解决的问题。

2. 方法

说明研究的工作过程及所采用的技术手段或方法，也包括理论、假设或边界条件，使用的主要设备和仪器，对新技术手段则应描述其基本原理、应用范围及所达到的精度、误差等。

3. 结果和结论

总结研究成果，突出论文的新见解，阐明最终结论，可含应用情况或潜在的用途，也可以是所获得的实验数据、实验结果及关系式，也可以是理论性成果等。

摘要虽要反映上述内容，但文字要简练，篇幅一般不超过全文字数的5%（GB7713—87 规定，中文摘要一般为200~300 字，外文摘要不宜超过250 个实词）。摘要中不要引用参考文献，不要列举例证、研究过程，不用图表、化学结构式、数学公式，也不要自我评价。

摘要的类型有两种：一种是提供情况的摘要，它扼要阐述研究的课题、所用的方法以及主要数据和结论；另一种是叙述性摘要，它提示文章的内容，有时可以充当目录表。

摘要的写作要求可以概括为“全、精、简、实、活”。具体包括以下几点。

1. 摘要要求具有完整性

即不能把论文中所阐述的主要内容（或观点）遗漏，应写成一篇完整的短文，可以独立使用。

2. 重点要突出

摘要须突出论文的研究成果（或中心论点）和结论性意义的内容，其他各项可写得简明扼要。

3. 文字要简练

摘要的写作必须字斟句酌，用精练、概括的语言表述，每项内容不宜展开论证说明。

4. 陈述要客观

摘要一般只写课题研究的客观情况，对工作过程、工作方法及研究成果等不宜做主观评价，也不宜与别人的研究做对比说明。一项研究成果的价值，自有公论，大可不必自我宣扬。因而，实事求是也是写作内容提要的基本原则。

5. 语言要生动

提要既要写得简明扼要，又要生动活泼，引人入胜，在词语润色、表达方法和章法结构上要尽可能体现文采，以求唤起读者阅读正文的欲望。

（四）关键词

关键词是从论文的题名、层次标题、摘要和正文中选出来的，能反映论文主题概念的词和词组。每篇论文可选取3~8 个关键词。如有可能，尽量使用《汉语主题词表》等提供的规范词。简单说就是制作文章的行为过程，具体说，就是运用语言符号反映客观事物、表达思想感情、传递知识信息的创造性脑力劳动过程。从信息论、系统论的角度看，写作又是一个收集、加工、输出信息的整体系统，采集、积累材料为信息输入，分析、构思为信息加工，拟写、改定为信息输出。

（五）引言

引言又称前言，属于论文的引论部分，目的是提供足够的背景知识，交待研究成果的来龙去脉，目的是使读者能了解作者研究成果的创新处。引言的内容包括：研究的理由、目的、背景，前人的工作成果和现在的知识空白，理论依据和试验基础，预期的结果及其在相关领域中的地位、作用和意义。大多数的刊物都对引言部分的篇幅有严格的限制，长的可达700～800字，一般稍多于摘要的字数。要求该部分的写作要言简意赅、突出重点，不要与摘要雷同，也不要成为摘要的注释。一般不用图表和公式来论述问题，但至少应该有观点的罗列，同时一定要把作者的创新点明确表达出来。

（六）正文

正文是一篇论文的本论，是论文的主体部分，也是论文的核心部分。作者论点的提出、论据的陈述、论证的过程、论文所体现的创造性成果或新的研究结果，都将在这一部分得到充分的反映。正文要求做到论点突出，尊重事实，内容充实，论据充分、可靠，论证有力，主题明确，条理要清晰，逻辑要严密。有较好的可读性和规范性；量、单位、名次术语的使用要统一、规范。

正文是论文的主体部分，尤其讲究结构层次，作者可根据论题的性质，或正面立论，或批驳不同的看法，或解决别人的疑难问题。常见的论文的结构形式有并列式、递进式、综合式等。

并列式：即围绕总论点并列排出几个分论点，从不同角度、不同侧面对总论点进行阐释、论证。

递进式：即由浅入深，一层一层地对总论点进行阐释、论证，后一个层次是前一个层次的深化，后一部分是前一部分的发展。

综合式：或者大层次为并列式，而一些层次中又采用递进式结构；或者大层次为递进式，而一些层次中又采用并列式结构；或者并列式和递进式分散用在本论的不同部分。

论文不管采用何种结构形式，都是为了展开论证过程，即运用论据以说明观点、证明观点。正文的结构层次不论是采用自然段还是小标题的形式，都要注意各层次之间要紧密衔接、环环相扣、富有逻辑，达到无懈可击；层次与层次之间还应协调一致，各部分的先后次序、篇幅的长短，都应根据逻辑顺序和表现主题的需要当详则详，当略则略。

（七）结论

论文的结论部分应反映论文中通过实验观察或研究推论并经过理论分析后得到的学术见解，应是论文最终的、总体的结论。换句话说，结论应是整篇论文的结局，而不是某一局部问题或某一分支问题的结论，也不是正文中各段的小结的简单重复。结论应当体现作者更深层的认识，且是从全篇论文的全部材料出发，经过推理、判断、归纳等逻辑分析过程而得到的新的学术总观念、总见解。

论文结论应该准确、完整、明确、精练。内容包括：本文研究结果说明了什么问题，得出了什么规律，解决了什么理论或实际问题；对前人有关的看法做了哪些修正、补充、发展、证实或否定；本文研究的不足之处或遗留未予解决的问题，以及对解决这些问题的可能的关键点和方向等。

论文的结论应有主次之分，依其重要性递次排列。结论里应包括必要的数据，但主要是用文字表达，要求概括准确，措词严谨，明确具体，实事求是，不能模棱两可，含糊其词，对尚不能完全肯定的内容留有余地。

（八）参考文献

在学术论文后一般应列出参考文献（表），向读者提供对于整篇学术论文有参考价值的论文或专著。其目的有三，即：反映出真实的科学依据；表现作者尊重他人知识产权及研究成果，体现严肃的科学态度，分清是自己的观点或成果还是别人的观点或成果；指明引用资料出处，便于检索。

参考文献有统一格式，应按照国家规定的格式执行。参考文献一般应是作者亲自考察过的对论文有参考价值的文献；应具有权威性，注意引用最新文献；引用他人的学术观点或学术成果，必须在整个论文中按出现先后依次列出。

毕业论文的写作过程和上述学术论文的写作过程总体上一样，在选题方面略有不同的是选题应以专业课的内容为主。另外，所选题目可以由专业指导教师集体讨论拟订后向毕业生公布，供毕业生根据自己的情况选定；也可以自己选题，或者在专业指导教师的指导下确定题目，应灵活应用。

五、撰写学术论文的注意事项

（一）坚持理论联系实际的原则

撰写学术论文必须坚持理论联系实际的原则。只有深入到实际中去，同客观事物广泛接触，获得大量的感性材料，然后运用科学的逻辑思维方法，对这些材料进行去粗取精，去伪存真，由此及彼，由表及里的加工制作，才能从中发现有现实意义而又适合自己研究的新课题。

（二）立论要科学，观点要创新

文章的科学性通常取决于作者在观察、分析问题时能否坚持实事求是的科学态度。观点要创新，创新是其价值所在，如果毫无创造性，就不成其为科学研究，因而也不能称之为学术论文。

（三）论据要翔实，论证要严密

一篇优秀的学术论文仅有一个好的主题和观点是不够的，还须旁征博引、多方佐证，要有充分、翔实的论据材料作为支持。论据要充分，还须运用得当，一篇论文中不可能也没有必要把全部研究工作所得，古今中外的事实事例、精辟论述、所有实践数据、观察结果、调查成果等全部引用进来，而是要取其必要者，舍弃可有可无者。论文中引用的材料和数据，必须正确可靠，经得起推敲和验证。

论证要严密、富有逻辑性。从文章全局来说，作者提出问题、分析问题和解决问题，要符合客观事物的规律，符合人们对客观事物认识的程序，使人们的逻辑程序和认识程序统一起来，全篇形成一个逻辑整体。从局部来说，对于某一问题的分析，某一现象的解释，要体现出较为完整的概念、判断、推理的过程。

学术论文写作的一般过程和方法

（编者辑录）

学术论文的写作一般需经由六个步骤：选题、搜集资料、确立论点、编写提纲、撰写成文、修改定稿。

一、学术论文的选题

1. 选题的原则

选题，就是选择并确定“研究什么”的问题，既是启动科学研究工作的前提，也是撰写学术论文的前提。从写作的程序上来说，它是写作的前期准备工作，但论文的价值和社会效果，在很大程度上取决于选题的价值如何。有人描述其重要性，用了下面的一句话：“选择一个好的研究课题，论文就成功了一半”。选题反映了作者科学态度与科研水平问题，一般应遵循以下两个原则。

（1）科学价值原则

选题时应该选择与社会生活和科学文化事业密切相关的问题，或者选择一些亟待解决的问题，或者是具有学术价值的课题。

选择与社会生活和科学文化事业密切相关的问题，是因为现实的需要永远是科学研究最根本、最强大、最内在的推动力。选择一些亟待解决的问题，可以立即促进生产、实验及科学研究，立即产生经济效益和社会效益。选择有学术价值的课题，是因为学术研究的根本目的在于提高学术水平，推动某一学科的发展。这一类的题目，有的是对某门学科的发展有迫切的现实意义，有的从表面看来不直接应用于当前的社会建设，但它是与我国的科学文化发展相关联的，同样有学术价值。学术研究既要看到现实的需要，也要考虑长远的利益。

（2）有利于展开原则

选题时应充分考虑作者自己主观条件的优势和局限性，这个课题是否拿得下，完得成。须从以下几个方面考虑。

①作者要对研究的题目有浓厚的兴趣。作者对某一科学领域中的某一问题，已经有了一定基础，而且产生浓厚的研究兴趣，可促使人产生积极追求，潜心探索的欲望，对课题始终如一、坚持不懈，甚至达到忘我的程度，使研究工作更富有热情和创造性。如果对课题不感兴趣，或者缺乏基础，硬要去研究，即或题目选定了，也味同嚼蜡，难以写出有质量的论文来。

②科研条件。包括资料来源及占有资料的条件，如图书馆、先进的信息网络、实验室，较充足的研究基金、指导教师等。资料是研究的基础，没有资料就好比“巧妇难为无米之炊”，就不可能进行论证，求得创造性思考。资料不一定限于图书资料，也可以是别人的有关叙述，也包括实地调查、观察、有控制条件下的实验等。在选题时要考虑到有无这些方面的条件。

③大小适中。即把研究的范围根据主客观条件集中、明确，适合自己的时间、资料、水平等。初学写学术论文常犯的毛病是选题过于宽泛，大而不当，写作起来面面俱到，不能深入地进行研究，只能在题目的表面上做文章，这就写不出独到的东西，甚至淹没在材料堆里不能自拔。

学术论文的选题在从客观上考虑是否具有科学价值的同时，还一定要把客观价值和主观可能性结合起来考虑。离开这两者的统一，就选不出好题目。

2. 选题的方法

为了确定有科学价值的选题，主要方法是查阅文献资料和社会调查。

(1) 查阅文献资料，指查阅有关专业书目录、报刊目录索引、专题目录和年鉴等。通过查阅，了解本学科本专业研究的历史和现状，知道前人做了哪方面的研究，已有了哪些成果，还有哪些问题没有解决。探明了前人研究的得失和已达到的水平，就能吸收已有成就，并通过发掘资料和分析比较，力争超过前人水平。

较快捷的方法是从查阅近期综论文章入手。综论文章一般指将某一学科近期的研究现状和成果加以分析、概括，一般都能将最关键的发展过程阐述清楚。文章后面还附有较详细的参考文献目录，这样，可以使人们从总体上把握所要了解的情况，并且能够根据文中所提供的线索，通过精读某些关键性的文章，把要研究的问题勾画出轮廓。然后可以做文献目录卡，在卡上记上作者、标题、杂志名、卷号、页码，如果是单性本，还要写上出版单位及出版日期，报纸要写上发行的年、月、日。

(2) 社会调查。即有目的地接触实际，到现场考察，向从事具体工作的技术人员或专家请教，从而了解到现实急需解决的问题有哪些，研究现状与现实需要的差距在哪里。这样可以较快地选择结合实际比较紧密的课题，课题更具有应用或现实意义。

二、资料的搜集与整理

1. 资料的作用

资料是人类的科学文化知识、各种思想和各种实践活动赖以记录、保存、交流和传播的一切印刷品和视听材料的统称，分直接资料和间接资料。直接资料是人们在实践中，通过自身的观察、体验、感受、实验、调查而得来的；间接资料是人们通过阅读书籍报刊、因特网等各种传播媒介所获得的信息资料。搞任何研究，都要以资料作为基础，没有资料，就无从研究，更谈不上观点和创见。资料是研究过程观点形成的基础，也是动笔写论文的重要依据。它有以下作用：它可以更具体地限制和确定研究课题及假设；它可以告诉你在本领域内已做了哪些工作；它可以提供一些可能对当前研究有用的研究思路及方法；它可以为解释研究结果提供背景材料。

2. 搜集资料的方法

获取资料的途径主要有两种。

① 通过亲自观察、考察，或进行科学实验等，把观察到的现象、测量得到的数据详细记录下来，以获得原始的数据资料。社会科学研究可以通过有计划的实地调查与采访来获得资料。这些第一手资料与研究课题有着最根本的关系。

② 文献检索。是以文献为检索对象的信息检索。它的目的是相关文献的出处和收藏处所。这些文献可以是涉及某一主题、学科、著者、文种、年代的文献，其结果提供与课题相关的数篇文献的线索或原文供用户参考。一般可以查找与课题相关资料，如报刊、图书、期刊、会议文献、科技报告、档案材料，图书又包括名著、一般性专著、编著、教科书、科普读物和资料性工具书等。文献检索是一项实践性很强的活动，可分为以下步骤。

① 明确查找目的与要求；

② 选择检索工具；

③ 确定检索途径和方法，常见的有以下几种。

顺查法是指按照时间的顺序，由远及近地利用检索系统进行文献信息检索的方法。

倒查法是由近及远，从新到旧，逆着时间的顺序利用检索工具进行文献检索的方法。此法的重点是放在近期文献上。使用这种方法可以最快地获得最新资料。

抽查法是指针对项目的特点，选择有关该项目的文献信息最可能出现或最多出现的时间段，利用检索工具进行重点检索的方法。

追溯法是指不利用一般的检索系统，而是利用文献后面所列的参考文献，逐一追查原文（被引用文献），然后再从这些原文后所列的参考文献目录逐一扩大文献信息范围，一环扣一环地追查下去的方法。它可以像滚雪球一样，依据文献间的引用关系，获得更好的检索结果。

循环法又称分段法或综合法。它是分期交替使用直接法和追溯法，以期取长补短，相互配合，获得更好的检索结果。

④ 根据文献线索，查阅原始文献。

3. 资料的鉴别与整理

（1） 资料的鉴别

鉴别资料就是对搜集来的原始资料进行质量上的评价和核实，对材料进行一番筛选、取舍，寻找出课题所需要的材料。在鉴别资料过程中有两点是需要注意的。

首先，要鉴别资料的真伪。因为资料不一定完全真实，而资料是否真实，直接关系到所研究课题的真伪。要想鉴别真伪，就要鉴别资料的客观实在性和本质真实性，也就是弄清楚它是否真的发生、存在，是否在有条件的情况下才能发生；事物是偶然还是必然；是个别还是一般；是现象还是本质；是主流还是支流。要从事物的总体本质及其联系上挖掘事物本质的真实性，还要结合各方面的材料综合思考，分清真伪，进行比较分析，不要被局部或暂时现象迷惑。

其次，要鉴别程度。同是真实材料，必定有深浅程度的区别。

在搜集和阅读有关资料时，要始终以自己论题为中心，重点深入研究与自己主题有关的材料，不能被有关材料吸引到很多复杂问题中去，而忘了自己当前的中心目的与主要任务，不能对每一个引申开去的问题都做全面深入研究，加重自己负担，反而丢了自己研究的主体，喧宾夺主。既要钻得进去，又要出得来。

(2) 资料的整理

资料的整理就是将所获取的信息资料分门别类地加以归纳，使原来分散的、个别的、局部的、无系统的信息资料，变成能说明事物的过程或整体，显示其变化的轨迹或状态，论证其道理或指出其规律的系统的信息资料。

资料的整理一般可分为三步。

第一步是根据信息资料的性质、内容或特征进行分类。将相同或相近的资料合为一类，将相异的资料区别开来。

第二步是进行资料汇编。汇编有三项工作要做。一是审核资料是否真实、准确和全面。二是根据研究目的要求和研究对象客观情况，确定合理的逻辑结构，对资料进行初次加工。如给各种资料加上标题，重要的部分标上各种符号，对各种资料按照一定的逻辑结构编上序号等。三是汇编好的资料要井井有条、层次分明，能系统完整地反映研究对象的全貌。还要用简短明了的文字说明研究对象的客观情况，并注明资料来源和出处。

第三步就是进行资料分析。即运用科学的分析方法对所占有的信息资料进行分析，研究特定课题的现象、过程及内外各种联系，找出规律性的东西，构成理论框架。

三、确立论点

1. 确立全文的基本论点

论点是论文的核心，是作者论述事物或解决问题所提出的见解和观点。论文的论点是从对资料的整理、分析、概括、研究中产生的，应当在一定程度上反映某种事物的规律性，是作者研究成果的直接体现。搜集材料的过程，就是调查研究、思考钻研、形成论点的过程。研究过程完成，论文的论点也自然而然地同时完成了。论文价值的大小首先要看其论点是否正确，是否准确而科学地反映客观事物的本质；论点必须符合实际，尊重事实；论点还必须新颖有新意，不重复他人的观点。写作者可以像写主题句一样，用鲜明的肯定句把自己已经明确的论点固定下来。论点确定后，材料的取舍、论证的方法、层次段落的安排，都要根据论点的需要来考虑。

2. 选择支撑材料

形成正确的论点之后，就要“由此及被，由表及里”，对整理过的资料进行分析、判断、推理，经过精选后准备写入论文中，以能够证实或支持论点。对材料的选择要始终坚持以“观点统帅材料”，要以能说明问题与观点为标准，适可而止，以最少量而又是精华的材料作为文章论点支撑。

四、编写提纲

论文提纲是作者构思谋篇的具体体现。便于作者有条理地安排材料、展开论证。有了一个好的提纲，就能纲举目张，提纲挈领，掌握全篇论文的基本骨架，使论文的结构完整统一；就能分清层次，明确重点，周密地谋篇布局，使总论点和分论点有机地统一起来；也就能够按照各部分的要求安排、组织、利用资料，决定取舍，最大限度地发挥资料的作用。

大纲的编写一般可以由大到小，由粗到细，逐层地思考拟定。先把论文的大架子安排好，再考虑每一部分的内部层次。然后在各层次下列出要点和事例，最后在提纲的各个大小项目之下记一些需要用的具体材料，以备行文时应用。

编写论文提纲有两种方法：一种是标题式写法，就是用简要的文字以标题形式把部分的内容概括出来。这种写法简明扼要，一目了然，但只有作者自己明白。另一种是句子式写法，就是以一个能表达完整意思的句子形式把该部分内容概括出来，这种写法具体而明确，别人看了也能明了，但费时费力。

五、撰写成文（见学术论文的基本格式）

六、修改定稿

论文的初稿写成之后，还要再三推敲作者的意图是否表达清楚，反复修改。论文的修改，一般包括内容和形式两方面。内容上包括：中心论点和分论点是否准确、明确，材料用得是否恰当、有说服力，材料的安排与论证是否符合逻辑规则；形式上包括：大小段落的结构是否完整、衔接自然，句子、修辞是否符合语法规范，写作格式、标点符号是否合乎规范，语言文字的润色等几个方面。

探究学习

在互联网或纸质媒介上搜集三份本专业学术论文的范文，领会学术论文的特点、要求，筹划自己的毕业论文。

随堂讨论

从教材或其他渠道任意抽取一份学术论文（含毕业论文），以此为样本，分步讨论其摘要、关键词、引言、正文、结论等各个部分使用的论证结构和主要论据，理解体会论文的创新性和规范性。

任务演练

✻ 核心任务：

根据所学专业要求，在专业教师指导下完成毕业论文。

✲ **分项任务：**

① 确定合适的毕业论文选题，拟订可行的计划。

② 以 PPT 形式展示自己的毕业论文写作思路。

③ 完善方案，搜集资料，完成毕业论文并通过答辩。

经·典·语·录

◇世界上每个人都是被上帝咬过一口的苹果……有的人缺陷比较大，那是因为上帝特别偏爱她的芬芳。

◇如果必须失去，但愿是忧愁！如果必须遗忘，但愿是烦恼！

◇生活就像我的歌声，时而不靠谱，时而不着调。

◇我们无法浪费时间，我们浪费的只是我们自己。

◇发怒一分钟，不仅得不到任何快感，还失去了六十秒的幸福。

◇只要你脚还在地面上，就别把自己看的太轻；只要你还活在地球上，就别把自己看的太大。

◇每颗心都不是监狱，却都想关住悲伤，趁着我们还未老去，还是把它们都释放了吧。

◇没有准备请不要开始，没有能力请不要承诺。

◇如果青春的时光在闲散中度过，那么回忆岁月将是一场凄凉的悲剧。

◇网上岁月如飞刀，刀刀无情催人老。革命身体最重要，上网不要熬通宵。

◇青春，一旦典当，则永不能赎。

◇所谓的低调就是不露痕迹的高调。

任务二 毕业设计

肖扬是一所建筑职业技术学院的学生。在校期间他学习认真，思维活跃，可称得上是品学兼优。临近毕业，他必须要完成本专业的毕业设计。尽管用心查阅了大量专业资料，也按照毕业设计思路做了相关的模型，但由于缺乏与毕业设计相关的写作知识，指导老师认为他的毕业设计结构混乱，重复性内容较多，语言表述不准确，文稿多次被退回。为了能够顺利毕业，肖扬自学了科技文书的写作知识，对本专业历年的优秀毕业设计反复阅读、比较、揣摩，最终掌握了毕业设计的写作规范和技巧，完成了毕业设计的撰写，为三年的学习生涯画上了一个圆满的句号。

例文看台

【例文一】

回转型蓄热式换热器的设计

化工机械专业××级：刘云达

指 导 老 师：吴　雪

一、概述

回转型蓄热式换热器是7021厂为综合利用能源，从生产实际中提出的课题。以本换热器作该厂加热炉空气预热器，回收400 ℃烟道气中的余热，预热进入加热炉供燃烧用的空气至350 ℃以上。经试用，每年可节约天然气80万标准立方米，价值17.6万元。总投资可在两年半收回。

二、设计原理

回转型蓄热式换热器是用内置蓄热体的转子在低温和高温气体通道中连续旋转，使蓄热体在高温气体通道内吸收高温气体的热量，而在低温气体通道内再把热量放出，传给低温气体，从而达到换热的目的。如图1（从略）。

三、工作性能和使用范围

本换热器具有热回收率高、结构紧凑、处理气量大等优点，可以满足防堵塞、防腐蚀的要求。虽然存在着换热气体间的交错污染，但是对于加热炉空气预热而言，可以允许空气烟气之间有一定的交错污染，而且通过密封结构的完善和改进，可以把交错污染控制在10%以下。

以本换热器作为各种加热炉的空气预热器是可行的、有效的和经济的。

四、主要设计要求（从略）

五、结构设计主要参数（从略）

六、主要计算公式

由于本换热器的传热原理不同于传统换热设备，采用NTU法，与转子的蓄热能力匹配，并计入修正系数来进行传热计算。由于因素复杂，需要调整的数据多，可用计算机寻求最优化数据。(以下略去原文附有的七个公式)

七、本换热器采用卧式设计

本设计，从实用的角度出发，借鉴吸取了国内同类设备行之有效的结构，如：前后墙板的烟道接头，端板及支承梁的“三合一”结构，转子轴端的迷宫封等。此外，针对本换热器操作温度高、温度效率高、流道较长等特点，将有关部件作了如下改进。

1. 改进后的蓄热体类型和几何尺寸对换热器的性能有决定性影响

本设计先对“强化型”“引进日本型”“波带型”“开孔波带型”四种蓄热体进行传热及充填面积的计算，在计算的基础上提出“改进强化型”作为本设计的蓄热体方案。改进后的蓄热体具有传热量大、引力小、不易积灰、有较好的防腐防堵性能的特点。

为保证蓄热体各传热板的装填质量，把蓄热板的散装改为框装，在转子外筒上用螺钉固紧，以防径向、周向移动。这种框式结构构造简单、可靠，便于安装检修。

2. 完善的三向密封结构

密封结构对换热器的交错污染起控制性作用。本设计蓄热体流道长、气体流动阻力势必增加，烟气侧与空气侧的压力差就会增大，而泄漏量与压力差的平方根成正比。鉴于此，本设计采用完善的三向密封结构，以减少泄漏。

轴向密封。(内容及3个图从略)

径向密封。(内容从略)

周向密封。(内容及2个图从略)

3. 冷端抽屉门的改进（内容从略)

4. 设置隔热减阻板（内容从略)

5. 合并吹灰管与清洗管（内容从略)

6. 传动系统的改进（内容从略)

八、结束语

本设计从计算公式、数据选取、结构设计都以可靠性为首要原则。本换热器在技术上完全安全可靠。

由于资料收集尚不完整，加上毕业设计时间有限，所以改进设计的效果有待实践验证。

文章来源：转引自《应用文写作》(李振辉主编，清华大学出版社，2005年版)

看 点

这是一篇工科毕业设计报告。标题由设计项目和“设计”构成，标题下写设计者和指导教师姓名。正文由八个部分组成。第一部分概述为前言部分，说明设计项目的来源、目的和作用。第二至七部分为主体部分。分别对设计原理、工作性能和使用范围、主要设计要求、结构设计主要参数、主要计算公式及本项目所采用的设计形式等内容进行具体的解释和说明。结尾部分即结束语部分，强调本设计项目所遵循的原则——可靠，重申其安全性。尔后，补充说明本设计项目的效果有待实际验证，表现出严谨的科学态度。本毕业设计报告以小标题的方式展开内容，利用图文结合的方式进行解释和说明，重点突出，条理清楚，语言准确、简洁，是一篇写得较好的工科毕业生的毕业设计。

【例文二】

《热泵技术在工业余热中的应用》设计说明书（摘录）

浙江大学热物理系热能专业81级 吴桦

指导教师：刘芬宁 胡美丽

摘 要：本设计以杭州丝绸印染联合厂有关情况说明了工厂如何利用热泵技术来有效地节约能源。

关键词：热泵技术；原理；设计

前 言

能源问题举世瞩目。今已查明，世界上主要能源煤和石油的储量，按目前需要量计算，仅能使用一二百年了。虽然，我国能源丰富，具有较广阔的开发前景，但能源利用率却很低，造成不应有的能源紧张。为了解决能源紧张的状况，应当采取开源节流的方针，而节流主要指对现有设备进行节能改造，利用余热等。这样既减少了环境污染，又提高了能源的利用率。热泵技术就是一种利用工厂余热的有效装置。

热泵概述

早在1824年，N·卡诺已奠定了热泵的理论基础，1930年日本报导了第一个热泵诞生，但因热泵技术尚不成熟，曾一度冷落。自资本主义国家“能源危机”以来，热泵登上节能的历史舞台。

正如把水从低水位抽到高水位一样，所谓热泵就是以消耗一些机械能或电能等为代价，通过工质的热力交换，把热量从低温位物体转移到高温位的能量利用装置。从热力学第二定律看，水泵、热泵的循环过程均是非自发过程，都须消耗一些外功，水泵用于增加水的势能，而热泵用于工质的焓增。

热泵系统工作原理见下图。

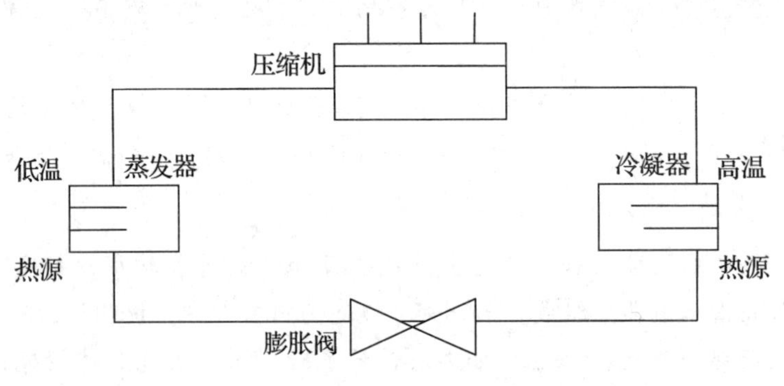

热泵系统工作原理图

构成热泵循环的主要部件是蒸发器、压缩机、冷凝器和膨胀阀等，所用循环工质为低沸点介质，如氟里昂等。

热泵工作过程如下。

工质在蒸发器中吸收低温热量而蒸发；

饱和的工质蒸汽进入压缩机压缩后升温升压，同时消耗压缩功；

高温高压蒸汽流经冷凝器，蒸汽冷凝放出热量给热库；

冷凝后的液相工质，经膨胀阀膨胀，压力继续下降。低温低压再进入蒸发器循环使用。由于工质沸点很低，因而很容易从周围环境低温热源吸收热量再蒸发，又形成低温低压蒸汽，再进入压缩机……如此往复不已，从而使难以直接供用的低品位热能得到有效的利用。

热泵在处理逆循环工作中，工质完成一个循环内能没有变化，按热力学第一定律可得逆循环消耗净功为：

$W0 = Q - q$ 式中，Q为工质向温度为T的热库放出的热量；q为工质从温度为T的低温热源吸取的热量。

衡量热泵的经济性可用热泵的供热系数 EHP 来评价，它是指传给高温热源的热量 Q 与消耗的逆循环净功 W0 之比，即 EHP = Q/W = Q/ Q - q

由上式可以看出，EHP 总是大于1。因此，用热泵供热的经济性总是比较好的。一台比较完善的热泵，只需消耗少量的逆循环净功 W0，就可以得到较大的供热量，这是因为工质从低温热源吸取热量传到高温热库的同时，热泵消耗的净功 W0 也转化为热量而流入高温热库。因此，热库获得的热量，要比单纯消耗等量的机械功转化而提供的热量大得多。

杭州丝绸印染联合厂有关情况

在丝绸印染过程中，丝制品按工艺要求在98 ℃、80 ℃、60 ℃等不同温度水中炼洗，炼洗的水用几次后就排放，造成热量的大量浪费，而所需要的低品位热源（100 ℃）又是通过燃烧高品位燃料通过锅炉获得的，没有做到“能尽其用”，是很不经济的。

经调查，98 ℃污水平均排放量为1.46 t/h，80 ℃污水平均排放量4.65 t/h，60 ℃污水平均排放量为4.65 t/h。若环境温度为20 ℃，锅炉效率为70%，全年工作6000 h计，则每年浪费标准煤近80 t。

可见浪费很大，而且热水对环境有污染，破坏了工作环境，为此，准备设计一台热泵，回收一部分热量，以便节约高品位的燃料。

热泵系统的设计

一、工质的选择

工质对热泵系统的经济性和可靠性起决定性的影响，必须认真选择。热泵系统对工质的要求：① 工质的临界温度必须大于冷凝温度，以便传递一定热量。② 由于热泵工作温度较高，采用低压工质，以利系统的密封。③ 工质与压缩机相匹配。④ 工质须无毒或微毒对人体无害。综合考虑上述要求，选取 F114 或 F21 为宜。

F21、F114 的部分热力性质表略。

二、方案的拟定

根据工质的不同及循环过程温度的差异，初步拟出以下四个方案（见下表）。

方案序号 / 工质	一	二	三	四
技术参数	F21	F21	F114	F114
蒸发温度	64 ℃	64 ℃	40 ℃	60 ℃
冷凝温度	90 ℃	90 ℃	90 ℃	90 ℃
冷凝器进口水温	63 ℃	66 ℃	75 ℃	60 ℃

表内仅列几个主要参数。热泵系统的各个方案流程图从略。

至此，对初拟的四个方案，究竟哪一个好，还难下结论。

三、热泵系统的热力计算

具体计算步骤从略，主要参数见本页表。

四、部件的选择及计算（具体计算均略）

1. 压缩机的选择计算（略）

2. 冷凝器的设计计算

冷凝器是用满液式的，但管子的选择却有差异，用细管子，结构紧凑，但阻力大；管子过粗，结构庞大，传热系数也小。本设计选用 φ16 mm×1.55 mm 圆紫铜管。紫铜管耐腐蚀，传热系数也大，计算中可以略去。

3. 蒸发器的设计计算

下表为四个方案时各参数的相应值。

参 数 名 称	方案一	方案二	方案三	方案四
工质单位制冷量（kcal/kg）	41.51	41.51	20.55	20.76
压缩机出口蒸汽温度（℃）	108.24	108.24	100.00	91.24
单位冷凝热负荷（kcal/kg）	44.74	44.74	24.95	23.09
单位压缩功（kJ/kg）	13.48	13.48	18.41	9.74
理论供热系数	13.9	13.9	4.67	9.93
工质循环量（kg/h）	1445.43	1445.43	1946.47	4334.46
预热器出口废水温度（℃）	48.93	43.93	35.48	33.33

注： cal 为非法定单位，它与法定热量单位 J 的关系是 1 cal＝4.2 J（编者著）。

丝绸在洗炼中要加入一些药品，因此，废水中含有大量杂质，蒸发器也宜用满液式的，管内走废水，管外流工质，这样便于清洗。

蒸发器是一种汽-液热交换器，无现存的产品，须自行设计。

4. 预热器的选择计算

杭州丝绸印染联合厂有一台现存 BR－12 型换热器，在保证热泵系统工作情况下，尽量利用闲置设备，以省投资。

5. 回热器的设计计算

对 F114 热泵系数，均有一具回热器，应进行设计计算。（略）

6. 贮液器的计算（略）

7. 油分离器的计算（略）

8. 其他说明

必须说明，因废水是间断排放的，因此需建造两个废水箱，容积均取 6 m^3。废水系统与供水系统均用水泵，选用 2 台至 3 台（方案三为 3 台），型号：1－1/2BA－6 水泵，总扬程 17.4 m，流量 3.06 L/s，吸程 6.7 m，配套功率 1.5 kW。

至此，可以算出各个方案总投资额，方案一为 3.9 万元；方案二为 4.5 万元；方案三为 6.12 万元；方案四为 7.85 万元。

热泵系统技术经济分析

一、热泵系统年书约原煤量（耗电量已按 453 g/℃折算）及煤费计算（略）

二、热泵系统投资回收期计算（略）

根据技术经济分析，除方案四外，一、二、三方案均可满足要求，但由于 F114 紧缺，以方案一、二为好，而以方案二为最佳。

设计小结

从本设计全过程看，热泵系统在工业上应用收益较大，但因目前煤价低廉，电价较高，使热泵推广受到一定影响。尽管如此，热泵还是以它的优越性取胜。在工业上，它可以回收残热；可以与电厂联运，设计成热泵式热电站；也可用在空调或家用热水加热。从能源来源看，它可以利用地热、太阳热能等等。因此，热泵系统具有广阔的前景。

参考文献

查阅参考文献17种，其中英文2种（略）。

附　录

计算机程序及说明（略）

图　纸

热泵系统工作图一套（略）

本设计起讫时间：（略）

文章来源：转引自《工科应用写作》（机械工业出版社，1995年版）

看　点

该设计说明书符合设计说明书的格式及写作要求，由概论、方案论证、主要部件的选择计算、技术经济分析、设计小结、参考文献、附录、图样等部分构成，符合设计说明书的写作基本型。

概论首先从热泵由来及其工作过程入手，说明了用热泵供热的经济性可观。这样，设计的目的及意义就不言自明了。用杭州丝绸印染联合厂余热浪费的实例作为设计的原始依据，本设计的可行性也就充分了。突出的特点是采取对比方式一一比较，使得本设计方案的论证令人确信。特别是通过计算，衡量比较总投资额及技术经济分析，从而选择最佳方案，达到了论证自己的设计方案有采用价值的目的。

【例文三】

艺术馆的艺术——沈阳航大艺术馆设计

×××

指导教师：×××

摘要：现代社会，高等院校中大多拥有其独特的展馆。沈阳航空航天大学的新校区艺术馆，作为新校区最后一座设计建设的建筑，承载着全校师生的期盼。艺术馆的平面、立面、内部空间设计无一不体现艺术性，艺术馆不仅仅是展示、收藏艺术的空间，其建筑本身也是一件艺术品。

关键词：创意造型；功能分布；融入环境

沈阳航空航天大学，是一所以航空宇航为特色，以工学为主，工学、理学、人文科学、社会科学、管理科学等学科协调发展的多科性高等院校。学校始建于1952年，是原航空航天部所属的6所本科航空院校之一，现为辽宁省人民政府与工业和信息化部共同建设的唯一一所高校，是空军依托培养后备军官的全国18所地方院校之一，是辽宁省装备制造业紧缺人才航空航天培养基地，是辽宁省省属重点院校，已经成为“国防科技人才培养基地”“辽宁老工业振兴人才培养基地”和“空军后备军官培养基地”。2007年以“优秀”成绩通过了教育部本科教学工作水平评估。2010年成功更名大学。

沈阳航空航天大学的新校区艺术馆，作为新校区最后一座在建的教学建筑，承载着全校师生的期望，同时也是校区内功能最为复杂的建筑之一。新校区艺术馆，不仅仅是单纯的展示功能，在艺术馆中分布着几个相关艺术专业的专业教室及实验室，诸如：雕塑、服装设计、动画设计等专业。其作为艺术馆的艺术性也是尤为重要的。同时，为了满足2013年全运会的安排，需要将艺术馆部分空间进行划分来为东侧的体育馆服务。

该艺术馆设计如下：

1. 建设地址：

艺术馆建设用地位于沈阳航空航天大学新校区北入口道路的西侧，临近学校的主轴线和北入口。基地东侧是体育馆，两者隔路相望，共同衬托出位于学校中心位置的核心建筑——图书馆；北侧为校园内部的环形道路；西侧为学校重点打造的风景区——千树园；南侧与学校的机械馆隔路相对。

2. 建筑性质及使用功能：

建筑性质：本工程为集办公、实验、教学为一体的公共建筑，根据《民用建筑设计通则》的规定，本工程设计使用年限为50年。

使用功能：本工程功能主要为专业教室、实验室、行政用房三大部分，平面为“回”字形布局，层数共计五层，中间围合成内院。南北两侧房间主要为普通教室，东侧房间主要是行政及管理用房，西侧房间主要为实验室及合班教室。这样一来，在2013年全运会期间，可以通过内部空间的划分将东侧的一些房间作为体育馆的辅助用房，同时又不影响其他空间的教学和实验。

3. 方案创意：

该项目既要通过建筑语言表达自身的性格特征，又力图与周围其他建筑建立一种对话的关系，在整个空间环境中还要扮演适当的角色。这些因素对方案的形成起到决定性的作用。通过比较，建筑设计师们将“碧水航桥”作为沈阳航空航天大学新校区艺术馆的设计理念。“碧水航桥花眷梦，滕萝似水草如茵”这句诗词生动刻画了一种非常美好的景色，建筑设计师们希望诗中的场景及意境能在基地中得以再现；建筑设计师们还将人生中的大学阶段比喻成机场的登机桥，为人生步入社会，展翅欲飞的起点；体量自身还呈现一种滑动乃至飘浮的状态，隐喻着飞行的概念，暗示出学校航空航天类院校的特点。而将“碧水航桥”体现的最为淋漓尽致的部分就是艺术馆东南角入口处悬浮于水面上的钢铁悬桥。

4. 总体布局：该方案设计布局较为方整。“回”字形的平面布局自然围合成院落，目的是使更多房间获得较好的朝向及景观。南北两侧墙体与基地东侧的体育馆基座墙体基本对位；主入口面向基地东侧，与对面的体育馆入口相对应，形成东西向轴线；建筑东侧退线距离与体育馆退线距离一致；方方正正的形体与体育馆的正圆形相对应。这些使本建筑与体育馆之间形成内在的逻辑关系，形成中轴线两侧的一组建筑，对中轴线上的图书馆共同起到烘托作用。

该方案设计的内院不仅仅是建筑围合成的消极空间，建筑设计师们赋予它更多的内容，更多的积极意义。师生可以在这里进行交流、互动，成为积极的交往空间；露天舞台又使之具有观演的功能，可作集会之用；舒缓的室外台阶一直通至二层屋面，带来空间的变化，又成为观演时的看台。室外台阶上也分布着几个展示平台，可以用于展示学生和老师作品。建筑的东南角架空，便于师生进入，使其具有交通的功能，也便于将内院空间展示给外部。对着千树园的西侧底层局部架空，在内院与千树园之间建立了内在联系。

5. 平面功能：人们从东侧的主入口进入两层高的门厅，向前经过过厅到达学术报告厅的前厅，再进入可容纳三百余人的倒圆台形状学术报告厅。门厅向北，是1500余平方米的展厅，展厅的北侧设置了单独出入口。通过旋转楼梯到达二层，展示在人们面前的是一个倒梯形的四层高的公共大厅，带给人强烈的震撼。大厅可出至内院的二层屋面，内外空间之间建立了联系。在大厅内，顺着内院一侧的大台阶可上至各层。展厅的西侧为模型加工实验室。一层的南侧为动画实验室，西侧为雕塑室和摄影室。

建筑东侧二至五层为艺术学院的行政及管理用房，四至五层中间面向体育馆一侧设置了教室休息厅。南侧及北侧的二至五层均为各专业教室。西南角和西北角布置了合班教室。西侧二至四层布置了各专业实验室。各个专业的实验室分布合理，在流线安排上尽量避免了不同学科学生的直接交叉。同时还满足了不同专业教室的层高、功能和面积要求。例如：层高要求高达9米的雕塑实验室，要求设置暗房、布景的艺术摄影专用教室等。

6. 立面及造型：立面及造型的设计与设计理念之间形成了相辅相成的关系，理性分析的结果有助于设计理念的形成，理念又对设计起到指导与控制作用。

造型设计采取了现代的构成手法，通过体块的组合与穿插反映形体的变化。极具雕塑感的方整体块既体现出北方的地域性，又反映了工科院校严谨、缜密、理性的特点。

形体自身的轮廓线力求完整，以打造建筑的整体性，同时还考虑了体块的切割和穿插，使整个立面效果生动起来。这使本建筑的尺度能与附近的图书馆、体育馆相匹配，满足相对空旷的外部空间对形体识别性的要求。立面墙体选用了两类材料：银白色的金属氟碳漆和砖红色的面砖。分别构成了不同的体量。两种材质的搭配强调了色彩和质感的变化。既突出自身的识别性，又与东侧的体育馆、南侧的机械馆及中轴上的图书馆建立了对话关系，共同组成一组具有内在联系的建筑群。建筑整体风格恢弘、大气、有机、流畅，宛如一段凝固的乐章，飘浮在校园的中轴线旁。

7. 融入环境

与艺术馆隔路相望的体育馆，整体平面为矩形。艺术馆的平面整体为矩形，内有庭院，其用意除了与体育馆对应，另一个目的是为了与体育馆一同突出校园内的中心建筑——图书馆。矩形简单明快的线条，坐落于北入口道路的两端，就好像取景框一样，突出了轴线中心的巨大环形图书馆。

为了与南边的机械馆对应，艺术馆部分外墙采用机械馆的砖红色面砖外墙材料，产生了踏实、厚重的感觉，从立面形式来说，构成了建筑的“底座”。在一层“底座”上，二层采用大面积横向长窗，横向分割开整个立面，使三到五层好像是漂浮与“底座”之上，恰如其分的表达了轻盈、漂浮的建筑设计主旨。为了可以欣赏西边的千树园，艺术馆在西边设置了内庭院出入口，二层高的洞口可以使师生在内庭院中欣赏到千树园的景色，同时也讲千树园“引入”到庭院的绿化当中，增加了内庭院的景致与层次感。

艺术馆北侧为学校内部环形道路，临近学校北部隔墙。隔墙以北为市区级道路，所以艺术馆的北部立面也是同样重要的。为了向行人充分的展示艺术馆的风采和功能，北侧立面在追求整体统一的同时大胆采用“凹进”设计，并且将艺术馆中的展厅入口设置在北侧，使人印象深刻，并具有相当的导向性。

沈阳航空航天大学新校区艺术馆设计历时四个月，项目目前状态为在建，预计2013年正式投入使用。艺术馆既然是收藏、展示艺术的建筑，其本身也是艺术。同样的，希望所有的建筑都是建筑设计师创造出来的艺术。

文章来源：http：//www. lw5156. com/gx

看 点

这篇设计说明书从建设地址、建筑性质及使用功能、方案创意、总体布局、平面功能、立面及造型、融入环境等七个方面阐明了艺术馆建筑造型设计，但总体上不符合设计要求。标题为“艺术馆的艺术——沈阳航大艺术馆设计”，特意强调“艺术”二字，但全文没有突出该设计艺术性的特点，有文不对题之嫌；摘要应注意突出设计中的创造性成果和解决方案，但其内容却为前言中建设艺术馆的意义，不符合摘要写作要求；主体部分缺少设计的理论依据及方案论证，也缺少辅助说明的必要图、表；文末没有将参考文献列出；全文的分标题及其序号都不合乎规范。

一、毕业设计的概念

毕业设计是高校应届毕业生综合运用所学知识针对某一课题的设计进行解释和说明的科技文书，主要指毕业设计说明书及设计图，要全面介绍设计的内容、意图和成果以及施工技术要求等，其撰写力求简明扼要、条理清楚，并附有必要的图、表。

毕业设计是高校教学过程的重要环节之一。通过毕业设计，能使学生综合应用所学的各种理论知识和技能，进行全面、系统、严格的技术及基本能力练习。通常仅对技术科学专业及其他需培养设计能力的专业或学科有所要求。比较常见的毕业设计有下列两种。

① 发明型毕业设计：即毕业设计的产品或成果乃现实生活中的首创。

② 改革（造）型毕业设计：设计产品的类型或成果的类型在现实中已经存在。

二、毕业设计的特点

（一）应用科技性

毕业设计要应用所学过的科技知识进行设计或解决难题，从方案、图纸及其解释与说明的书面资料，都是一种技术性文件。技术性文件要求内容严谨、科学，必须确切地表达出事物的本质特征，不可存在任何差错。设计是负有法律责任的，这就要求在分析别人的方案时不能武断地否定，在介绍自己构思时要留有余地；绘图准确、清晰，叙述客观、有分寸，避免绝对化。

（二）解释说明性

毕业设计要解释、说明成果的原理、应用范围、技术参数、工作流程等，说明语言力求精确、简洁、清晰、平实。毕业设计中自然语言符号系统和人工语言符号系统（技术性术语图表、公式等假定性符号）结合使用，既要阐明事物定性的确切性，还要表达出事物数量上的差异性，切忌形容、夸张和含糊其辞。

（三）规范性。

毕业设计在形式上有自己的写作格式和规范，不能违背其写作惯例而标新立异。

三、毕业设计的结构和写法

毕业设计一般包括以下部分。

（一）标题

由设计项目加“设计”或“毕业设计说明书”构成。如《××商业大厦空调系统毕业设计说明书》《×××挡潮闸设计》。设计题目应以简洁、贴切、新颖、准确的文字表达设计工作的中心内容，应避免使用不常见的缩略词、首字母缩写字、字符、代号和公式等。

（二）目录

目录反映了设计的内容梗概及整体的布置，各章节的联系，主要包括引言、正文主体、参考文献、附录、致谢等，应列出通篇设计内容各组成部分的大小标题，分别层次，逐项标注页码。

（三）摘要

摘要也称内容提要，是设计内容不加注释和评论的简短陈述，反映整个设计的精华，内容应涉及本设计的目的和意义、研究方法、取得的成果和结论。撰写摘要时，应注意突出设计中的创造性成果和创新性解决方案，应使用精炼、概括的语言来表达，一般摘要中不采用图、表、化学结构式、非公知公用的符号和术语等。

（四）关键词

关键词是为了文献标引，从设计中选取出来用以表示全文主题信息内容款目的单词或术语，每篇设计选取3~8个名词或偏正词组，总字数不超过20字。

（五）正文

正文是毕业设计的核心部分，是作者对自己所做设计的详细表述。主要说明设计条件、数据资料来源、采用的方法、依据的规范规程、各种方案或计算结果比较等，着重是对设计方案的论证。其结构一般包括绪论、主体和结论等三个部分。

1. 绪论（导言）

绪论主要包括设计的目的、效益、依据的原理、设计过程、设计方法以及预期的效果等内容，还可写设计缘由，不要求详细展开。

2. 主体

内容主要涉及以下五个方面。

① 设计原理与设计方案的论证。利用什么原理进行工程或产品设计，设计方案是怎样的，是否可行。当设计方案确定以后，设计者有责任和义务说明为什么选择这个方案，其优缺点何在。可利用图示和文字解释相结合的方式进行说明。

② 主要技术参数。选择何种技术参数，技术参数的计算公式与结果。如大厦空调系统设计，技术参数有年均气温、相对湿度、太阳辐射负荷强度等。

③ 工作流程及技术性能。工作流程即工作过程，技术性能包括设计的工程或产品的型号、容量、生产率、动力等。这部分内容多用图纸说明、模型展示或实验结果的验证加以说明。

④ 适用范围。一般以文字作出说明。若涉及安装等问题时，则需以图文结合的方式说明。

⑤ 资金预算。

需说明的是，对于以上五个方面的内容，不同专业、不同类型的毕业设计报告将有所取舍，或各有侧重，内容结构顺序也不尽相同。

3. 结论

结尾通常综述上述设计报告的内容，或对有关技术问题作出补充，或说明设计工作的创造性成果和实际运用的可行性，结论要准确、完整、鲜明，要下得客观并要留有余地，并能对设计中存在的问题做如实说明。有些前言部分内容较完备的毕业设计可不写结尾。

（六）附录

附录是作为毕业设计主体的补充部分，并不是必要的。附录一般是对了解正文内容有用的补充信息，内容可以是编入正文又有损于编排的条理和逻辑性的材料，或由于篇幅过大或取材于复制品而不便于编入正文的材料，或某些重要的原始数据、数学推导、计算程序、框图、结构图、注释、统计表、计算机打印输出件、重复性数据图表等。

（七）注释及参考文献

注释及参考文献是毕业设计（论文）不可缺少的组成部分，它反映毕业设计（论文）取材来源、材料的广博程度和可信程度。要求作者将设计中参考过的主要文献列出，以示对文献作者的尊重，让读者明晰论文中的观点或成果与前人工作的界限。

（八）致谢

对给予各类资助、指导和协助完成设计研究工作，以及提供各种便利条件的单位和个人表示感谢。致谢应实事求是，切忌浮夸与庸俗之词。

四、毕业设计与毕业论文的差异

毕业设计的功能和毕业论文一致，但在写作上存在明显差异。

1. 研究的对象不同

毕业设计的研究对象是生产建设中的某一技术问题，实践性和应用性较强，因此，毕业设计研究的重点在于如何生产、施工，才能保证产品的高质量、技术的高效率，达到预期的目的。而毕业论文的研究对象是一般的基础理论问题，或者某项实验结果，故毕业论文研究的重点是理论的推导，数学的运算，实验结果的分析，以获得对事物的本质认识。

2. 表达方式不同

毕业设计的表达方式以说明为主，主要运用数字和图表说明来表达设计书的内容，故又名毕业设计说明书。而毕业论文虽有公式计算，图表说明，但以分析、论证为主。

3. 语言风格不同

毕业设计阅读对象主要是施工人员，因而语言较通俗易懂。而毕业论文阅读对象主要是同行的科技工作者，因而语言要专深一些。

五、毕业设计写作注意事项

① 周密思考，慎重落笔。毕业设计是一项“系统工程”，在正式动笔之前，要对文章进行通盘思考，检查一下各项准备工作是否已完全就绪。

② 写作重点应放在技术性强的部分或设计的关键部分，切忌平均用力。

③ 注重解释、说明的技巧。充分利用图形说明和图文结合式说明。

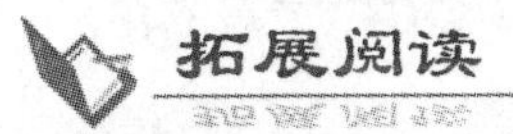

毕业设计撰写技巧及示例

（1）说明选题

目标要确切——出于什么目的，要达到什么结果。

（2）说明概念

——明确研究的范畴

——区别与之相关的概念

——以不同的表达方式阐述同一个概念

（3）规划结构

结构是逻辑关系，是论述的递进，是结论的铺垫，是思维的图形。各部分的关系有并列关系、递进关系、主次关系等。

（4）灵活运用表达方式

——定义概念的表达方式

——陈述事实的表达方式

——说明原理的表达方式

示例：

服装陈列和橱窗展示，通过营造某种别具一格的生活情调和情景氛围，能够使顾客如同身临其境，产生与自己的生活方式和审美趣味有关的联想，在潜移默化中，会把自己同眼前的形象联系在一起。一旦顾客发现适合于自己的服饰形象，常常会萌发模仿和尝试的需要，从而产生购买的动机。

——阐述见解的表达方式

示例：

……当品牌附加价值得以适当的提高，而又让消费者感受到并乐于接受的话，可以预见这个品牌是有发展前途的。

——提出论据的表达方式

示例：

……用于购买服装的支出增加了5.81倍（未计算通货膨胀率）或1.67倍（通货膨胀率计算在内）。这些数字充分说明在此期间中国城镇居民服装消费能力的增长。

——提出论点的表达方式

示例：

品质较高的产品，其价格可以不成比例地提高；而价格比较高的产品，又会使消费者认为产品的品质较高。

——逻辑判断的表达方式

示例：

对人类服饰起源的研究表明：早期的服装是人类原始装饰和身体保护物发展演进的产物。这就是说，原始服装即是审美功能和实用功能的结合。由于这种联系有效地促进了人类对自身的审美意识，进而学会了通过服饰来表现自我的审美价值，于是发展出今天人类穿着服装的两个基本目地：第一是保护身体的实用性；第二是能够满足自我表现愿望的审美性。

——提出问题的表达方式

示例：

时尚为什么一直以来都与服装的生产、购买与穿着有关呢，为什么时尚经常性地和在一般意义上等同于时装呢，即时装为什么经常能与时尚相互取代呢？

——文学化的表达方式

示例：

与所有记录人类文明的符号一样，民族服饰图案构成了演绎民族文化的符号系统。当它附生于民族文化母体的时候，它的意蕴是鲜活而生动的；然而，当它被现代时尚一次次复制之后，就如同一只蝴蝶的标本，虽绚丽依旧，但是已经不能翩翩起舞了……

（5）论证方法

——逻辑推理

——通过例证作出判断

——理论求证

示例：

涉及到形式美的美学理论主要有形式论美学（Formalist Aesthetics）。它主张美在形式，即美就是线条、色彩、声音、文字、形体的组合或艺术作品的结构。这一理论流派的代表人物和主要观点有：毕达哥拉斯的理想数学形式与“比例之美”，克莱夫·贝尔的“有意味的形式”，罗杰·弗莱的“秩序和多样性的结合”以及赫伯特·里德的“形式意志说”等。

——提出事实根据

示例：

顾客的审美意识在不断成熟，个人的倾向性日益明显。今天的消费者已经不满足大批量、标准化的大众商品，而是追求个人的审美趣味；不仅考虑单件服装是否美观，而是讲究整套服饰的搭配是否得体；不仅考虑服装本身的美感，更讲究服装与环境、场所是否协调，力求与自己的个性、情调、社交范围和生活方式相一致。

（6）概括总结

说明“是什么”“为什么”“怎么样”，以及体会、心得、收获、不足等。

文章来源：摘自《毕业设计说明书撰写要点与技巧》

（转引自 http：//blog. renren. com）

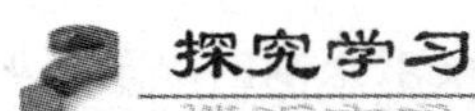

探究学习

在互联网或纸质媒介上搜集三份本专业毕业设计的范文，领会毕业设计的特点，筹划自己的毕业设计。

随堂讨论

结合教材提供和自己搜集的例文，把握和发掘毕业设计文体的基本特征。

任务演练

✲ 核心任务：

根据所学专业要求，在专业教师指导下进行完整的毕业设计。

✲ 分项任务：

① 确定正确的毕业设计方向，拟订可行的计划。

② 以 PPT 形式展示自己的毕业设计方案。

③ 完善方案，搜集资料，完成毕业设计并通过审核。

十句职场不败的经典名言

1. 应答上司交代的工作：我立即去办。

2. 传递坏消息时：我们似乎碰到一些情况……

3. 体现团队精神：××的主意真不错！

4. 如果你不知道某件事：让我再认真地想一想，2 点前答复您好吗？

5. 请同事帮忙：这个策划没有你真不行啊！

6. 拒绝黄段子：这种话好像不适合在办公室讲哦！

7. 减轻工作量：我知道这件事很重要，我们不妨先排一排手头的工作，按重要性排出先后顺序。

8. 承认过失：是我一时疏忽，不过幸好……

9. 打破冷场的话题：我很想知道您对这件事的看法……

10. 面对批评：谢谢你告诉我，我会仔细考虑你的建议的。

任务单元五 申论

“申论”一词，最早出现在魏晋南北朝时期，意为充分申辩、申诉。唐宋时期，“申论”一词频频可见，大致指对尚不明确之事（意）进行充分分析、论证，以求正确的决策、明白的理解。明清时期，“申论”开始频繁出现于经、史、子、集各类文章，用法渐趋明确，即对一事件或一问题进行分析、论证，从而达到科学决策、准确认识；其使用范围也大为拓展，开始用于考察人才。所谓“申而论之”，也出于清朝，意思与展开、引申、分析、论证相符。而申论作为一种应试文体，则始于2000年中央国家机关公务员录用考试。

从字面上理解，“申”可以理解成申述、申辩、申明，“论”则是议论、论说、论证，“申论”即对某个问题阐述观点、论述理由，合理地推论材料与材料、观点与材料之间的逻辑关系。从文体学的角度来看，“申论”就是根据公务员工作的实际需要，适当借鉴我国古代“对策”（策论）的某些特点，专门用于公务员考试的一种应试文体。

教学建议

本单元教学可采用案例教学法重点讲解。在此基础上，精选若干组资料，采用项目教学法等，模拟申论考试，抓住提出问题、分析问题、解决问题三个环节，反复演练，达到会写的要求。

任务导入

以下是2010年新疆公务员录用考试的《申论》试卷：

一、注意事项

1. 本试卷由给定材料与作答要求两部分构成。考试时限为150分钟。其中，阅读给定材料参考时限为40分钟，作答参考时限为110分钟。

2. 请按要求在答题卡指定的位置填写自己的姓名、填涂准考证号。考生应仔细阅读答题卡注意事项，并在相应题号指定的位置上作答，未在指定位置作答或超出指定区域作答的不得分。

3. 监考人员宣布考试结束时，考生应立即停止作答，将试卷、答题卡和草稿纸都留在桌上，待监考人员允许离开后，方可离开。

二、给定材料

材料一

1. 所谓城管，顾名思义，应该是城市管理。在日常生活中，我们每个人都离不开政府的管理和服务。如果城管工作做得好，我们的城市应该是很和谐的。遗憾的是，一些地方的城管在执法过程中出现很多不和谐的声音，打开网络搜索引擎，你会发现，城管执法暴力事件充斥网络，民众对城管越来越不满。

2. 天山网报道，2010 年 5 月 23 日 13 时许，张某在乌鲁木齐体育馆路人行道上收废品。这时，一辆正在巡检的汽车停下，跳下 3 名协勤员，拦住了张某。协勤员郭某以占道为由对张某处罚 50 元。一番“讨价”后，张某交给郭某 20 元，郭收下后没有开具收据。随后，另一名协勤员又向张某索要 10 元钱买烟，张某称没钱。郭某等三名协勤员提出要带张某到中队接受处理。在张某的哀求声中，三名协勤员强行抬起废品车欲掀翻，张某上前阻止，双方发生争执。这时，三名协勤员打电话又叫来了四五名协勤员，在把张某收废品的车子掀翻在地后，七八个身着款式各异服装的大汉，连打带拖将张某往一辆白色面包车上拉。在拉扯中，郭某向张某的腰部踹了一脚，其他人拉扯着躺在地上的张某。在强拉硬扯中，协勤员郭某和马某也摔在地上，现场一片混乱。

3. “2009 年 7 月 3 日清晨 4 点多，北京昌平区小汤山镇政府组织百余人（城管、公安及其他工作人员）将小汤山镇讲礼村五洲农业生态园包围，路口用机动车堵死，并拉上警戒线，附近还停有救护车、消防车。大约 5 点钟开始用重型机械（推土机、铲车等）将住户大门顶开，强行将屋内的人拖出来，然后用推土机将房屋推倒，室内生活用品被埋，有些高档电器等被不知身份的人装车拉走，并且没有向物品所有人交代。大约上午 9 点五洲庄园内 21 个住户大棚变成废墟。”这是网上登出的一篇题为《政府野蛮“执法”，百姓找谁说理》的帖子，反映了政府强拆居民房屋的现象，由此暴露了某些政府工作人员在行为方式上存在的问题。

4. 据《兰州晨报》报道，一位从临洮到兰州靠蹬三轮为生的小伙子，在兰州西站果菜副食批发市场附近遭到几名七里河区城市管理执法局城管的殴打致使昏迷；据《京华时报》报道，北京和义南苑北里小区一名黑摩的司机在逃跑过程中，被紧追不舍的城管协管员用砖头拍中前额，造成头部凹陷骨折。

5. 目前城管的职能涉及市容环卫、规划管理、交通秩序、工商管理、市政管理、公用事业管理等十几个方面，包括拆除违章建筑、打击“黑车”、整治“小广告”、清理“无照商贩”，甚至井盖丢失、下水道排水口堵塞、燃气管线漏气等等，统算起来不下 100 项具体内容。可以说每当城市发展中出现了新的问题，城管管辖的范围就有可能扩大一次。同时，各城市的城管执法部门由该地区政府领导，在不同的地区，这支队伍有不同的归属，有些地区归属市容环境卫生管理部门，有些地区归属建设部门，或者别的部门管理。由于权限不清直接带来队伍管理的不规范，执法的正当性很不确定。而执法的依据，又散布在 20 多部各种法律和法规之中，目前还没有一部全国性的城管法规，少数省市近年来出台了相关法规，但其科学性、认同度、有效性还有待实践检验。这使城管经常站在公众和舆论指责的风口浪尖。

6. 据调查，目前城管都是地方性的执法机构，大多数人不在公务员编制之内，一般还聘有部分“协管员”，而政府下拨的办公经费有限，城管人员普遍感到待遇低、晋级难，工作缺乏保障。其中许多招募的协管人员没有文化基础，也未经过培训，城管局对其无法形成有效领导，他们处理问题比较简单、粗暴，某种程度上败坏了城管的形象。但由于城管在编人数根本无法满足执法需要，各地城管局又不得不大量招聘文化素质较差的协管。同时，目前许多城市对基层城管人员的考核，往往由市级城管执法局和城市管理办公室联合进行。实行“一天一督查，一周一考核，一月一小结”的制度，考核结果与职级升迁、工资待遇等有着千丝万缕的联系。

材料二

1. 2006年8月11日，北京市海淀区城市管理监察大队分队副队长李某，在执法过程中被执法管理对象——一名无照小商贩崔某刺伤身亡。近年来，随着北京市城市管理力度的加强，城管部门在执法过程中遭遇“暴力抗法”的事件一直呈上升趋势。截至2006年8月11日，北京市城管部门就遭遇到“暴力抗法”事件79件，致使89名城管队员在执法中受伤或死亡。这对5000人的北京城管队伍来说，比例是相当大的。广州城管一年遭遇暴力冲突700多起，队员300余人次受伤。

2. 据《东南快报》报道，福州市鼓楼区城管执法局某中队6名队员遭遇不法摊贩暴力抗法，包括中队长在内的两名执法人员被捅伤，其中一个伤势较重，昏迷4小时。

3. 2006年5月30日，成都市青羊区新华西街街道办事处城管科的执法人员，在暂扣一家占道经营店铺的货品时，店主提起一桶尿便泼向城管队员；7月7日上午，安徽蚌埠市城管执法人员对该市工农路9号区依法实施劝导拆迁时，当事人向执法人员泼洒汽油，其中一人手持利刃追砍执法人员，致使执法人员一人牺牲，两人负伤；8月18日晚7时许，西安市城南客运站附近城管执法人员在执法过程中与一名女子发生冲突，愤怒的围观群众将城管执法车掀翻在了马路中间，此事经媒体报道后，在社会上引起了很大的反响。

4. 无照商贩、黑车司机等城管的执法对象，大部分是外来人员、下岗职工。他们一般都没有稳定的收入来源，得不到社会保障机制的救济，同时又没有能力走进正规的经营场所，为了谋生，只能当无照商贩，做点小生意、小经营，这便是他们赖以生存的“饭碗”，甚至全家老小都要靠其生活。一方面，他们没有刑事犯罪等严重违法犯罪行为；另一方面，他们又都是小本经营，经济承受能力差。城管要取缔、没收、罚款，相当于断了他们的生计，因此在极端的时候就可能引发“拼命保饭碗”的事件。

材料三

1. 面对生存，无论是管理者还是被管理者都难免产生过激的情绪。这种过激情绪在我国目前的执法环境下，极易转化为暴力。这些冲突体现了当前城市管理中的矛盾。随着进城务工人员和城市下岗人员的增多，城管越来越处于矛盾的焦点之中：现代城市要有更整洁、更有序的环境；小商小贩要通过摆摊设点挣点辛苦钱。不少地方流动商贩与城管队员的情绪对立，往往正在这里。

一方面是困难群体——小摊主们的生计；另一方面是关系到城市形象的市容市貌和交通安全。如何平衡这两方面的利益成了一个大难题，它困扰着许多国家的市政管理部门。

2. 从一定意义上说，小商小贩与城管的矛盾，是社会转型时期必然出现的矛盾，是城乡二元结构、企业改革、下岗失业等社会问题在城市管理中的集中体现。从长远来看，这些问题的解决有待于经济社会的发展，有待于户政、教育等各项改革的深入。不少城市管理者为了追求城市的整洁气派，把小摊小贩当成影响城市形象的群体，而无业者要生存，和城管就可能产生矛盾和冲突。种种矛盾的激化让执法人员在执法过程中时常陷入两难境地：不管吧，依法惩治违法占道经营活动是执法人员的职责；管吧，人心都是肉长的，那是弱势群体糊口的饭碗，把他们赶走了，又让他们去哪里呢？他们又靠什么来维持生活呢？

3. 其实，城管目前角色的尴尬，说到底就是公权与私权的博弈。在以往“公权至上”的背景下，城管工作要顺当得多，但在私权得到诸多法律保护的今天，私权与公权的博弈就不可避免。尤其是《物权法》颁布后，城管治理摊贩的合法性问题，再次成为争执的焦点。究竟城管没收无证摊贩工具和商品的管理方法是否和《物权法》有冲突呢？但是在现实中，由于对私权认识上的偏差，一些人又产生了“私权至上”的念头，导致一些社会的正常管理也面临挑战。

4. 上海市解禁小摊贩已在部分街道试点两个多月。各区都有几条允许设摊的“试点马路”。浦东新区蓝村路作为有条件允许设摊的“试点马路”消息传出，潮水般涌来各式流动摊贩。400 米的马路上满满当当挤进了 200 多个摊贩。一条路上一窝蜂涌入了数倍于前的摊贩数量，每天都挤满了人，卫生、治安、噪声的问题接踵而至。许多小贩为了占据有利地点也开始你争我抢，在另一个试点——虹口区控江街道一些摊贩嫌条件差，宁愿退出固定摊点再到街上去与城管玩“猫捉老鼠”的游戏。一些摊主说：“流动摊贩本来就是要流动的，捆死在一个地方，还叫流动吗？赚不到多少钱的。”

试点工作给管理部门带来了新的难题，让一些管理部门感到无所适从。一位街道市政科负责人举例说，放开一些摊贩，强调引入居民听证会问题在于，如果摊贩进入小区，业主有权处置小区内的公共资源，但是，小区外的公共资源，谁有权决定呢？收益又归谁呢？这位负责人还特别提到：小摊贩中，卖盗版碟片和假冒服装的相当多，这类小贩怎么管？谁来管？是不是放开了就允许经营？

材料四

执法人员困惑地问：究竟以人为本的城市管理方法是什么样的？如何做到和谐城管？

1. 乌鲁木齐于 1992 年就开放了夜市，当初也曾出现“放开就乱”的局面。但管理部门坚持认为：衡量城市进步与否的一个主要标准就是看居民的日常生活是不是越来越方便。“乱”不是放开之错，而是因为管理没跟上。基于这种认识，在乌鲁木齐进入夜市的门槛放得很低，你只需向管理部门或街道委员会提出申请，就能够得到批准。

乌鲁木齐市先后出台了三个文件，对早市和夜市的管理、卫生、环境等方面作出了详细而严格的规定。工商部门对经营者的管理到了至纤至细的地步：必须穿戴统一干净的工作衣帽，不得留长指甲，不准戴任何首饰……市政市容管理局每周都要对夜市进行检查，市政、环保等部门每月都要组成联合检查组，对夜市进行考核。而卫生防疫部门会经常性对夜市经营者进行身体检查。由于管理到位，在乌鲁木齐市基本上看不到四处油烟、满地瓜皮纸片塑料袋的景象。

乌鲁木齐的市政管理部门认为，一家夜市两三百个摊位，每个摊位两三个人经营，70 家夜市就“生”出了几万个就业岗位。再加上街道临时的瓜果摊、修鞋摊，自谋生路的职业就更多了。政府不需要多少投入，就解决了这么多人的创业就业问题。2007 年 6 月，为了保障外来流动人口、无业人员及本地下岗再就业困难群体的基本生存权利，乌鲁木齐市提出“引摊入市”“引摊入巷”的政策，发布了《乌鲁木齐市流动或固定经营摊点设置暂行办法》，引导流动小贩入室进店经营，或在一些背街小巷设置临时市场，集中摆摊。变禁为疏，为城管人性化执法创造了空间。

据乌鲁木齐市行政执法局局长王晓鹏介绍，2010 年我区将在全区 11 家机关单位开展机关文化建设试点工作，乌鲁木齐市执法局是乌鲁木齐市属4家试点单位之一。此次开展机关文化建设的争优创先工作，将是执法局系统内的一项长效的工作，除了针对阳光执法、廉政建设等面向社会做出公开承诺外，乌鲁木齐市行政执法局还细化了一些具体的执法行为，诸如15条群众欢迎的文明行为、20条群众反感的不文明用语、《廉政建设格言警句300条》，以及读一本好书、建一个帮扶对子、送一句好话等等，营造出了良好的学习氛围，为文明执法打下了良好的基础。

2. “城管免罚日”是河北省邢台市城管部门继推行“首违免罚制”后的又一个新的尝试，目的是检验近一年来推行人性化执法的效果。在执法过程中他们发现，市民素质较过去有了很大提升，城市意识、环境意识显著增强，不少市民都能够自觉遵守城管法律法规，执法环境明显改善，尤其是城管队员和摊贩之间的矛盾冲突有所缓和。

3. 2007年9月，全国城管学淮安——第二届全国城市管理经验交流现场会在淮安市召开，“和谐城管”的品牌开始在全国叫响；2008年，淮安荣获“全国城市管理进步奖”“和谐城管”被《理论与当代》杂志誉为淮安最响亮的品牌；2009年4月中国城市管理发展年会组委会又授予淮安“2009年中国和谐管理城市”称号。

近年来，淮安城管不断探索实践，不仅成功打造了符合国家卫生城市标准和社会各界满意的亮丽市容，同时也取得了强化城市管理与改善市容环境、增加就业岗位、方便群众生活的“多赢”效果，在全国范围内树立了“淮安和谐城管”的品牌。

“和谐城管”的品牌缘何能在全国叫响，它究竟有着怎样的内涵？淮安城管给出了这样一个加法公式，“文明执法+亲情服务+增加就业=和谐城管”。

随着城镇化进程加快，城市人口不断增加，每个城市都会有一些人要靠摆摊设点来解决生计、填饱肚子。如果不加强管理，大量地违章占道经营就会破坏城市的良好秩序和整体环境，影响城市的“脸面”；如果单纯地取缔，势必影响他们的家庭生计。一味地驱赶、封堵，将激化矛盾，其结果就是对抗、冲突，甚至酿成事件，影响社会稳定。实践中，淮安城管坚持用弱势思维，将心比心，设身处地为弱势群体着想，帮助他们解决就业谋生问题，千方百计拓展服务项目，拉长服务链条，增设服务网点。通过免费赠送统一制式的修理车、售货车，合理设置疏导点、摊点群，培育市场等多种方式，重点帮助“4050”人员、零就业家庭、下岗失业和残疾人解决无合适经营场所的问题，开辟就业渠道，增加就业岗位。几年来，通过多种途径累计解决了近2万人的就业谋生问题，使近万户家庭生活得到了基本保障，实现了变“减法”为“加法”，收到了多赢的社会效果。省人大常委会组织省人大代表在淮安视察城管工作时给予了充分肯定和高度赞扬，认为淮安城管工作牢固确立为人民管理城市的“和谐城管”理念，以人为本，用心服务的做法很好，值得推广。

4. 文明执法，以人为本。城管部门要坚持“疏导与治理相结合，以疏导为主；教育与处罚相结合，以教育为主”的原则，既能起到管理作用，又和谐了管与被管者之间的关系。努力在促进城市和谐方面下大工夫，为建设和谐社会作出应有的贡献。

另一方面，提高城管执法工作效能，既需要强化执法管理，更需要向广大市民普及法律知识，养成良好的行为规范，加强舆论宣传。在全国地级市率先开通城市管理广播，与报社、电视台合作，开设城管专栏，建设“城管网站”，全方位、全天候搞好宣传。

三、作答要求

1. 在我国城管执法过程中，城管暴力执法和城管对象暴力抗法事件时有发生。根据材料，分别分析其深层原因。(20分)

要求：条理清晰，字数不超过300字。

2. 对于城管和谐执法问题存在两种不同的意见：一种认为，和谐执法是以人为本，构建和谐的城管执法公共关系的有力体现，我们应该大力提倡；另一种观点认为，和谐执法虽体现了以人为本的理念，但对于个别暴力抗法的案例不适用，我们应该审慎地、结合实际地来加强城管执法工作，而不应只为和谐执法为根本。对于以上两种意见，你支持哪种观点，并阐述你具体的贯彻执行措施。(30分)

要求：观点正确，建议合理可行，有针对性，字数不超过400字。

3. 根据给定材料，自选角度，自拟题目，写一篇1000字左右的议论文。

要求：内容充实，观点鲜明，说理充分，结构完整。(50分)

面对上述题目，如果你是应试考生，该如何分别作答呢？

【例文一】

城市摊贩管理需要在“宽容”中前行

或许在很多城市管理者的眼中，沿街叫卖的小商贩是城市美化过程中的“绊脚石”。在漫长的城市发展过程中，沿街叫卖的小商贩和城管似乎一直以来就是一对“天生冤家”，彼此“斗智斗勇”，从经常性的“言语接触”，甚至发展到后来的偶尔“身体接触”（暴力对抗）。

可以说小商贩常常是“不理解”城管的工作，而城管也“不信任”小商贩会是城市化过程中的“和谐因素”。于是问题常常就无法解决，或者说常常无法“和谐地”去解决。因为在现实中，“你查我跑、你罚我闹”，城管执法中因沟通不够、态度生硬而与小商贩造成矛盾的现象一直无法缓和。

说到这里，不禁要问：“为什么小商贩和城管彼此之间会出现这样的‘不理解’和‘不信任’呢?”其实答案在于，小商贩和城管彼此之间常常站在不同的角度去看待问题。

站在小商贩的角度，“违章摆卖”是“迫不得已”。因为除了违章摆卖，他没有其他的“出路”。因为“违章摆卖”“古往今来”就并非“暴利”行业，利润不高，暂未有“违章摆卖”而“一夜暴富”的例子。而且在利润不高的前提下，风险却极大，一不留神就有“全盘没收”的危险。或许这里要问违章摆卖者一句：“利润不高，风险极大，为何还要为之?”对曰：“不得不为之也，因为没有别的谋生之道。”

当然，辩证地看待这个问题，我们站在城市管理者的角度，城管“严打”“违章摆卖”也是一件“迫不得已”的事情。为什么？因为“违章摆卖”给城市管理带来了许多难题，如占道经营，妨碍交通；摆卖产品质量不易把关，侵害消费者权益的行为时有发生；有时还会污染环境影响周边居民的正常生活。对“违章摆卖”进行有序管理城管有不可避免的执法义务。而“违章摆卖”小商贩的“复活”能力又是如此之“强”，常常是“野火刚烧尽，春风吹又生”。因此，从城市管理的实际操作来看，不“严打”似乎是无法解决问题，于是

“严打”也就成为了一种必然，也就成为了城市管理者的一件“迫不得已”而为之的事情。

综合上面观点，或许有人会认为，寻找谋生之道是个人责任，此不能成为“违章摆卖”的“借口”。诚然，此言不差。但我们的管理者在执法时，除了处罚之外，能否“动之以情，晓之以理”？能否教育违章者除了“违章摆卖”外，尚有其他合法的“生财之道”？如果答案是可以的，那么剩下的就是我们的管理者如何采用合理的方式去“教育”违章者的问题了。

那么如何采用合理的方式去“教育”违章者呢？城市管理者首先要认识到小商小贩也是城市多样性的组成部分，城市对他们的态度应该更加宽容。要加大福利保障，使低收入阶层在不“违章摆卖”的前提下依然生活有“着落”；要加大对失业者的在职培训，使“无业者”有“职业”，而且是有比“违章摆卖”更好的“职业”，“人往高出走”，有更好的出路，没有会留恋“违章摆卖”的日子；要“禁”“限”结合，城市管理者可以选择“合适的时间”及“合适的地点”放开管制，让其在政府的指导下由“违章摆卖”变为“合法摆卖”。当然，除此之外，社会和舆论也要“宽容”看待城管的“执法难”，要理解城管的工作，同时又监督和督促城管工作方式的“合理”转变。其实更多时候，只需要相关的各方彼此都“多一分宽容”，我们北京市的城市摊贩管理问题就一定能“和谐”解决。

看 点

这是一篇探究式的申论文章，总体上分三个层次。

1. 提出问题（1～3 自然段）。从审视、引用相关材料入手，用设问的方法，提出了“为什么小商贩和城管彼此之间为会出现这样的‘不理解’和‘不信任’”的问题，并亮出了自己对此问题的见解：“小商贩和城管彼此之间常常站在不同的角度去看待问题”，引出下文。

2. 分析问题（4～6 自然段）。紧承上文给出的“答案”，先用两段文字，分别从“小商贩的角度”和“城市管理者的角度”分析其各自所持的立场和“理由”，再用一段文字“综合”分析，连续提出 2 个不容置疑的问题——“能否‘动之以情，晓之以理’”“能否教育违章者……有其他合法的‘生财之道’”，引出解决方案。

3. 解决问题（第 7 自然段）。紧承上文提出的“如何采用合理的方式去‘教育’违章者的问题”，从改变城管人员对小商贩的态度、加大福利保障、加大对失业者的在职培训、“禁”“限”结合及社会和舆论“宽容”看待等 4 个方面，一一提出解决办法。

从探究“为什么”到探究“怎么解决”，环环相扣，步步推进，主旨鲜明，结构合理，逻辑严密，对材料解读准确，问题及原因分析到位，解决措施清晰可行，是一篇不错的申论文章。

【例文二】

在“合法”与“合理”间的徘徊——城市摊贩管理该走向何方?

“城市摊贩”可以说是我们国家在城市化进程过程中所出现的一个“特殊现象”。其实从我国小摊贩的历史看，从遥远的古代开始，小摊贩提供的服务就已经是城市功能的重要组成部分，它不仅解决了部分低收入群体的生计问题，也为市民生活提供了方便，降低了市民的生活成本。但与此同时，我们不得不承认，城市中的小摊贩常常也为我们带来脏、乱、差的城市环境。而在我们北京市区，为了市容整洁，我们的城市的管理者制定了“禁摊”政策。而对于目前北京市城市摊贩管理问题，似乎城管、市民和小摊贩都“有话要说”。

站在城管和部分支持“禁摊”市民的角度看，在“禁摊”时理直气壮，雷厉风行的“严厉打击”，实际上应该是城管的“合法”行为，应该一概支持。诚然，法律赋予了城管有“严厉禁摊”的“权力”，同时也指定了城管有维护好市容市貌的“义务”。从这个角度看，似乎一切无可厚非。但中宜教育的戴斌老师不禁要问：“合法的行为一定合理吗?”问题的关键是，法律赋予了城市管理者“整治城市环境”的权力，可以说去“做”“整治城市环境”这个事情是完全对的，因为其是“合法的”。但如何去“整治城市环境”，其中的“整治方式”就是一个“合理性”的问题。如果在做一件“合法的”的事情时不考虑其行为方式的“合理性”，那么执法效果必然“大打折扣”。

站在小摊贩和部分不支持“禁摊”市民的角度，“不禁摊”似乎才是一件“合理的”事情。诚然，从哲学的角度看，任何存在的事物都有其合理性。马路摊点之所以能在城管的严打之下存在了这么多年，一方面是因为广大市民日常生活的需要，另一方面，经营马路摊点为城市下岗失业人员及进城务工者提供了大量就业岗位，也是城市低收入者的主要生活来源。在供需双方之间强大的力量之下，“禁摊”的“不合理性”似乎“表露无遗”。但还要问：“合理的行为一定合法吗?”答案是否定的。马路摊点带来了一系列问题，如占道经营，妨碍交通；产品质量不过关导致消费者权益被侵犯、污染环境及影响周边居民的正常生活。这些都是法律“不可容忍”的行为。如果在做一件“合理的”的事情时不考虑其行为方式“合法性”，那么必然是无法“实施”和“被广泛接受”的。

那么在我们北京市城市摊贩管理过程中，如何才能做到既“合法”又“合理”呢?戴斌老师认为，首先，我们的政府可以考虑在“不影响交通、不影响市容、方便群众生活”的前提下，对部分小巷摊区进行统一规划定位，统一经营设施，统一经营时间，统一垃圾收运，就近引导零散。其次，引导流动摊点进入合法摆摊区域进行合法经营。再次，为了避免影响周边市民的日常生活，在市区部分路段划出特定区域后，要经过周边市民同意后，方可设置一些便民类摊点。最后，我们还可以另外向小摊贩免费发放经营许可证和占道许可证，使其纳入到工商和规划部门的管制范围，对马路摊点不再一律封杀。政府有关部门只要对“摊贩”进行合理的引导和规范，相信一定可以很好地解决这一问题。

看　点

这是一篇运用角度剖析法写成的申论文章。

标题采用双行题，主标题形象化地概括了给定材料所反映的主要问题，副标题以反问形式提出问题，只问不答，故意“抖包袱”，发人深思，也有效激发了读者的阅读兴趣。

首段剖析“城市摊贩”这一城市化进程中出现的“特殊现象”，先从历史的角度入手，赋予其合理性；再从现实的角度入手，揭示其“不合理性”，从而提出了一个悖论性的问题，引出下文。在历史与现实之间，也充分显示了作者较宽的知识面和较强的分析问题能力。

之后两段，承接上文“对于目前北京市城市摊贩管理问题，似乎城管、市民和小摊贩都‘有话要说’”一句，分别站在“城管和部分支持‘禁摊’市民”与“小摊贩和部分不支持‘禁摊’市民”两个维度进行分析。先针对“禁摊”的观点，依次从“合法性”“合理性”两个角度进行分析，在此基础上提出分论点一：“如果在做一件‘合法的’的事情时不考虑其行为方式‘合理性’，那么执法效果必然‘大打折扣’。”再针对“不禁摊”的观点，依次从“合理性”“合法性”两个角度进行分析，在此基础上提出分论点二：“如果在做一件‘合理的’的事情时不考虑其行为方式‘合法性’，那么必然是无法‘实施’和‘被广泛接受’的。”两个观点作为一个问题的两个方面，继续把问题引向深入，照应了标题，也使文脉进一步向前推进。

末段水到渠成，把文笔转向策略层面，围绕“在我们北京市城市摊贩管理过程中，如何才能做到既‘合法’又‘合理’呢？”这一问题，在之前分析的基础上，从政府规划、引导、规范、管制等不同角度，有针对性地提出了四项解决措施。

全文结构紧凑，观点鲜明，分析问题角度全面、入情入理，解决问题有板有眼、措施可行，为我们撰写申论文章提供了另一种思路。

【例文三】

不妨学学“大禹治水”——城市摊贩管理需要疏堵结合

随着我国社会经济的快速发展，城市摊贩管理已经成为我国城市化过程中面临的一道难题。城市小摊贩的“违章摆卖”带来的一系列问题：占道经营，妨碍交通；摆卖产品质量不易把关，侵害消费者权益的行为时有发生；有时还会造成环境污染，影响周边居民的正常生活。对此，我们的城管部门进行了不遗余力的“严打”，但此类现象依然屡禁不止。

对此，我们不禁要问：是什么原因导致了此类现象在“严打”下依然屡禁不止呢？戴斌老师认为流动摊贩的形成，有历史、文化、社会、经济等诸多方面的原因。在历史上，流动摊贩是城市发展的一个重要组成，其存在是有一定的传统继承性的。在文化上，有些马路摊点还带有深厚的历史文化背景，如北京著名的秀水街。而从社会的角度看，失业者和低收入者的大量增加是从事流动摊贩工作的主体增加的原因之一。而从经济角度看，一方面广大市民日常生活需要流动摊贩，另一方面，经营马路摊点的资金与技术要求都很低，为城市下岗失业人员及进城务工者提供了大量就业岗位，也是城市低收入者的主要生活来源。在供需双方之间强大的力量之下，形成了目前的“城市摊点经济”。

那么针对以上种种原因，我们应该如何解决这一社会问题呢？应该采用疏堵结合的方式，既要治理处罚，也要教育引导，建议可以采取以下措施。

第一，实行区域分类管理。可以将市区划分为三类：“绝对禁止区域”“相对禁止区域”“允许区域”，对于长期形成的不太影响交通和居民休息的区域，可以在规定的时间内允许其经营。

第二，实行人员分类管理。对老年人及残疾人，应以教育宣传为主，原则上不做处罚；对确有生活困难的摊贩，帮助其转换岗位，合法谋生。

第三，对于流动摊贩，要规范管理，要在允许摆摊设点的地区强化后勤服务，如统一管理，供应水电，做好卫生保洁工作等。可以收取适当的管理费用，用于服务开支。

第四，摊贩出售商品的质量和卫生状况应由工商行政管理部门纳入检查范围。

第五，要改变处罚方式，明确处罚标准。城管执法人员必须改变过去的简单的处罚方式，对于大部分诚实劳动者的违法占道经营行为可改用批评教育的方法。

第六，在“不影响交通、不影响市容、方便群众生活”的前提下，对开放的背街小巷摊区进行统一规划定位，统一经营设施，统一经营时间，统一垃圾收运，就近引导零散。

综上所述，实际上，要解决流动摊贩问题，就像“大禹治水”一样，更多的时候，“疏导”比“围堵”更为有效。事实已经证明，只有“疏堵结合”才能解决屡禁不止的“违章摆卖”现象。因为在生存问题难以解决且摆摊设点有利可图的情况下，“违章者”不会轻易退出。因我们的城市管理者应对“摆摊者”行为进行合理有效的约束，才能引导其朝着有利于社会环境的方向发展。

看　点

这是一篇按策论模式写成的申论文章。

策论即“论策”，“策”是核心，“论”往往只是逻辑上的铺垫，目的在于“献策”并“说服”。具体反映到文章结构安排上，一般有两种情形：一是先交待正面意义，再指出问题和不足，然后分析存在问题的原因，提出相应的对策；二是先交待问题和不足，再指出正面的意义，然后分析存在问题的原因，提出相应的对策。

本文采用双行题，主、副标题相互映衬，以“题”显“旨”，揭示了自己所持的基本观点——城市摊贩管理要像“大禹治水”一样疏堵结合。正文则采用策论的第二种结构模式，依次表达了四层意思：第一层（首段）基于给定材料，概括其主要矛盾，交待了存在的问题和不足。第二层（次段）紧承其后，提出问题——是什么原因导致了“违章摆卖”现象在“严打”之下依然屡禁不止？进而从历史、文化、社会、经济各个层面揭示了“流动摊贩”正面意义，分析了造成问题的复杂原因。第三层（第3~9自然段）“针对以上种种原因”，分条列项提出了六项具体措施。最后一段以“综上所述”回应标题，概括主旨。

全文采用“策论”形式，以“策”为主，以“论”为辅，先摆问题和不足，再挖其存在的“合理性”，基于问题的症结提出策略，观点明确，层次清晰，所提措施具体可行，是一篇不错的申论文章。

一、申论的文体特点

概括地讲，申论具有以下五个特点。

1. 文体独特性

申论既不同于“给材料作文”“话题作文”，也不同于古代科举考试中就给定题目论证某项政策或对策的“策论”。它把阅读理解和写作有机地结合起来，形式新颖灵活，是对“传统作文”和“策论”整合、扬弃之后产生的一种新型文体。可以充分对接用人单位的实际需要，全面考察应试者搜集和处理各类日常信息的素质与潜能，具有信息时代的特征，具有更强的现实针对性和适应性。

2. 主体身份的限定性

作为一种录用国家公务员的应试文体，首先申论的写作主体是行政主体，而非代表个人，因而行文以客观性为基本原则，排斥和拒绝个人情绪的宣泄及铺陈描绘。其次，命题者往往还会为考生预设一个作为一级政府的一般工作人员而非决策者的“虚拟身份”，无论你来自何处，也不管你所学专业是否相同，均要按给定角色表述观点。第三，与此相关，行文时必须采用第一人称，阐述要以“我（们）应该做什么”为基本出发点，做到对策方案合情合理，不能超越现实和说外行话。

3. 写作主题的方向性

申论写作不能突破给定材料所反映的基本问题。给定材料具有普遍性，一般都是社会热点或大众媒体关注的焦点；虽然涉及面很广，文字很长，内容纷纭复杂，可能牵涉政治、经济、法律、教育、文化等各个方面，但试题都已显露或隐含着较强的针对性、合理性。也就是说，问题的解决是有可行性的，其写作的主题方向是明确的，既不可能引导考生去做漫无边际之想，也不可能因问题复杂而众说纷纭，出现仁者见仁、智者见智不可收场的局面。

4. 写作体式的非限定性

申论写作既要对给定材料、事件或问题的说明、申述、见解，又要在此基础上提出方略、进行论证，只有内容、性质及写作主题方向的规定，没有在写作体式上作出限定。作为公务员录用的一种应试文体，申论借鉴了古代“策论”的特点，即用什么来考查，要充分考虑用人的需要，考生写什么、怎么写，不拘泥于现有的文体。这一点，从申论概括部分、方案部分、议论部分三大命题模块也可看出，无论哪个部分，均非简单运用某一个或某几个日常所学写作文体或写作技巧就能完成。

5. 写作过程的程序性

申论考试一般有三项任务：一是对给定材料进行分析、归纳、概括、综合，并用限定篇幅概括出给背景材料的主题；二是用限定篇幅就主要问题提出见解和对策，有针对性地提出可操作的解决方案；三是用限定篇幅对见解、方案进行论证。其中贯穿着“阅读资料→概括要点（找出问题、分析问题）→提出对策→进行论证”这样一条主线，本身蕴含着程序性的要求：阅读资料是申论写作的前提和首要条件；概括要点承先启后，既是阅读环节的效果总结，又是提出对策环节的基础；提出对策是目的，应试者必须在给定的资料范围和条件内写作，用给定的“虚拟身份”写作，以限定的篇幅完成写作；进行论证是综合展示环节。整个过程不可逆转，后一个问题的解决必须建立在前一个问题解决完毕的基础之上。

二、申论的结构模式

申论包括标题和正文两大部分。

（一）标题

标题可以采用两种形式。

1. 单行题

这种情况下，通常为“文眼式”标题，即以揭示论点的主题句为题，直接体现文章的立意，如《城市摊贩管理需要在“宽容”中前行》《要追求有质量效益的速度》等，提纲挈领，简单明了。

2. 双行题

即采用主、副标题结合的形式。主标题是宏观上的把握，往往采用民谚、诗句、格言或流行用语，比较注重藻饰；副标题是具体方面的明确，采用直白不加润色的散语。二者是解释和被解释的关系。

通常情况下，双行题依然要体现文章立意，只不过一为形象化表述，一为明确表达，如例文三《不妨学学“大禹治水”——城市摊贩管理需要疏堵结合》。个别情况下，标题也可以不带作者倾向性，如例文二《在“合法”与“合理”间的徘徊——城市摊贩管理该走向何方?》主标题重点揭示矛盾焦点，副标题则以疑问形式把问题带入正文。

标题在一篇文章中处于最“惹眼”的位置。对于申论这样的应试文体，标题更是评卷人判定考生写作能力的重要依据。因此，如无特殊要求和肯定把握，要尽可能使用最能揭示主旨、升华意境、涵盖内容的关键性词句为题，使标题成为“文眼”。

（二）正文

申论正文可以按三种模式安排结构。

1. “三段论”模式

即按提出问题、分析问题、解决问题三大层次构成全篇。这是一般论说文的内在逻辑结构，也是申论最常用的结构模式。

（1）提出问题

提出问题即引述材料（描述材料反映问题的基本状况，如确切定义、核心数据、问题概貌等），析出观点。常用模式大致为：先抽象概述事情的全貌或概念，继而点明主流是好的，但还存在一些问题，并列举数学加以说明；简要说明存在问题的危害性，继而自然引出将要论述的问题。其关键词为概念、概貌和危害。文风以简约为主，字数以100~200字为宜，尽量采用概括叙述和简练说明，不宜铺陈，不宜用描写、抒情的表达方式，以免开头篇幅过长，头重脚轻。

（2）分析问题

分析问题就是抓住“为什么”这一核心，客观、全面地分析、归纳问题产生的原因。从逻辑关系上说，既是对上文所提问题的追本溯源，也是为下文提出对策进行铺垫、提供依据。

这一部分容易出现的毛病主要有以下三个方面：一是没有原因分析，直接进入解决问题、拟定方案部分；二是虽能分析原因，但分析不到位、不全面，过于肤浅，草草了事；三是随便凑几点原因，毫无逻辑关系地排列，不管原因分析是否合理，是否和下文的措施部分互相呼应。为避免这些毛病，可以尝试以下两种方法。

1）职能分类法

即紧扣给定材料，从“政府”“企业或单位”“法律”“个人”四个角度多层次、多方位思考，结合其各自职能查找问题的成因。

例如针对矿难频发问题，要探究其成因，就可以按照“职能分类法”依次找到以下因素。

A. 政府方面：不作为、腐败、钱权交易、职能部门职责不清，相互推诿，未能制定相关措施、监管不力，等等。

B. 企业或单位方面：矿主安全生产意识淡薄，漠视生命，法律意识淡薄，利益驱动，等等。

C. 法律方面：没有制定相关法律条款。

D. 个人方面：生命意识、安全意识淡薄，缺乏保护自己的必要的法律知识，贫困而没有谋生的其他方式等等。

用职能分类法查找原因，不仅思路开阔，分析也较为全面、深刻。

2）参与方分析法

即着眼于问题（事件）所涉及的双方或多方，从不同有角度查找其各有什么问题。用这种方法查找原因，应分清哪些是主要问题、哪些是次要问题，按一定的逻辑顺序呈现，切不可“各打五十大板”。

参与方分析法是职能分类法的补充，两种方法配合使用，一般都可以快捷、全面、准确地找到问题的根源。

（3）解决问题

解决问题即针对问题存在的原因提出对策，指明方向。这是申论考试测查的重点，直接反映着写作者自身解决实际问题的能力；对于按策论模式撰写的申论文章，这一部分更是全文的重心所在。

这一部分容易出现的毛病是：措施不全面，或不可行，或杂乱无序，或没有针对性，不能和上文的“成因”相对应。这就意味着自己分析出来的问题及成因不能得到自己的认可，直接暴露出写作者自身解决问题能力方面的欠缺。要避免上述毛病，可采用以下三种方法。

1）职能分类法

职能分类法运用于解决问题环节，就是基于热点、难点问题，对应上文在原因分析部分所查找出的“政府”“企业或单位”“法律”“个人”等不同层面存在的问题、不足，依据其应该承担的职能范围，提出相应的具体措施，统筹制订全面的解决方案。

仍以矿难频发问题为例，按照职能分类法思考，就可以迅速理清思路，想到以下解决措施。

A. 政府方面：对应“不作为、腐败、钱权交易、职能部门职责不清、相互推诿、监管不力”等存在问题的根源，可以建议政府及其职能部门制定相关措施，严厉打击腐败、不作为等不良行为，促使各职能部门分清职责，履行职能，积极执政。

B. 企业或单位方面：对应矿主安全生产意识淡薄、漠视生命、法律意识淡薄、利益驱动等成因，可以建议政府及其职能部门制定相关措施，加大对不法矿主的惩处力度，加强对矿主的宣传、教育，提高其安全生产意识和道德意识，从源头上遏止悲剧重演。

C. 法律方面：针对法律缺失的问题，可以建议立法机构及政府部门积极完善相关法律法规，一方面加大对不法矿主、腐败分子的惩处力度，另一方面保护受害者的权益。

D. 个人方面：对应存在问题的原因，对矿工进行宣传教育，增强他们的法律意识和自我保护意识，使他们可以利用法律武器来保护自己；对农民工进行技能培训，拓宽就业面，摆脱贫困等等。

按“职能分类法”构思对策部分，不仅同样能够开阔思路，而且措施制定得也会较为全面、可行，达到解决问题的目的。

2）万能公式法

对于没有任何行政经验的考生，要想在极短的时间里准确、快捷地找到问题产生的原因并提出对策，可以采用“万能公式法”，视情况套用以下常用措施模板：加强宣传，提高认识；领导重视，明确责任；健全法制，完善体制；教育培训，提高素质；调整结构，增加投入；依靠科技，引进技术；完善制度，加强监管；狠抓落实，注重实效；组织协调，形成合力；总结反思，借鉴经验。此外，还有“开展专项整治，加大打击力度”“引入竞争机制，打破垄断模式”“加强行业管理”等措施，也是比较常用的措施模板。

上述模板之所以具有“万能”的属性，根本原因在于其符合事理逻辑。从一些领导讲话中，我们也可以找到其运用的印证。如2005年12月21日胡锦涛在建设节约型社会展览会上提出的几项重点工作。

◆一是要加强组织领导，明确节约能源资源的目标要求，实行严格的责任制。（对应模板第二条“**领导重视，明确责任**”）

◆二是要加快调整结构，运用高新技术和先进适用技术改造传统产业，淘汰高耗能、污染的落后工艺、技术和设备。（对应模板第五条“**调整结构，增加投入**”）

◆三是要发挥科学技术作用，集中力量研究开发提高能源资源利用效率的关键技术和共性技术，支持重点行业，加快节能、节水、资源综合利用的技术改造。（对应模板第六条“**依靠科技，引进技术**”）

◆四是要完善体制机制，进一步制定和实施有利于节约能源资源的价格、财税、投资政策，推动节约能源资源工作。（对应模板第九条“**组织协调，形成合力**”和第三条“**健全法制，完善体制**”）

◆五是要健全法律法规，强化监督管理。（对应模板第三条“**健全法制**”和第七条“**加强监督**”）

◆要加强宣传教育，增强人民群众特别是广大青少年的资源意识和节约意识，努力营造建设节约型社会的良好氛围，使节约成为全体人民的自觉行动。（对应模板第一条“**加强宣传，提高认识**”）

总之，解决问题部分要列举切实可行的手段或措施，使解决方案既照顾到全局，又照顾到特殊情况；既解决主要问题，又控制次要问题，特别是杜绝新问题的滋生；同时应兼顾全文的层次、条理，使措施尽可能与上文查找出的成因一一对应。

2.“五段论”模式

即按“引、申、议、策、合”五个段落层次构成全篇。这是对“三段论”模式的变通处理，简单、易操作，适合应试。

（1）引

即开头第一段。引用给定资料中的典型事实材料或理论材料，引出需要解决的问题。如《要追求有质量效益的速度》一文的首段：

“避免经济大起大落，实现又快又好发展”是“十一五”规划提出的重要任务。然而，“十一五”开局之年前5个月的最新统计显示，城镇固定资产投资较去年同期增长30.3%。如此之高的增幅为近年少有，投资过热再次警醒人们：发展既要有较快的增长速度，更要注重提高增长的质量和效益。

第一句引用政策法律，第二句引用统计数据，既忠实于给定材料，也为下文展开论述做好了铺垫。

（2）申

即在首段末尾或者单独成段，用一句话申明自己的论点。

“引”“申”均非独立的环节，“引”是为了引出问题进而申明论题，因此，取舍材料的标准，就在于是否能合理地引申出论题。或者说，引什么、怎么引，都应从“申”的角度出发。

申论开头的“引”“申”主要有两种格式。

1）转折型

基本格式是：先用一两句话简要说明有关的积极作用和意义，然后话锋一转，引用材料提出问题，最后通过一个过渡句，引申出申论论题。如以上援引的文字，首句引用政策法律，揭示正面意义；次句一转（“然而……”），在引用统计数据的基础上，以一个过渡句（“如此之高的增幅为近年少有，投资过热再次警醒人们”），转而申明了论点：“发展既要有较快的增长速度，更要注重提高增长的质量和效益。”

2）开门见山型

基本格式是：接引用材料提出问题，接着通过一个过渡句，引申出申论论题。如2009年河南申论考试一份答卷的开头。

（引）2009年2月1日，瑞典TV-4播放的“活拔绒”电视节目，公布了生产或销售活拔绒的16家中国企业。当地消费者因活拔绒存在虐待动物的可能，开始抵制中国羽绒制品。报道引发连锁反应，我国部分企业发往欧盟的羽绒制品被通知退货，使企业面临危机。中国羽绒工业协会迅速作出反应，对相关企业展开调查，同时发出“不要继续宣传和生产活拔绒”的紧急通知。该通知一方面反映了羽绒工业协会积极应对危机的态度，但也从侧面证明了我国羽绒企业中确实存在“活拔绒”现象。（过渡）监管部门的缺位，企业逐利的疯狂，透过案例的背后，让人们深切感受到的是：（申）必须规范羽绒行业发展，促进企业与国际接轨。

（3）议

即分析问题的主要原因，揭示问题的危害。如《要追求有质量效益的速度》一文的第2、3自然段，就是这样一种思路。

近年来中央采取的一系列宏观调控措施不能说不得力，可为什么有的地方依然在盲目扩大投资规模，一些干部依然热衷于上项目、铺摊子，一味追求增长速度呢？从根本上说，盲目追求 GDP 的背后，是不科学的发展观和错误的政绩观在作祟。其次，在一些同志特别是有些领导干部头脑里，衡量本地区、本部门或本行业发展快与慢的标尺，依然是单纯靠扩大生产规模、铺摊子、上项目以求发展的思维定势。同时，忽视科技创新的作用，找不到新的经济增长方式也是其中的重要原因。

不科学的发展观和错误的政绩观催生出来的“政绩”，其实是危害深重的“政疾”。既干扰了中央宏观调控的落实，影响了经济社会健康发展的大局，很容易诱发经济风险，造成经济的大起大落；也给地方发展带来沉重的包袱和可怕的隐患，并严重损害老百姓的切身利益。

第 2 自然段开头先用一个过渡句（“近年来……可为什么……一味追求增长速度呢?”)，将笔触再从“观点”拉到“问题”层面，之后依次析出了三个原因（“从根本上说……”“其次……”“同时……”)。第 3 自然段进而分析问题危害，使治理成为必然要求。

(4) 策

即针对每条原因，分别提出对策或解决方案，并加以论证，每条对策最好单独成段。如《要追求有质量效益的速度》一文的第 4 ~7 自然段，就属于对策或解决方案。

沉痛的教训亟须汲取，而医治这些痼疾，当用良药和猛剂。

其一是要真正树立科学的发展观和正确的政绩观。实践证明，在发展观上出现盲区，往往会在政绩观上陷入误区；缺乏正确的政绩观，往往会在实践中偏离科学发展轨道。关键是地方各级领导干部要把思想切实统一到中央提出的科学发展观上来，坚持以科学发展观统领经济社会发展全局，结合实际创造性地开展工作，把科学发展观真正落实到具体政策措施上、落实到实际工作中。

其二是要根除一味追求经济增长速度和盲目扩大投资规模的做法。关键是要把好土地、信贷两道闸门，严格执行技术、环保、安全等市场准入标准。坚决制止地方违法违规用地行为。从严控制上新项目，特别是要严格控制产能过剩行业上新项目。同时，还应严格控制城市建设规模，认真落实调整住房供应结构、稳定住房价格的各项举措。要突出抓好节能降耗和环境保护工作，抓紧建立节能目标责任制和评价考核体系，狠抓重点领域和重点企业节能。

其三是要紧紧抓住科技进步和自主创新这个关键环节，不断增强自主创新能力。着力提高原始创新能力、集成创新能力和引进消化吸收再创新能力，为转变经济增长方式提供强大科技支撑。

这里，第 4 自然段显然是“议”“策”之间的一个过渡段，承接上文问题及危害，引发下文对对策、措施的描述；第 5、6、7 自然段则依次从观念、做法、关键环节等三个层面，提出了具体的解决办法。

在考试实践中，这一部分具有调节文章字数的重要功能。如果担心全文字数不足，就可以在此加大论述力度。具体办法如下。

A. 列举事例。如果思维短路，感觉没有话说，可以通过列举事例的办法摆脱尴尬。分析一条原因，然后举例例证；提出一个方案，再举例例证。事实上，列举事例也是一种很好的论证论点的方法。

B. 相互比较。写完一个要点，可以拿相似点进行正面的比较，也可以拿不同点进行正反比较。通过比较，可以发现很多相同点、不同点，从而摆脱“无话可说”的困扰。

C. 换句话说。如果没话说了，可以“或者说”“也就是说”“从这个意义上说”“换句话说”等进行补充或诠解，这样，既可以更充分地展开观点，也可以有效增加文章字数。

（5）合

即呼应标题及“申”的部分等所揭示的基本论点，在文尾得出结论或重申观点，使之上升到政策和理论高度。如《要追求有质量效益的速度》一文结尾（第8自然段）。

显而易见，效益和速度必须是统一的。（照应“申”的部分所提出的论点）加快经济发展，不能再走盲目追求增长速度和扩大投资规模的老路，要切实把经济社会发展转入到全面协调可持续发展轨道上来（上升到政策高度）。加快增长方式转变，追求有质量效益的速度，（照应标题）应当成为我们经济工作的自觉行为。

作为申论结尾，“合”的部分除了总结论点（即对前文的总结，包括总结分论点法和深化分论点法）之外，有时还会涉及指出困难、强调意义、描绘蓝图及升华主题等多方面的内容：指出困难即对实际可能存在的问题或难题进行阐述；强调意义即强调解决某个社会问题的意义，或者强调认识该问题的重要性；描绘蓝图即憧憬未来，表明对解决某个社会问题充满信心，描述未来蓝图，给人以鼓舞的力量；升华主题即将主题上升到时政高度，体现申论文章经世济民的特征。写作时，应根据给定资料，立足文章整体内容和脉络，结合自己的实际体验，选择一个或多个方面的内容来安排结尾。

3.“四段论”模式

这是“三段论”模式的顺势延伸，即在提出问题、分析问题、解决问题的基础上，增加类似于“五段论”模式下“合”的部分，以画龙点睛之笔，总结全文，把握大局，表达战胜困难的决心，从而使文章形成一个相对闭合的系统。

当然，无论“三段论”“五段论”还是“四段论”等，只是申论写作的一些基本套路。文无定法，在实践中要具体问题具体对待，基于事理逻辑，结合给定话题、自身能力等，灵活应对，不落俗套。

三、申论的写作要求

① 立场要符合“角色”要求，不能游离于预设身份而“自言自语”，不能超越建议层面而代表决策机构下达指令、指挥工作。

② 标题要紧扣材料，简单、明了，具有涵盖性，直接体现文章的立意，多用陈述句、判断句，若非必要，尽量不用疑问句。

③ 立意要鲜明，观点要正确。从标题到正文特别是开头、结尾及各段段首、段尾，均要尽可能体现立意、揭示观点；观点要基于对给定材料的分析、综合，能够反映出作者的远见卓识。

④ 内容要紧扣基本观点和给定材料中的有效成份，深刻反映政务需要，不能沦为个人情绪的宣泄。分析概括要全面、到位、无重大遗漏。提出的对策要切实可行，尽可能与查找到的主要原因一一对应。

⑤ 结构要明晰，逻辑要严密。要遵循“提出问题→分析问题→解决问题”的申论内在逻辑组织材料、安排结构，尽最大可能做到层次分明，条理清楚，过渡自然，逻辑严密。

⑥ 文辞要有表现力。语言要缜密、感情色彩鲜明，用词、用字要准确有力，要遵从客观性原则，尽量避免文学性的铺排、描绘。

⑦ 书面要保持美观整洁。书写要规范、流利，避免勾画涂抹，力求整体卷面能给人以清朗明快的感觉。

浅析古代“策论”与当今“申论”之异同

中共湖南省委党校　何美荣

我国的考试制度源远流长，而我国的公务员考试制度本身就是一个出口转内销的产物，它来自于西方的文官制度，而西方的文官制度又借鉴了我国古代的科举考试制度。……申论考试，作为一门独立的考试科目，是在我国古代“策论”的基础上发展而来的，它吸取了古代“策论”（对策）的优点，是对古代“策论”的继承和创新。可见，“申论”与“策论”有着深厚的历史渊源。……

一、相同（或相似）之处

① 考试的目的相似。古代的“策论”考试和当今的“申论”考试，考试目的是基本相似的，都是根据国家实际需要所采用的一种选拔、录用人才的方法，都具有选拔性考试的“择优汰劣”目的。古代的策论是根据朝廷政务的需要，选拔既熟悉政治、又具有匡时补弊才能的人进入国家行政管理高层采取的一种选拔人才的方法；当今的申论测试也是根据当今政务的实际需要，为国家选录各级各类关心国家大事，有驾驭、处理各种信息，善于谋划恰当策略能力的优秀行政管理人才。

② 借助的载体一样。“策论”和“申论”所借助的手段和载体是相同的，都是作文测试。它们都是借助文字，针对特定的事实或考题，对政务提出深刻的认识、见解，并从而“发于心、著于纸”，写出文章供批阅者评审、筛选；都是利用“写作”这一手段，有效测试考生的基础知识、管理知识、相关知识及判断问题、分析问题、解决问题的能力和文字表达能力。

③ 均不受严格的文体限制。古代的策论不受文体的严格限制，只有内容性质的规定，产生了一批千古流传的名篇。如汉代贾谊的《治安策》、董仲舒的《贤良对策》，宋代苏轼的《教战守策》等等，都是非常有名的作品。其实，在汉文帝之前，诗歌、辞赋的体裁已比较完备，记言、记事、说理等各类文章也都不乏范本，但从这位汉代皇帝起，就根本没有

考虑体裁的要求，只要求“经世致用”的表达。当今公务员的申论考试，在服从政务需要的大前提下，也没有严格的文体限定，考试形式灵活多样，申论答题一般由概括部分、方案部分、议论部分组成。就文体而言，概括部分既可能属于记叙文、说明文、议论文中的某一种形式，也可能综合了多种文体形式（比如演讲稿），也可能是应用写作中的公文文体。

④ 写作内容都要求切中时需。古代策论阐述的是对当下国家政事的看法和处置，要求应试者紧密联系“当世急务”，对一些重大问题展开论述，即论证某项国家政策和对策的可行性与合理性，发表对世事的深刻见解；当今的公务员申论考试也无一不涉及政治、法律、经济、环保、文化、教育等国计民生的内容。古代策论的内容要求“切中政务之急”，有远见卓识，措施切实可行；今天的申论考试也要求应试者从一大堆反映日常现实问题的材料中，发现并解决问题，全面考查应试者搜集、处理各类日常信息的素质与潜能，充分体现信息时代的特征，适应当今公务员工作的实际需要，提出的方案要有的放矢，具有针对性、可行性和可操作性。因此，我们可以这样概括策论和申论在写作内容上的共同特点：不是那种凭个人好恶天马行空、抒发感喟、激扬文字、尽情张扬个性的放言宏论，而是要求在准确把握一定客观事实的基础上，摒弃那些套话、闲话、大话，更加透彻、全面、清晰地分析、解决问题，发表中肯的见解，提出的解决问题方法和谋略要合理、合情、合法。

⑤ 行文语言表达的要求相似。刘勰在《文心雕龙·议对》中对“策论”（对策）的语言作出了这样的概括：“风恢恢而能远，流洋洋则不溢。”翻译成现代汉语即是：文辞要富有气势，像吹得很远很远的劲风，像汤汤流淌的江河，但又毫不过分。简言之，就是要求策论的语言文字要有表现力，要合乎文章的体式。今天申论测试的语言要求与古代策论的语言要求是一致的，也要求语言文字的表述准确、清楚、严密、有条理，具有较强的逻辑性和说服力，能够为他人所理解，并使文字内容的表达能够符合文章形式的要求，只不过古代的策论是用文言写作，而今天的申论是用通俗易懂的白话写作。

二、不同之处

虽然申论与策论有以上相同或相似之处，但我们仔细研究就会发现，今天的申论考试与古代的“对策”测试有着本质上的区别。主要有以下几点。

① 二者产生的土壤和含义不同。“策论”作为一种选拔考试的方法，是西汉初年的产物。汉文帝十五年九月，文帝诏命召集王公大臣先举荐应试者，让被推荐者把自己的意见“著之于篇”，加以密封，然后由皇帝亲自打开，亲自考查他们的见解是否恰当、透彻。如确有辅政之才，就可被朝廷录用。由于当时没有纸，被荐者的意见都写在竹简上。送交皇上考查的，都是由好几张竹简穿联起来的“简策”，所以这种选拔方法又被称为“策试”。文帝以后，直至汉景帝、汉武帝时期，这种方法有所发展，据《汉书》权威注家颜师古介绍，汉代实行的“策试”，有两种方式：一种叫“对策”，一种叫“射策”；一是密封若干问题，抽签作答（射策——笔试）；一是公开提问，当场应对（对策——面试）。而不论射策还是对策，都是被选拔者根据一定的问题，在简策上逐条应对，故“策试”也称“策问”“对策”或“策论”。以后这种方法作为一种考试制度一直延续到明清。可以这样说，策论实际上是皇帝或者说是国家向知识分子寻求对当时某一治国之策的考试形式。而申论是国家人事部2000年以来，在改革公务员作文考试的基础上形成的一项笔试科目，它是根据公务员政

务的实际需要，适当借鉴了我国古代“对策”（“策论”）的某些特点，专门用于公务员考试的一种应试方法。

② 选拔人才的功能、方式、方法有别。古代的策论考试，首先必须由皇帝下诏命，再由有司、诸侯王、三公（丞相、太尉、御史大夫）、九卿（一品到九品的所有官员通称“九卿”）及主郡吏推荐被应试者名单，然后由皇帝决定“对策”（策论）的优劣，其功能是为皇帝、为朝廷选择高层行政管理官员，选拔的人才主要是对皇帝负责；而我们今天的申论考试是，首先由国家颁布政策，再由应试者自愿报名，不需任何人提名推荐，然后由各地有关部门组织专门机构直接选拔。通过申论考试选拔出来的人才是政府部门的各级各类公务员，其职责是对国家和人民负责，为国家、为人民服务。

③ 命题的形式、规则不一。我们从中国古代的考试制度可以得知：从汉代到明清的策论命题都无背景材料，只有一个考题，明清两代的策论考题一律采用《四书》《五经》中的原文，内容必须以程朱学派的注释为准。而当今的申论试题从2000年开始直到现在，九年来试题中有几千字到上万字的背景材料不等；这些背景材料是经过初步加工的新闻信息“半成品”，内容涉及政治、经济、法律、文化等多方面，一般为社会热点或大众传媒的焦点问题；试题的“作答要求”，主要是根据给定的背景材料，由考生自选角度，联系实际，提出问题，解决问题；从近年来申论考试的实际情况来看，申论考试的答案有的可以从背景材料中得出。与策论相比，申论更能让考生发挥自己的潜能。

④ 答题的主体身份有异。九年来的申论考试题基本上都有一个虚拟身份：2006年明显地假设“你是一位新录用的公务员”；2004年假设“你作为市交通主管部门的负责人”；2003年要求“你从政府职能部门制定政策的角度”，给定考生作为当地政府派出的事故调查处理的负责人或作为上一级交通安全生产管理监督机构的主要负责人；2002年是“从政府制定政策的角度”；2001年假设“你是某职能部门的工作人员”；2000年是虚拟省政府调研室工作人员的身份。可见，各年的申论要求，都把这个虚拟身份给考生明确设定。2007年和2008年的申论考试题，考生的虚拟身份设定虽然较前模糊，但引导考生定向思考问题，一定要从公务员工作角度出发，完成领导交办的事项，写作主体虚拟身份的限定性是十分明确的。而古代的策论考试，历朝历代都没有主体身份的限制，即没有试题设置的虚拟身份，考生往往是以一介臣民的身份，向朝廷、向皇帝抒发己见，阐明观点。例如，通过策论考试选拔上来的名气最大的是汉代的董仲舒，我们打开他的策论代表作《贤良对策》（又叫《天人三策》），文章的核心是“天人感应，君权神授”，文中提出了影响中国历史进程的三条对策：① 罢黜百家，独尊儒术；② 建立春秋大一统，尊王攘夷；③ 建立太学，改革人才拔擢制度，反对恩荫訾选制度。文中没有虚拟身份。宋代苏轼最具有代表性的一篇策论是《教战守策》，主要内容是论述居安思危、教民习武备战，作者针对北宋王朝苟且偷安的现状，提出战守策略，非常切中时弊，但也无任何虚拟身份。

综上所述，笔者本着“析往事，思来者”的原则，换言之，就是要使研究成果具有审视过去，烛照未来的作用，正视和完善今天的国家机关公务员申论考试制度，以增强公务员申论写作的生机和活力。

文章来源：《湖南行政学院学报》2008年第4期（略有删改）

探究学习

借助互联网或图书搜集、整理申论答题技巧方面的资料，结合自己的理解，写成一篇小论文，在课程网站发表共享。

随堂讨论

1. 申论与一般议论文有何区别和联系？

2. 温家宝于2005年6月30日在全国建设节约型社会电视电话会议上做了题为《高度重视加强领导加快建设节约型社会》的讲话，以下为措施部分的节选、摘要，请参看“知识储备”给出的“常用措施模板”，讨论、分析其对应的模板条目。

三、抓紧制定和实施建设节约型社会的保障措施

全面推进资源节约，加快建设节约型社会，必须采取综合措施，形成长效机制，建立强有力的保障和支撑体系。

◆加强宏观指导和规划，建立节约型国民经济体系。……

◆依靠科技进步和创新，构建节约资源的技术支撑体系。……

◆深化改革，建立节约资源的体制抓制和政策体系。……

◆强化监督管理，坚决制止一切浪费资源的行为。……要建立健全各项规章制度，采取切实有效的措施，坚持科学管理和严格管理……

◆加强法制建设，完善节约资源的法律法规体系。……特别要加大资源保护和节约的执法力度，严肃查处各种破坏和浪费资源的违法违规行为。

四、切实加强领导，务求节约型社会建设取得实效

◆高度重视，明确责任。各地方、各部门、各单位要进一步提高对加快建设节约型社会的认识，切实把这项工作作为一件大事，放在重要议事日程。……

◆加强协调，密切配合。国务院各有关部门都要认真履行职能，按照职责分工，围绕做好建设节约型社会近期重点工作，尽快制定具体政策措施，指导各地方、各方面节约资源工作。要加强协调配合，形成工作合力。……

◆政府带头，做好表率。政府带头节约资源，既是建设节约型社会的重点任务，又是加强政府自身建设的重要内容。要加大建设节约型政府的工作力度。严禁滥用公款消费，杜绝办公浪费，实行“阳光”采购。……

◆加强宣传，营造氛围。建设节约型社会是全社会的共同责任，需要动员全社会的力量来积极参与。要在全社会树立节约意识、建设节约文化、倡导节约文明，教育每个公民过文明健康科学的生活，形成“节约光荣、浪费可耻”的社会风尚。……

◆狠抓落实，注重实效。

任务演练

✲ 核心任务：

根据给定的背景材料，写一篇申论。

✲ **分项任务：**

① 每人搜集、推荐一套申论写作仿真试题，上传课程网站共享。

② 随机抽取1~3套试题，模拟考试，在给定的资料范围和条件内，以给定的“虚拟身份”、限定的篇幅分别完成写作。

③ 每套试题随机抽取3~5份答卷，共同评点，帮助修改。

④ 将作业上传课程网站接受评点，根据评点结果分别归入范文和瑕疵文案项下。

申论考试用名言警句荟萃

☞ 治国

理国要道，在于公平正直——房玄龄

正其本者万事理，劳于永者逸于使——张九龄

治身莫先于孝，治国莫先于公——苏轼

☞ 安危

为之于未有，治之于未乱——《老子》六十四章

利莫大于治，害莫大于乱——《管子·正世》

求木之长者，必固其根本；欲流之远者，必浚其泉源；思国之安者，必积其德义——《贞观政要·君道》

召远在修近，闭祸在除怨——《管子·版法》

☞ 民本

民惟邦本，本固邦宁——《尚书·五子之歌》

为国者以富民为本，以正学为基——《潜夫论·务本》

天下顺治在民富，天下和静在民乐，天下兴行在民趋于正——《慎言·御民篇》

☞ 爱民

达人无不可，忘己爱苍生——王维《赠房卢氏琯》

虑于民也深，则谋其始也精——欧阳修《偃虹堤记》

享天下之利者，任天下之患；居天下之乐者，同天下之忧——苏轼

不以一己之利为利，而使天下受其利；不以一己之害为害，而使天下释其害——黄宗羲《原君》

☞ 为政

有理而无益于治者，君子弗言；有能而无益于事者，君子弗为——《尹文子》

居之以强力，发之以果敢，而成之以无私——苏辙《新论中》

政纲毕举，必求益其所未至；德泽毕布，必思及其所未周——《宋史·薛极传》

☞ 审时适变

苟利于民，不必法古；苟周于事，不必循旧——《淮南子·氾论训》

治事不若治人，治人不若治法，治法不若治时——苏轼《应制举上两制书》

附录1　应用写作常见惯用语集释

一、称谓词

即表示称谓关系的词，用来称己方和对方。涉及机关，一般应直呼机关的全称或规范化简称；涉及个人，可直呼对方职务或“××”同志、“××”先生。在表述指代关系的称谓时，一般用下列专门词语。

① 第一人称：“本”“我”，后加所代表单位简称。如部、委、办、厅、局、厂或所等。

② 第二人称：“贵”“你”，后加所代表单位简称。一般用于平行文或涉外公文。

③第三人称：“该”，使用广泛，可用于指代人、单位或事物。如“该厂”“该部”“该同志”“该产品”等。“该”字在文件中正确使用，可以使行文简明、语气庄重。

二、领叙词

指用于引出撰文根据、理由或具体内容的词。常用的有根据，按照（遵照），为了，鉴于，（前、近）接……悉（近悉、惊悉）……收悉，为……特……等。

领叙词多用于文章开端，引出法律、法规及国家政策做依据，或引出事实做根据。用在文章的中间，则起过渡、衔接作用。一般情况下，借助领叙词可收到开宗明义的效果。

三、经办词

又称追叙词，用来说明工作处理过程的已然时态，表明处理时间及经过情况。常用的有经、兹经、业经、前经、即经、并经、复经、均经等。

在使用时，应注意这类词语在表述次数和时态方面的差异，以便有选择地使用。

四、承转词

又称过渡语，即承接上文转入下文时使用的关联词、过渡用语，用于陈述理由事实之后引出作者的意见和方案。

常用的承转词有为此、据此、故此、有鉴于此、由此可见、综上所述、总而言之、总之等。

五、祈请词

又称期请词、请示词，用于向受文者表示请求与希望。主要有希（即希、希即、敬希、希望、望、希予）、请（即请、敬请、烦请、拟请、恳请）、要求（务求）等。

使用祈请词的目的在于造成机关之间相互敬重、和谐与协作的气氛，从而建立正常的工作联系。

六、商洽词

又称询问词。用于征询对方意见和反应，含探询语气。常见的有当否、可否、妥否、是否可行、是否妥当、是否同意、是否可以、意见如何等。

这类词语一般用于公文的上行文、平行文中。在使用时要有针对性，即确定需征询对方的意见时才使用。

七、受事词

即向对方表示感谢、感激时使用的词，常用的有蒙、承蒙、荷、是荷、为荷等。

受事词属于客套语，一般用于平行文或涉外公文。

八、命令词

即表示命令或告诫语气的词语。命令词的作用在于增强公文的严肃性与权威性，引起受文者的高度注意。常用的有着令、着、特命、责成、着即、切切、不得有误、严格办理等。

九、目的词

即直接交待行文目的的词语。人们撰写应用文，尤其是公文时都有明确而具体的目的，对此需要有针对性地使用简洁的词语加以表述，以便受文者正确理解并加速办理。

使用目的词，往往还须加上祈请词，如：

用于上行文、平行文——请批复（函复、批示、告知、批转、转发）；

用于下行文——请（希）查照办理（遵照办理、参照执行）；

用于知照性文件——希（请）周知（知照、备案、审阅）。

十、表态词

又称回复用语，即针对对方的请示、问函，表示明确意见时使用的词语。常用的有应、应当、同意、可行、照办、准予备案、特此批准、请即试行、迅即办理、遵照执行、不宜、不可、不同意、不可行等。

在使用表态词时，应对公文中的下行文和平行文严加区别。

十一、结尾词

结尾词即置于正文最后，表示正文结束的词语。

用以结束上文——此布（此致、此令、此复）、特此报告（通知、批复、函复、函达、函告）、特予公布、谨此（特此）等。

再次明确行文的具体目的与要求——……为要，……为盼，……是荷，……为荷，请即见复等。

表示敬意、谢意、希望——敬礼、致以谢意、谨致谢忱等。

十二、其他常用词语

① 案：处理公事的记录，涉及法律或政治的事件；提出计划，办法或其他建议的文件；查考。

草案：拟成而未经有关机关、团体通过、公布，或虽公布而未试行的法令、规章、条例等。如：第×个五年计划（草案）。

在案：公文用词，表示某事在档案中已有记录，可以查考。如：声明在案。

备案：向主管机关报告事由存案以备查考。如：请向我局备案。

议案：提交会议讨论决定的建议。如：人民代表大会提出的议案已全部做了处理。

破案：查出刑事案件的真相。如：在当地群众协助下，公安干警迅速破案了。

② 颁：发下。多用于庄严隆重的场合。

颁布：公布、发布。如：《森林法》已经正式颁布了。

颁发：A. 隆重授予。一般指领导机关通过一定仪式发给个人或单位以奖状、奖品、奖金、证书等。如：颁发全国劳动模范奖章和证书。B. 慎重地发布（命令、指示、政策等）。如：会计科目和表格，由财政部统一制样颁发。

备：准备、提供。

备查：供查考。如：该同志的材料留我局备查。

备考：书册、文件、表格中供参考的附录或附注。

备注：A. 表格中为附加必要注释说明而设的栏目。B. 在备注栏内所加的注释说明。

③ 查：调查、检查、了解。

查收：检查后收下。如：以上文件请查收。

查证：调查证明。如：事实已查证清楚。

查照：要求注意文件内容或按照文件内容办事。如：以上规定即希查照。

查复：了解调查后做答复。如：以上问题请你公司及时查复。

查实：调查核实。如：这件事已查实。

查对：检查核对。如：以上数字经查对无误。

查询：了解询问。如：你处曾来函查询关于公债的发放偿还问题。

查阅：把书刊文件找出来阅读有关的部分。如：查阅有关资料。

追查：根据事故发生的经过进行调查。如：经再三追查，总算搞清了问题的始末。

清查：清点检查。如：对所有帐目进行了清查。

复查：对已弄清的问题再进行一次清点或调查。如：对帐目又复查了一次。

核查：调查核对清楚。如：对上级的数字进行了核查。

④ 出：来到、产生。

出身：个人早期的经历或由家庭经济状况所决定的身份。如：××同志出身于工人家庭。

出生：胎儿从母体分离出来。如：他出生于一九六〇年五月五日。

出席：参加会议。有时专指有发言权和表决权的人员参加会议。如：这次大会出席的代表一千三百八十一人。

列席：有发言权而没有表决权的人参加会议。

出租：收取一定的代价，让别人暂时使用。如：本店有少量柜台出租。

⑤ 此：这个、这里、这样。

此据：以这个作为凭据。多用于条据、证明的末尾。

此令：就这样命令，多用于命令的末尾。

此复；就这样答复、批复。多用于复函、批复的正文末尾。

特此：特别在这里，特地这样。如：特此通知，特此声明。

据此：根据这个。如：据此，作出如下决定。

此致：在这里（向你）表达，把这个给予。多用在正文末尾，配合祝颂语或人名、单位名等使用，不可单独使用。

⑥ 度：次。

再度：再一次。如：两厂的纠纷，经再度协商，终于初步解决。

一度：一次；一阵；有过一次。如：一年一度的年检必须抓紧；城郊交通一度中断。

⑦ 否：不，不对。

当否（妥否）：是不是恰当（妥当）。如：以上意见当否，请指示。

可否：可不可以。

能否：能不能够。

⑧ 恭：恭敬。

恭贺：恭敬地祝贺。如：恭贺新年愉快！

恭候：恭敬地等候。如：恭候光临。

⑨ 光：敬辞，表示光荣。

光临：称宾客来到。如：欢迎领导和来客光临我厂。

光顾：商家敬称顾客来到。如：我店欢迎新老顾客光顾。

附录2　党政机关公文处理工作条例

（中共中央办公厅、国务院办公厅2012年4月16日印发）

第一章　总　则

第一条　为了适应中国共产党机关和国家行政机关（以下简称党政机关）工作需要，推进党政机关公文处理工作科学化、制度化、规范化，制定本条例。

第二条　本条例适用于各级党政机关公文处理工作。

第三条　党政机关公文是党政机关实施领导、履行职能、处理公务的具有特定效力和规范体式的文书，是传达贯彻党和国家的方针政策，公布法规和规章，指导、布置和商洽工作，请示和答复问题，报告、通报和交流情况等的重要工具。

第四条　公文处理工作是指公文拟制、办理、管理等一系列相互关联、衔接有序的工作。

第五条　公文处理工作应当坚持实事求是、准确规范、精简高效、安全保密的原则。

第六条　各级党政机关应当高度重视公文处理工作，加强组织领导，强化队伍建设，设立文秘部门或者由专人负责公文处理工作。

第七条　各级党政机关办公厅（室）主管本机关的公文处理工作，并对下级机关的公文处理工作进行业务指导和督促检查。

第二章　公文种类

第八条　公文种类主要有：

（一）决议。适用于会议讨论通过的重大决策事项。

（二）决定。适用于对重要事项作出决策和部署、奖惩有关单位和人员、变更或者撤销下级机关不适当的决定事项。

（三）命令（令）。适用于公布行政法规和规章、宣布施行重大强制性措施、批准授予和晋升衔级、嘉奖有关单位和人员。

（四）公报。适用于公布重要决定或者重大事项。

（五）公告。适用于向国内外宣布重要事项或者法定事项。

（六）通告。适用于在一定范围内公布应当遵守或者周知的事项。

（七）意见。适用于对重要问题提出见解和处理办法。

（八）通知。适用于发布、传达要求下级机关执行和有关单位周知或者执行的事项，批转、转发公文。

（九）通报。适用于表彰先进、批评错误、传达重要精神和告知重要情况。

（十）报告。适用于向上级机关汇报工作、反映情况，回复上级机关的询问。

（十一）请示。适用于向上级机关请求指示、批准。

（十二）批复。适用于答复下级机关请示事项。

（十三）议案。适用于各级人民政府按照法律程序向同级人民代表大会或者人民代表大会常务委员会提请审议事项。

（十四）函。适用于不相隶属机关之间商洽工作、询问和答复问题、请求批准和答复审批事项。

（十五）纪要。适用于记载会议主要情况和议定事项。

第三章 公文格式

第九条 公文一般由份号、密级和保密期限、紧急程度、发文机关标志、发文字号、签发人、标题、主送机关、正文、附件说明、发文机关署名、成文日期、印章、附注、附件、抄送机关、印发机关和印发日期、页码等组成。

（一）份号。公文印制份数的顺序号。涉密公文应当标注份号。

（二）密级和保密期限。公文的秘密等级和保密的期限。涉密公文应当根据涉密程度分别标注“绝密”“机密”“秘密”和保密期限。

（三）紧急程度。公文送达和办理的时限要求。根据紧急程度，紧急公文应当分别标注“特急”“加急”，电报应当分别标注“特提”“特急”“加急”“平急”。

（四）发文机关标志。由发文机关全称或者规范化简称加“文件”二字组成，也可以使用发文机关全称或者规范化简称。联合行文时，发文机关标志可以并用联合发文机关名称，也可以单独用主办机关名称。

（五）发文字号。由发文机关代字、年份、发文顺序号组成。联合行文时，使用主办机关的发文字号。

（六）签发人。上行文应当标注签发人姓名。

（七）标题。由发文机关名称、事由和文种组成。

（八）主送机关。公文的主要受理机关，应当使用机关全称、规范化简称或者同类型机关统称。

（九）正文。公文的主体，用来表述公文的内容。

（十）附件说明。公文附件的顺序号和名称。

（十一）发文机关署名。署发文机关全称或者规范化简称。

（十二）成文日期。署会议通过或者发文机关负责人签发的日期。联合行文时，署最后签发机关负责人签发的日期。

（十三）印章。公文中有发文机关署名的，应当加盖发文机关印章，并与署名机关相符。有特定发文机关标志的普发性公文和电报可以不加盖印章。

（十四）附注。公文印发传达范围等需要说明的事项。

（十五）附件。公文正文的说明、补充或者参考资料。

（十六）抄送机关。除主送机关外需要执行或者知晓公文内容的其他机关，应当使用机关全称、规范化简称或者同类型机关统称。

（十七）印发机关和印发日期。公文的送印机关和送印日期。

（十八）页码。公文页数顺序号。

第十条 公文的版式按照《党政机关公文格式》国家标准执行。

第十一条 公文使用的汉字、数字、外文字符、计量单位和标点符号等，按照有关国家标准和规定执行。民族自治地方的公文，可以并用汉字和当地通用的少数民族文字。

第十二条 公文用纸幅面采用国际标准 A4 型。特殊形式的公文用纸幅面，根据实际需要确定。

第四章　行文规则

第十三条　行文应当确有必要，讲求实效，注重针对性和可操作性。

第十四条　行文关系根据隶属关系和职权范围确定。一般不得越级行文，特殊情况需要越级行文的，应当同时抄送被越过的机关。

第十五条　向上级机关行文，应当遵循以下规则：

（一）原则上主送一个上级机关，根据需要同时抄送相关上级机关和同级机关，不抄送下级机关。

（二）党委、政府的部门向上级主管部门请示、报告重大事项，应当经本级党委、政府同意或者授权；属于部门职权范围内的事项应当直接报送上级主管部门。

（三）下级机关的请示事项，如需以本机关名义向上级机关请示，应当提出倾向性意见后上报，不得原文转报上级机关。

（四）请示应当一文一事。不得在报告等非请示性公文中夹带请示事项。

（五）除上级机关负责人直接交办事项外，不得以本机关名义向上级机关负责人报送公文，不得以本机关负责人名义向上级机关报送公文。

（六）受双重领导的机关向一个上级机关行文，必要时抄送另一个上级机关。

第十六条　向下级机关行文，应当遵循以下规则：

（一）主送受理机关，根据需要抄送相关机关。重要行文应当同时抄送发文机关的直接上级机关。

（二）党委、政府的办公厅（室）根据本级党委、政府授权，可以向下级党委、政府行文，其他部门和单位不得向下级党委、政府发布指令性公文或者在公文中向下级党委、政府提出指令性要求。需经政府审批的具体事项，经政府同意后可以由政府职能部门行文，文中须注明已经政府同意。

（三）党委、政府的部门在各自职权范围内可以向下级党委、政府的相关部门行文。

（四）涉及多个部门职权范围内的事务，部门之间未协商一致的，不得向下行文；擅自行文的，上级机关应当责令其纠正或者撤销。

（五）上级机关向受双重领导的下级机关行文，必要时抄送该下级机关的另一个上级机关。

第十七条　同级党政机关、党政机关与其他同级机关必要时可以联合行文。属于党委、政府各自职权范围内的工作，不得联合行文。

党委、政府的部门依据职权可以相互行文。

部门内设机构除办公厅（室）外不得对外正式行文。

第五章　公文拟制

第十八条　公文拟制包括公文的起草、审核、签发等程序。

第十九条　公文起草应当做到：

（一）符合国家法律法规和党的路线方针政策，完整准确体现发文机关意图，并同现行有关公文相衔接。

（二）一切从实际出发，分析问题实事求是，所提政策措施和办法切实可行。

（三）内容简洁，主题突出，观点鲜明，结构严谨，表述准确，文字精练。

（四）文种正确，格式规范。

（五）深入调查研究，充分进行论证，广泛听取意见。

（六）公文涉及其他地区或者部门职权范围内的事项，起草单位必须征求相关地区或者部门意见，力求达成一致。

（七）机关负责人应当主持、指导重要公文起草工作。

第二十条 公文文稿签发前，应当由发文机关办公厅（室）进行审核。审核的重点是：

（一）行文理由是否充分，行文依据是否准确。

（二）内容是否符合国家法律法规和党的路线方针政策；是否完整准确体现发文机关意图；是否同现行有关公文相衔接；所提政策措施和办法是否切实可行。

（三）涉及有关地区或者部门职权范围内的事项是否经过充分协商并达成一致意见。

（四）文种是否正确，格式是否规范；人名、地名、时间、数字、段落顺序、引文等是否准确；文字、数字、计量单位和标点符号等用法是否规范。

（五）其他内容是否符合公文起草的有关要求。

需要发文机关审议的重要公文文稿，审议前由发文机关办公厅（室）进行初核。

第二十一条 经审核不宜发文的公文文稿，应当退回起草单位并说明理由；符合发文条件但内容需作进一步研究和修改的，由起草单位修改后重新报送。

第二十二条 公文应当经本机关负责人审批签发。重要公文和上行文由机关主要负责人签发。党委、政府的办公厅（室）根据党委、政府授权制发的公文，由受权机关主要负责人签发或者按照有关规定签发。签发人签发公文，应当签署意见、姓名和完整日期；圈阅或者签名的，视为同意。联合发文由所有联署机关的负责人会签。

第六章 公文办理

第二十三条 公文办理包括收文办理、发文办理和整理归档。

第二十四条 收文办理主要程序是：

（一）签收。对收到的公文应当逐件清点，核对无误后签字或者盖章，并注明签收时间。

（二）登记。对公文的主要信息和办理情况应当详细记载。

（三）初审。对收到的公文应当进行初审。初审的重点是：是否应当由本机关办理，是否符合行文规则，文种、格式是否符合要求，涉及其他地区或者部门职权范围内的事项是否已经协商、会签，是否符合公文起草的其他要求。经初审不符合规定的公文，应当及时退回来文单位并说明理由。

（四）承办。阅知性公文应当根据公文内容、要求和工作需要确定范围后分送。批办性公文应当提出拟办意见报本机关负责人批示或者转有关部门办理；需要两个以上部门办理的，应当明确主办部门。紧急公文应当明确办理时限。承办部门对交办的公文应当及时办理，有明确办理时限要求的应当在规定时限内办理完毕。

（五）传阅。根据领导批示和工作需要将公文及时送传阅对象阅知或者批示。办理公文传阅应当随时掌握公文去向，不得漏传、误传、延误。

（六）催办。及时了解掌握公文的办理进展情况，督促承办部门按期办结。紧急公文或者重要公文应当由专人负责催办。

（七）答复。公文的办理结果应当及时答复来文单位，并根据需要告知相关单位。

第二十五条 发文办理主要程序是：

（一）答复。复核。已经发文机关负责人签批的公文，印发前应当对公文的审批手续、内容、文种、格式等进行复核；需作实质性修改的，应当报原签批人复审。

（二）登记。对复核后的公文，应当确定发文字号、分送范围和印制份数并详细记载。

（三）印制。公文印制必须确保质量和时效。涉密公文应当在符合保密要求的场所印制。

（四）核发。公文印制完毕，应当对公文的文字、格式和印刷质量进行检查后分发。

第二十六条 涉密公文应当通过机要交通、邮政机要通信、城市机要文件交换站或者收发件机关机要收发人员进行传递，通过密码电报或者符合国家保密规定的计算机信息系统进行传输。

第二十七条 需要归档的公文及有关材料，应当根据有关档案法律法规以及机关档案管理规定，及时收集齐全、整理归档。两个以上机关联合办理的公文，原件由主办机关归档，相关机关保存复制件。机关负责人兼任其他机关职务的，在履行所兼职务过程中形成的公文，由其兼职机关归档。

第七章 公文管理

第二十八条 各级党政机关应当建立健全本机关公文管理制度，确保管理严格规范，充分发挥公文效用。

第二十九条 党政机关公文由文秘部门或者专人统一管理。设立党委（党组）的县级以上单位应当建立机要保密室和机要阅文室，并按照有关保密规定配备工作人员和必要的安全保密设施设备。

第三十条 公文确定密级前，应当按照拟定的密级先行采取保密措施。确定密级后，应当按照所定密级严格管理。绝密级公文应当由专人管理。

公文的密级需要变更或者解除的，由原确定密级的机关或者其上级机关决定。

第三十一条 公文的印发传达范围应当按照发文机关的要求执行；需要变更的，应当经发文机关批准。

涉密公文公开发布前应当履行解密程序。公开发布的时间、形式和渠道，由发文机关确定。

经批准公开发布的公文，同发文机关正式印发的公文具有同等效力。

第三十二条 复制、汇编机密级、秘密级公文，应当符合有关规定并经本机关负责人批准。绝密级公文一般不得复制、汇编，确有工作需要的，应当经发文机关或者其上级机关批准。复制、汇编的公文视同原件管理。

复制件应当加盖复制机关戳记。翻印件应当注明翻印的机关名称、日期。汇编本的密级按照编入公文的最高密级标注。

第三十三条 公文的撤销和废止，由发文机关、上级机关或者权力机关根据职权范围和有关法律法规决定。公文被撤销的，视为自始无效；公文被废止的，视为自废止之日起失效。

第三十四条 涉密公文应当按照发文机关的要求和有关规定进行清退或者销毁。

第三十五条 不具备归档和保存价值的公文，经批准后可以销毁。销毁涉密公文必须严格按照有关规定履行审批登记手续，确保不丢失、不漏销。个人不得私自销毁、留存涉密公文。

第三十六条 机关合并时，全部公文应当随之合并管理；机关撤销时，需要归档的公文经整理后按照有关规定移交档案管理部门。

工作人员离岗离职时，所在机关应当督促其将暂存、借用的公文按照有关规定移交、清退。

第三十七条 新设立的机关应当向本级党委、政府的办公厅（室）提出发文立户申请。经审查符合条件的，列为发文单位，机关合并或者撤销时，相应进行调整。

第八章 附 则

第三十八条 党政机关公文含电子公文。电子公文处理工作的具体办法另行制定。

第三十九条 法规、规章方面的公文，依照有关规定处理。外事方面的公文，依照外事主管部门的有关规定处理。

第四十条 其他机关和单位的公文处理工作，可以参照本条例执行。

第四十一条 本条例由中共中央办公厅、国务院办公厅负责解释。

第四十二条 本条例自2012年7月1日起施行。1996年5月3日中共中央办公厅发布的《中国共产党机关公文处理条例》和2000年8月24日国务院发布的《国家行政机关公文处理办法》停止执行。

附录 3　党政机关公文格式

中华人民共和国国家标准 GB/T 9704—2012

Layout key for official document of Party and government organs

前　言

本标准按照 GB/T 1. 1—2009 给出的规则起草。

本标准根据中共中央办公厅、国务院办公厅印发的《党政机关公文处理工作条例》的有关规定对 GB/T 9704—1999《国家行政机关公文格式》进行修订。本标准相对 GB/T 9704—1999 主要作如下修订：

a）标准名称改为《党政机关公文格式》，标准英文名称也作相应修改；

b）适用范围扩展到各级党政机关制发的公文；

c）对标准结构进行适当调整；

d）对公文装订要求进行适当调整；

e）增加发文机关署名和页码两个公文格式要素，删除主题词格式要素，并对公文格式各要素的编排进行较大调整；

f）进一步细化特定格式公文的编排要求；

g）新增联合行文公文首页版式、信函格式首页、命令（令）格式首页版式等式样。

本标准中公文用语与《党政机关公文处理工作条例》中的用语一致。

本标准为第二次修订。

本标准由中共中央办公厅和国务院办公厅提出。

本标准由中国标准化研究院归口。

本标准起草单位：中国标准化研究院、中共中央办公厅秘书局、国务院办公厅秘书局、中国标准出版社。

本标准主要起草人：房庆、杨雯、郭道锋、孙维、马慧、张书杰、徐成华、范一乔、李玲。

本标准代替了 GB/T 9704—1999。

GB/T 9704—1999 的历次版本发布情况为：

——GB/T 9704—1988。

1　范围

本标准规定了党政机关公文通用的纸张要求、排版和印制装订要求、公文格式各要素的编排规则，并给出了公文的式样。

本标准适用于各级党政机关制发的公文。其他机关和单位的公文可以参照执行。

使用少数民族文字印制的公文，其用纸、幅面尺寸及版面、印制等要求按照本标准执行，其余可以参照本标准并按照有关规定执行。

2　规范性引用文件

下列文件对于本标准的应用是必不可少的。凡是注日期的引用文件，仅所注日期的版本适用于本标准。凡是不注日期的引用文件，其最新版本（包括所有的修改单）适用于本标准。

GB/T 148　印刷、书写和绘图纸幅面尺寸

GB 3100　国际单位制及其应用

GB 3101　有关量、单位和符号的一般原则

GB 3102（所有部分）　量和单位

GB/T 15834　标点符号用法

GB/T 15835　出版物上数字用法

3　术语和定义

下列术语和定义适用于本标准。

3.1　字 word

标示公文中横向距离的长度单位。在本标准中，一字指一个汉字宽度的距离。

3.2　行 line

标示公文中纵向距离的长度单位。在本标准中，一行指一个汉字的高度加 3 号汉字高度的 7/8 的距离。

4　公文用纸主要技术指标

公文用纸一般使用纸张定量为 60 g/m^2 ~80 g/m^2 的胶版印刷纸或复印纸。纸张白度 80%~90%，横向耐折度≥15 次，不透明度≥85%，pH 值为 7.5~9.5。

5　公文用纸幅面尺寸及版面要求

5.1　幅面尺寸

公文用纸采用 GB/T 148 中规定的 A4 型纸，其成品幅面尺寸为：210 mm×297 mm。

5.2　版面

5.2.1　页边与版心尺寸

公文用纸天头（上白边）为 37 mm±1 mm，公文用纸订口（左白边）为 28 mm±1 mm，版心尺寸为 156 mm×225 mm。

5.2.2　字体和字号

如无特殊说明，公文格式各要素一般用 3 号仿宋体字。特定情况可以作适当调整。

5.2.3　行数和字数

一般每面排 22 行，每行排 28 个字，并撑满版心。特定情况可以作适当调整。

5.2.4　文字的颜色

如无特殊说明，公文中文字的颜色均为黑色。

6　印制装订要求

6.1　制版要求

版面干净无底灰，字迹清楚无断划，尺寸标准，版心不斜，误差不超过 1 mm。

6.2　印刷要求

双面印刷；页码套正，两面误差不超过 2 mm。黑色油墨应当达到色谱所标 BL100%，红色油墨应当达到色谱所标 Y80%、M80%。印品着墨实、均匀；字面不花、不白、无断划。

6.3　装订要求

公文应当左侧装订，不掉页，两页页码之间误差不超过 4 mm，裁切后的成品尺寸允许

误差 ±2 mm，四角成90°，无毛茬或缺损。

骑马订或平订的公文应当：

a）订位为两钉外订眼距版面上下边缘各70 mm处，允许误差 ±4 mm；

b）无坏钉、漏钉、重钉，钉脚平伏牢固；

c）骑马订钉锯均订在折缝线上，平订钉锯与书脊间的距离为3 mm ~5 mm。

包本装订公文的封皮（封面、书脊、封底）与书芯应吻合、包紧、包平、不脱落。

7　公文格式各要素编排规则

7.1　公文格式各要素的划分

本标准将版心内的公文格式各要素划分为版头、主体、版记三部分。公文首页红色分隔线以上的部分称为版头；公文首页红色分隔线（不含）以下、公文末页首条分隔线（不含）以上的部分称为主体；公文末页首条分隔线以下、末条分隔线以上的部分称为版记。

页码位于版心外。

7.2　版头

7.2.1　份号

如需标注份号，一般用6位3号阿拉伯数字，顶格编排在版心左上角第一行。

7.2.2　密级和保密期限

如需标注密级和保密期限，一般用3号黑体字，顶格编排在版心左上角第二行；保密期限中的数字用阿拉伯数字标注。

7.2.3　紧急程度

如需标注紧急程度，一般用3号黑体字，顶格编排在版心左上角；如需同时标注份号、密级和保密期限、紧急程度，按照份号、密级和保密期限、紧急程度的顺序自上而下分行排列。

7.2.4　发文机关标志

由发文机关全称或者规范化简称加“文件”二字组成，也可以使用发文机关全称或者规范化简称。

发文机关标志居中排布，上边缘至版心上边缘为35 mm，推荐使用小标宋体字，颜色为红色，以醒目、美观、庄重为原则。

联合行文时，如需同时标注联署发文机关名称，一般应当将主办机关名称排列在前；如有“文件”二字，应当置于发文机关名称右侧，以联署发文机关名称为准上下居中排布。

7.2.5　发文字号

编排在发文机关标志下空二行位置，居中排布。年份、发文顺序号用阿拉伯数字标注；年份应标全称，用六角括号“〔〕”括入；发文顺序号不加“第”字，不编虚位（即1不编为01），在阿拉伯数字后加“号”字。

上行文的发文字号居左空一字编排，与最后一个签发人姓名处在同一行。

7.2.6　签发人

由“签发人”三字加全角冒号和签发人姓名组成，居右空一字，编排在发文机关标志下空二行位置。“签发人”三字用3号仿宋体字，签发人姓名用3号楷体字。

如有多个签发人，签发人姓名按照发文机关的排列顺序从左到右、自上而下依次均匀编排，一般每行排两个姓名，回行时与上一行第一个签发人姓名对齐。

7.2.7　版头中的分隔线

发文字号之下 4 mm 处居中印一条与版心等宽的红色分隔线。

7.3　主体

7.3.1　标题

一般用 2 号小标宋体字，编排于红色分隔线下空二行位置，分一行或多行居中排布；回行时，要做到词意完整，排列对称，长短适宜，间距恰当，标题排列应当使用梯形或菱形。

7.3.2　主送机关

编排于标题下空一行位置，居左顶格，回行时仍顶格，最后一个机关名称后标全角冒号。如主送机关名称过多导致公文首页不能显示正文时，应当将主送机关名称移至版记，标注方法见 7.4.2。

7.3.3　正文

公文首页必须显示正文。一般用 3 号仿宋体字，编排于主送机关名称下一行，每个自然段左空二字，回行顶格。文中结构层次序数依次可以用“一、”“（一）”“1.”“（1）”标注；一般第一层用黑体字、第二层用楷体字、第三层和第四层用仿宋体字标注。

7.3.4　附件说明

如有附件，在正文下空一行左空二字编排“附件”二字，后标全角冒号和附件名称。如有多个附件，使用阿拉伯数字标注附件顺序号（如“附件：1. ×××××”）；附件名称后不加标点符号。附件名称较长需回行时，应当与上一行附件名称的首字对齐。

7.3.5　发文机关署名、成文日期和印章

7.3.5.1　加盖印章的公文

成文日期一般右空四字编排，印章用红色，不得出现空白印章。

单一机关行文时，一般在成文日期之上、以成文日期为准居中编排发文机关署名，印章端正、居中下压发文机关署名和成文日期，使发文机关署名和成文日期居印章中心偏下位置，印章顶端应当上距正文（或附件说明）一行之内。

联合行文时，一般将各发文机关署名按照发文机关顺序整齐排列在相应位置，并将印章一一对应、端正、居中下压发文机关署名，最后一个印章端正、居中下压发文机关署名和成文日期，印章之间排列整齐、互不相交或相切，每排印章两端不得超出版心，首排印章顶端应当上距正文（或附件说明）一行之内。

7.3.5.2　不加盖印章的公文

单一机关行文时，在正文（或附件说明）下空一行右空二字编排发文机关署名，在发文机关署名下一行编排成文日期，首字比发文机关署名首字右移二字，如成文日期长于发文机关署名，应当使成文日期右空二字编排，并相应增加发文机关署名右空字数。

联合行文时，应当先编排主办机关署名，其余发文机关署名依次向下编排。

7.3.5.3　加盖签发人签名章的公文

单一机关制发的公文加盖签发人签名章时，在正文（或附件说明）下空二行右空四字加盖签发人签名章，签名章左空二字标注签发人职务，以签名章为准上下居中排布。在签发人签名章下空一行右空四字编排成文日期。

联合行文时，应当先编排主办机关签发人职务、签名章，其余机关签发人职务、签名章依次向下编排，与主办机关签发人职务、签名章上下对齐；每行只编排一个机关的签发人职务、签名章；签发人职务应当标注全称。

签名章一般用红色。

7.3.5.4　成文日期中的数字

用阿拉伯数字将年、月、日标全，年份应标全称，月、日不编虚位（即1不编为01）。

7.3.5.5　特殊情况说明

当公文排版后所剩空白处不能容下印章或签发人签名章、成文日期时，可以采取调整行距、字距的措施解决。

7.3.6　附注

如有附注，居左空二字加圆括号编排在成文日期下一行。

7.3.7　附件

附件应当另面编排，并在版记之前，与公文正文一起装订。“附件”二字及附件顺序号用3号黑体字顶格编排在版心左上角第一行。附件标题居中编排在版心第三行。附件顺序号和附件标题应当与附件说明的表述一致。附件格式要求同正文。

如附件与正文不能一起装订，应当在附件左上角第一行顶格编排公文的发文字号并在其后标注“附件”二字及附件顺序号。

7.4　版记

7.4.1　版记中的分隔线

版记中的分隔线与版心等宽，首条分隔线和末条分隔线用粗线（推荐高度为0.35 mm），中间的分隔线用细线（推荐高度为0.25 mm）。首条分隔线位于版记中第一个要素之上，末条分隔线与公文最后一面的版心下边缘重合。

7.4.2　抄送机关

如有抄送机关，一般用4号仿宋体字，在印发机关和印发日期之上一行、左右各空一字编排。“抄送”二字后加全角冒号和抄送机关名称，回行时与冒号后的首字对齐，最后一个抄送机关名称后标句号。

如需把主送机关移至版记，除将“抄送”二字改为“主送”外，编排方法同抄送机关。既有主送机关又有抄送机关时，应当将主送机关置于抄送机关之上一行，之间不加分隔线。

7.4.3　印发机关和印发日期

印发机关和印发日期一般用4号仿宋体字，编排在末条分隔线之上，印发机关左空一字，印发日期右空一字，用阿拉伯数字将年、月、日标全，年份应标全称，月、日不编虚位（即1不编为01），后加“印发”二字。

版记中如有其他要素，应当将其与印发机关和印发日期用一条细分隔线隔开。

7.5　页码

一般用4号半角宋体阿拉伯数字，编排在公文版心下边缘之下，数字左右各放一条一字线；一字线上距版心下边缘7 mm。单页码居右空一字，双页码居左空一字。公文的版记页前有空白页的，空白页和版记页均不编排页码。公文的附件与正文一起装订时，页码应当连续编排。

GB/T 9704—2012

8 公文中的横排表格

A4 纸型的表格横排时，页码位置与公文其他页码保持一致，单页码表头在订口一边，双页码表头在切口一边。

9 公文中计量单位、标点符号和数字的用法

公文中计量单位的用法应当符合 GB 3100、GB 3101 和 GB 3102（所有部分），标点符号的用法应当符合 GB/T 15834，数字用法应当符合 GB/T 15835。

10 公文的特定格式

10.1 信函格式

发文机关标志使用发文机关全称或者规范化简称，居中排布，上边缘至上页边为 30 mm，推荐使用红色小标宋体字。联合行文时，使用主办机关标志。

发文机关标志下 4 mm 处印一条红色双线（上粗下细），距下页边 20 mm 处印一条红色双线（上细下粗），线长均为 170 mm，居中排布。

如需标注份号、密级和保密期限、紧急程度，应当顶格居版心左边缘编排在第一条红色双线下，按照份号、密级和保密期限、紧急程度的顺序自上而下分行排列，第一个要素与该线的距离为 3 号汉字高度的 7/8。

发文字号顶格居版心右边缘编排在第一条红色双线下，与该线的距离为 3 号汉字高度的 7/8。

标题居中编排，与其上最后一个要素相距二行。

第二条红色双线上一行如有文字，与该线的距离为 3 号汉字高度的 7/8。

首页不显示页码。

版记不加印发机关和印发日期、分隔线，位于公文最后一面版心内最下方。

10.2 命令（令）格式

发文机关标志由发文机关全称加“命令”或“令”字组成，居中排布，上边缘至版心上边缘为 20 mm，推荐使用红色小标宋体字。

发文机关标志下空二行居中编排令号，令号下空二行编排正文。

签发人职务、签名章和成文日期的编排见 7.3.5.3。

10.3 纪要格式

纪要标志由“×××××纪要”组成，居中排布，上边缘至版心上边缘为 35 mm，推荐使用红色小标宋体字。

标注出席人员名单，一般用 3 号黑体字，在正文或附件说明下空一行左空二字编排“出席”二字，后标全角冒号，冒号后用 3 号仿宋体字标注出席人单位、姓名，回行时与冒号后的首字对齐。

标注请假和列席人员名单，除依次另起一行并将“出席”二字改为“请假”或“列席”外，编排方法同出席人员名单。

纪要格式可以根据实际制定。

11 式样

A4 型公文用纸页边及版心尺寸见图 1；公文首页版式见图 2；联合行文公文首页版式 1 见图 3；联合行文公文首页版式 2 见图 4；公文末页版式 1 见图 5；公文末页版式 2 见图 6；联合行文公文末页版式 1 见图 7；联合行文公文末页版式 2 见图 8；附件说明页版式见图 9；带附件公文末页版式见图 10；信函格式首页版式见图 11；命令（令）格式首页版式见图 12。

附录4　标点符号用法

中华人民共和国国家标准 GB/T 15834—2011

General rules for punctuation

前言（略）

1　范围

本标准规定了现代汉语标点符号的用法。

本标准适用于汉语的书面语（包括汉语和外语混合排版时的汉语部分）。

2　术语和定义

下列术语和定义适用于本文件。

2.1　标点符号 punctuation

辅助文字记录语言的符号，是书面语的有机组成部分，用来表示语句的停顿、语气以及标示某些成分（主要是词语）的特定性质和作用。

注：数学符号、货币符号、校勘符号、辞书符号、注音符号等特殊领域的专门符号不属于标点符号。

2.2　句子 sentence

前后都有较大停顿、带有一定的语气和语调、表达相对完整意义的语言单位。

2.3　复句 complex sentence

由两个或多个在意义上有密切关系的分句组成的语言单位，包括简单复句（内部只有一层语义关系）和多重复句（内部包含多层语义关系）。

2.4　分句 clause

复句内两个或多个前后有停顿、表达相对完整意义、不带有句末语气和语调、有的前面可添加关联词语的语言单位。

2.5　语段 expression

指语言片段，是对各种语言单位（如词、短语、句子、复句等）不做特别区分时的统称。

3　标点符号的种类

3.1　点号

点号的作用是点断，主要表示停顿和语气。分为句末点号和句内点号。

3.1.1　句末点号

用于句末的点号，表示句末停顿和句子的语气。包括句号、问号、叹号。

3.1.2　句内点号

用于句内的点号，表示句内各种不同性质的停顿。包括逗号、顿号、分号、冒号。

3.2　标号

标号的作用是标明，主要标示某些成分（主要是词语）的特定性质和作用。包括引号、括号、破折号、省略号、着重号、连接号、间隔号、书名号、专名号、分隔号。

4 标点符号的定义、形式和用法

4.1 句号

4.1.1 定义

句末点号的一种，主要表示句子的陈述语气。

4.1.2 形式

句号的形式是“。”。

4.1.3 基本用法

4.1.3.1 用于句子末尾，表示陈述语气。使用句号主要根据与短前后有重大停顿、带有陈述语气和语调，并不取决于句子的长短。

示例1：背景是中华人民共和国的首都。

示例2：（甲：咱们走着去吧?）乙：好。

4.1.3.2 有时也可表示较缓和的祈使语气和感叹语气。

示例1：请您稍等一下。

示例2：我不由地感到，这些普通劳动者也同样是很值得尊敬的。

4.2 问号

4.2.1 定义

句末点号的一种，主要表示句子的疑问语气。

4.2.2 形式

问号的形式是“?”

4.2.3 基本用法

4.2.3.1 用于句子末尾，表示疑问语气（包括反问、设问等疑问类型）。使用问号主要根据语段前后有较大停顿、带有疑问语气和语调，并不取决于句子的长短。

示例1：你怎么还不回家去呢?

示例2：难道这些普通的战士不值得歌颂吗?

示例3：（一个外国人，不远万里来到中国，帮助中国的抗日战争。）这是什么精神?这是国际主义的精神。

4.2.3.2 选择问句中，通常只在最后一个选项的末尾用问号，各个选项之间一般用逗号隔开。当选项较短且选项之间几乎没有停顿时，选项之间可不用逗号。当选项较多或较长，或有意突出每个选项的独立性时，也可每个选项之后都用问号。

示例1：诗中记述的这场战争究竟是真实的历史描述，还是诗人的虚构?

示例2：这是巧合还是有意安排?

示例3：要一个什么样的结尾：现实主义的?传统的?大团圆的?荒诞的?民族形式的?有象征意义的?

示例4：（他看着我的作品称赞了我。）但到底是称赞我什么：是有几处画得好?还是什么都敢画?抑或只是一种对于失败者的无可奈何的安慰?我不得而知。

示例5：这一切都是由客观的条件造成的?还是由行为的惯性造成的?

4.2.3.3 在多个问句连用或表达疑问语气加重时，可叠用问号。通常应先单用，再叠用，最多叠用三个问号。在没有异常强烈的情感表达需要时不宜叠用问号。

示例：这就是你的做法吗？你这个总经理是怎么当的??你怎么竟敢这样欺骗消费者???

4.2.3.4　问号也有标号的用法，即用于句内，表示存疑或不详。

示例1：马致远（1250？—1321），大都人，元代戏曲家、散曲家。

示例2：钟嵘（？—518），颍川长社人，南朝梁代文学批评家。

示例3：出现这样的文字错误，说明作者（编者？校者?）很不认真。

4.3　叹号

4.3.1　定义

句末点号的一种，主要表示句子的感叹语气。

4.3.2　形式

叹号的形式是“!”。

4.3.3　基本用法

4.3.3.1 用于句子末尾，主要表示感叹语气，有时也可表示强烈的祈使语气、反问语气等。使用叹号主要根据语段前后有较大停顿、带有感叹语气和语调或带有强烈的祈使、反问语气和语调，并不取决于句子的长短。

示例1：才一年不见，这孩子都长这么高啦!

示例2：你给我住嘴!

示例3：谁知道他今天是怎么搞的!

4.3.3.2　用于拟声词后，表示声音短促或突然。

示例1：咔嚓！一道闪电划破了夜空。

示例2：咚！咚咚！突然传来一阵急促的敲门声。

4.3.3.3　表示声音巨大或声音不断加大时，可叠用叹号；表达强烈语气时，也可叠用叹号，最多叠用三个叹号。在没有异常强烈的情感表达需要时不宜叠用叹号。

示例1：轰！在这天崩地塌的声音中，女娲猛然醒来。

示例2：我要揭露！我要控诉!!我要以死抗争!!!

4.3.3.4　当句子包含疑问、感叹两种语气且都比较强烈时（如带有强烈感情的反问句和带有惊愕语气的疑问句），可在问号后再加叹号（问号、叹号各一）。

示例1：这么点困难就能把我们吓倒吗?!

示例2：他连这些最起码的常识都不懂，还敢说自己是高科技人材?!

4.4　逗号

4.4.1　定义

句内点号的一种，表示句子或语段内部的一般性停顿。

4.4.2　形式

逗号的形式是“,”。

4.4.3　基本用法

4.4.3.1　复句内各分句之间的停顿，除了有时用分号（见4.6.3.1），一般都用逗号。

示例1：不是人们的意识决定人们的存在，而是人们的社会存在决定人们的意识。

示例2：学历史使人更明智，学文学使人更聪慧，学数学使人更精细，学考古使人更深沉。

示例3：要是不相信我们的理论能反映现实，要是不相信我们的世界有内在和谐，那就不可能有科学。

4.4.3.2　用于下列各种语法位置：

a）较长的主语之后。

示例1：苏州园林建筑各种门窗的精美设计和雕镂功夫，都令人叹为观止。

b）句首的状语之后。

示例2：在苍茫的大海上，狂风卷积着乌云。

c）较长的宾语之前。

示例3：有的考古工作者认为，南方古猿生存于上新世跟中新世的初期和中期。

d）带句内语气词的主语（或其他成分）之后，或带句内语气词的并列成分之间。

示例4：他呢，倒是挺乐意的、全神贯注地干起来了。

示例5：（那是个没有月亮的夜晚。）可是整个村子——白屋顶啦，白树木啦，雪堆啦，全看得见。

e）较长的主语中间、谓语中间或宾语中间。

示例6：母亲沉痛的诉说，以及亲眼见到的事实，都启发了我幼年时期追求真理的思想。

示例7：那姑娘头戴一顶草帽，身穿一条绿色的裙子，腰间还系着一根橙色的腰带。

示例8：必须懂得，对于文化传统，既不能不分青红皂白统统抛弃，也不能不管精华糟粕全盘继承。

f）前置的谓语之后或后置的状语定语之前。

示例9：真美啊，这条蜿蜒的林间小路。

示例10：她吃力地站了起来，慢慢地。

示例11：我只是一个人，孤孤单单的。

4.4.3.3　用于下列各种停顿处：

a）复指成分或插说成分前后。

示例1：老张，就是原来的办公室主任，上星期已经调走了。

示例2：车，不用说，当然是头等。

b）语气缓和的感叹语、称谓语或呼唤语之后。

示例3：哎哟，这儿，快给我揉揉。

示例4：大娘，您到哪儿去啊？

示例5：喂，你是哪个单位的？

c）某些序次语（“第”字头、“其”字头及“首先”类序次语）之后。

示例6：为什么许多人都有长不大的感觉呢？原因有三：第一，父母总认为自己比孩子成熟；第二，父母总要以自己的标准来衡量孩子；第三，父母出于爱心而总不想让孩子在成长的过程中走弯路。

示例7：《玄秘塔碑》所以成为书法的范本，不外乎以下几方面的因素：其一，具有楷书点画、构体的典范性；其二，承上启下，成为唐楷的极致；其三，字如其人，爱人及字，柳公权高尚的书品、人品为后人所崇仰。

示例 8：下面从三个方面讲讲语言的污染问题。首先，是特殊语言环境中的语言污染问题；其次，是滥用缩略语引起的语言污染问题；再次，是空话和废话引起的语言污染问题。

4.5　顿号

4.5.1　定义

句内点号的一种，表示语段中并列词语之间或某些序次语之后的停顿。

4.5.2　形式

顿号的形式是“、”。

4.5.3　基本用法

4.5.3.1　用于并列词语之间。

示例 1：这里有自由、民主、平等、开放的风气和氛围。

示例 2：造型科学、技艺精湛、气韵生动，是盛唐石雕的特色。

4.5.3.2　用于需要停顿的重复词语之间。

示例：他几次三番、几次三番地辩解着。

4.5.3.3　用于某些序次语（不带括号的汉字数字或“天干地支”类序次语）之后。

示例 1：我准备讲两个问题：一、逻辑学是什么？二、怎样学好逻辑学？

示例 2：风格的具体内容主要有以下四点：甲、题材；乙、用字；丙、表达；丁、色彩。

4.5.3.4　相邻或相近两数字连用表示概数通常不用顿号。若相邻两数字连用为缩略形式，宜用顿号。

示例 1：飞机在 6000 米高空水平飞行时，只能看到两侧八九公里和前方一二十公里范围内的地面。

示例 2：这种凶猛的动物常常三五成群地外出觅食和活动。

示例 3：农业是国民经济的基础，也是二、三产业的基础。

4.5.3.5　标有引号的并列成分之间、标有书名号的并列成分之间通常不用顿号。若有其他成分插在并列的引号之间或并列的书名号之间（如引语或书名号之后还有括注），宜用顿号。

示例 1：“日”“月”构成“明”字。

示例 2：店里挂着“顾客就是上帝”“质量就是生命”等横幅。

示例 3：《红楼梦》《三国演义》《西游记》《水浒传》，是我国长篇小说的四大名著。

示例 4：李白的“白发三千丈”（《秋浦歌》）、“朝如青丝暮成雪”（《将进酒》）都是脍炙人口的诗句。

示例 5：办公室里订有《人民日报》（海外版）、《光明日报》和《时代周刊》等报刊。

4.6　分号

4.6.1　定义

句内点号的一种，表示复句内部并列关系分句之间的停顿，以及非并列关系的多重复句中第一层分句之间的停顿。

4.6.2　形式

分号的形式是“；”。

4.6.3 基本用法

4.6.3.1 表示复句内部并列关系的分句（尤其当分句内部还有逗号时）之间的停顿。

示例1：语言文字的学习，就理解方面说，是得到一种知识；就运用方面说，是养成一种习惯。

示例2：内容有分量，尽管文章短小，也是有分量的贯内容没有分量，即使写得再长也没有用。

4.6.3.2 表示非并列关系的多重复句中第一层分句（主要是选择、转折等关系）之间的停顿。

示例1：人还没看见，已经先听见歌声了；或者人已经转过山头望不见了，歌声还余音袅袅。

示例2：尽管人民革命的力量在开始时总是弱小的，所以总是受压的；但是由于革命的力量代表历史发展的方向，因此本质上又是不可战胜的。

示例3：不管一个人如何伟大，也总是生活在一定的环境和条件下；因此，个人的见解总难免带有某种局限性。

示例4：昨天夜里下了一场雨，以为可以凉快些；谁知没有凉快下来，反而更热了。

4.6.3.3 用于分项列举的各项之间。

示例：特聘教授的岗位职责为：一、讲授本学科的主干基础课程；二、主持本学科的重大科研项目；三、领导本学科的学术队伍建设；四、带领本学科赶超或保持世界先进水平。

4.7 冒号

4.7.1 定义

句内点号的一种，表示语段中提示下文或总结上文的停顿。

4.7.2 形式

冒号的形式是“:”。

4.7.3 基本用法

4.7.3.1 用于总说性或提示性词语（如“说”“例如”“证明”等）之后，表示提示下文。

示例1：北京紫禁城有四座城门：午门、神武门、东华门和西华门。

示例2：她高兴地说：“ 咱们去好好庆祝一下吧!”

示例3：小王笑着点了点头：“我就是这么想的。”

示例4：这一事实证明：人能创造环境，环境同样也能创造人。

4.7.3.2 表示总结上文。

示例：张华上了大学，李萍进了技校，我当了工人：我们都有美好的前途。

4.7.3.3 用在需要说明的词语之后，表示注释和说明。

示例1：（本市将举办首届大型书市。）主办单位：市文化局；承办单位：市图书进出口公司；时间：8月15日—20日；地点：市体育馆观众休息厅。

示例2：（做阅读理解题有两个办法。）办法之一：先读题干，再读原文，带着问题有针对性地读课文。办法之二：直接读原文，读完再做题，减少先入为主的干扰。

4.7.3.4　用于书信、讲话稿中称谓语或称呼语之后。

示例1：广平先生：……

示例2：同志们、朋友们：……

4.7.3.5　一个句子内部一般不应套用冒号。在列举式或条文式表述中，如不得不套用冒号时，宜另起段落来显示各个层次。

示例：第十条 遗产按照下列顺序继承：

第一顺序：配偶、子女、父母。

第二顺序：兄弟姐妹、祖父母、外祖父母。

4.8　引号

4.8.1　定义

标号的一种，标示语段中直接引用的内容或需要特别指出的成分。

4.8.2　形式

引号的形式有双引号“”和单引号‘’两种。左侧的为前引号，右侧的为后引号。

4.8.3　基本用法

4.8.3.1　标示语段中直接引用的内容。

示例：李白诗中就有“白发三千丈”这样极尽夸张的语句。

4.8.3.2　标示需要着重论述或强调的内容。

示例：这里所谓的“文”，并不是指文字，而是指文采。

4.8.3.3　标示语段中具有特殊含义而需要特别指出的成分，如别称、简称、反语等。

示例1：电视被称作“第九艺术”。

示例2：人类学上常把古人化石统称为尼安德特人，简称“尼人”。

示例3：有几个“慈祥”的老板把捡来的菜叶用盐浸浸就算作工友的菜肴。

4.8.3.4　当引号中还需要使用引号时，外面一层用双引号，里面一层用单引号。

示例：他问：“老师，‘七月流火’是什么意思？”

4.8.3.5　独立成段的引文如果只有一段，段首和段尾都用引号；不止一段时，每段开头仅用前引号，只在最后一段末尾用后引号。

示例：我曾在报纸上看到有人这样谈幸福：

“幸福是知道自己喜欢什么和不喜欢什么。……

幸福是知道自己擅长什么和不擅长什么。……

幸福是在正确的时间做了正确的选择。……”

4.8.3.6　在书写带月、日的事件、节日或其他特定意义的短语（含简称）时，通常只标引其中的月和日；需要突出和强调该事件或节日本身时，也可连同事件或节日一起标引。

示例1：“5·12”汶川大地震

示例2：“五四”以来的话剧，是我国戏剧中的新形式。

示例3：纪念“五四运动”90周年

4.9　括号

4.9.1　定义

标号的一种，标示语段中的注释内容、补充说明或其他特定意义的语句。

4.9.2 形式

括号的主要形式是圆括号“( )”，其他形式还有方括号“[ ]”、六角括号“〔 〕”和方头括号“【 】”等。

4.9.3 基本用法

4.9.3.1 标示下列各种情况，均用圆括号：

a）标示注释内容或补充说明。

示例1：我校拥有特级教师（含已退休的）17人。

示例2：我们不但善于破坏一个旧世界，我们还将善于建设一个新世界！（热烈鼓掌）

b）标示订正或补加的文字。

示例3：信纸上用稚嫩的字体写着：“阿夷（姨），你好！”。

示例4：该建筑公司负责的建设工程全部达到优良工程（的标准）。

c）标示序次语。

示例5：语言有三个要素：（1）声音；（2）结构；（3）意义。

示例6：思想有三个条件：（一）事理；（二）心理；（三）伦理。

d）标示引语的出处。

示例7：他说得好：“未画之前，不立一格；既画之后，不留一格。”（《板桥集·题画》）

e）标示汉语拼音注音。

示例8：“的（de）”这个字在现代汉语中最常用。

4.9.3.2 标示作者国籍或所属朝代时，可用方括号或六角括号。

示例1：[英] 赫胥黎《进化论与伦理学》

示例2：（唐）杜甫著

4.9.3.3 报刊标示电讯、报道的开头，可用方头括号。

示例：【新华社南京消息】

4.9.3.4 标示公文发文字号中的发文年份时，可用六角括号。

示例：国发〔201〕3号文件

4.9.3.5 标示被注释的词语时，可用六角括号或方头括号。

示例1：〔奇观〕奇伟的景象。

示例2：【爱因斯坦】物理学家。生于德国，1933年因受纳粹政权迫害，移居美国。

4.9.3.6 除科技书刊中的数学、逻辑公式外，所有括号（特别是同一形式的括号）应尽量避免套用。必须套用括号时，宜采用不同的括号形式配合使用。

示例：〔茸（róng）〕很细很细的毛。

4.10 破折号

4.10.1 定义

标号的一种，标示语段中某些成分的注释、补充说明或语音、意义的变化。

4.10.2 形式

破折号的形式是“——”。

4.10.3 基本用法

4.10.3.1 标示注释内容或补充说明（也可用括号，见4.9.3.1；二者的区别另见

B.1.7)。

示例1：一个矮小而结实的日本中年人——内山老板走了过来。

示例2：我一直坚持读书，想借此唤起弟妹对生活的希望——无论环境多么困难。

4.10.3.2　标示插入语（也可用逗号，见4.4.3.3）。

示例：这简直就是——说得不客气点——无耻的勾当！

4.10.3.3　标示总结上文或提示下文（也可用冒号，见4.7.3.1、4.7.3.2）。

示例1：坚强，纯洁，严于律己，客观公正——这一切都难得地集中在一个人身上。

示例2：画家开始娓娓道来——

数年前的一个寒冬，……

4.10.3.4　标示话题的转换。

示例："好香的干菜，——听到风声了吗？"赵七爷低声说道。

4.10.3.5　标示声音的延长。

示例："嘎——"传过来一声水禽被惊动的鸣叫。

4.10.3.6　标示话语的中断或间隔。

示例1："班长他牺——"小马话没说完就大哭起来。

示例2："亲爱的妈妈，你不知道我多爱您。——还有你，我的孩子！"

4.10.3.7　标示引出对话。

示例：——你长大后想成为科学家吗？

——当然想了！

4.10.3.8　标示事项列举分承。

示例：根据研究对象的不同，环境物理学分为以下五个分支学科：

——环境声学；

——环境光学；

——环境热学；

——环境电磁学；

——环境空气动力学。

4.10.3.9　用于副标题之前。

示例：飞向太平洋

——我国新型号运载火箭发射目击记

4.10.3.10　用于引文、注文后，标示作者、出处或注释者。

示例1：先天下之忧而忧，后天下之乐而乐。　——范仲淹

示例2：乐浪海中有倭人，分为百余国。　——《汉书》

示例3：很多人写好信后把信笺折成方胜形，我看大可不必。（方胜，指古代妇女戴的方形首饰，用彩绸等制作，由两个斜方部分叠合而成。——编者注）

4.11　省略号

4.11.1　定义

标号的一种，标示语段中某些内容的省略及意义的断续等。

4.11.2　形式

省略号的形式是“……”。

4.11.3　基本用法

4.11.3.1　标示引文的省略。

示例： 我们齐声朗诵起来：“……俱往矣，数风流人物，还看今朝。”

4.11.3.2　标示列举或重复词语的省略。

示例1： 对政治的敏感，对生活的敏感，对性格的敏感，……这都是作家必须要有的素质。

示例2： 他气得连声说：“好，好……算我没说。”

4.11.3.3　标示语意未尽。

示例1： 在人迹罕至的深山密林里，假如突然看见一缕炊烟，……

示例2： 你这样干，未免太……！

4.11.3.4　标示说话时断断续续。

示例： 她磕磕巴巴地说：“可是……太太……我不知道……你一定是认错了。”

4.11.3.5　标示对话中的沉默不语。

示例： “还没结婚吧？”

“……”他飞红了脸，更加忸怩起来。

4.11.3.6　标示特定的成分虚缺。

示例： 只要……就……

4.11.3.7　在标示诗行、段落的省略时，可连用两个省略号（即相当于十二连点）。

示例1： 从隔壁房间传来缓缓而抑扬顿挫的吟咏声——

床前明月光，疑是地上霜。

…………

示例2： 该刊根据工作质量、上稿数量、参与程度等方面的表现，评选出了高校十佳记者站。还根据发稿数量、提供新闻线索情况以及对刊物的关注度等，评选出了十佳通讯员。

…………

4.12　着重号

4.12.1　定义

标号的一种，标示语段中某些重要的或需要指明的文字。

4.12.2　形式

着重号的形式是“.”，标注在相应文字的下方。

4.12.3　基本用法

4.12.3.1　标示语段中重要的文字。

示例1： 诗人需要表现，而不是证明。

示例2： 下面对本文的理解，不正确的一项是：……

4.12.3.2　标示语段中需要指明的文字。

示例： 下边加点的字，除了在词中的读法外，还有哪些读法？

着急　子弹　强调

4.13　连接号

4.13.1　定义

标号的一种，标示某些相关联成分之间的连接。

4.13.2　形式

连接号的形式有短横线“-”、一字线“—”和波浪线“~”三种。

4.13.3　基本用法

4.13.3.1　标示下列各种情况，均用短横线。

a）化合物的名称或表格、插图的编号。

示例1：3-戊酮为无色液体，对眼及皮肤有强烈刺激性。

示例2：参见下页表2-8、表2-9。

b）连接号码，包括门牌号码、电话号码，以及用阿拉伯数字表示年月日等。

示例3：安宁里东路26号院3-2-11室

示例4：联系电话：016-88842603

示例5：2011-02-15

c）在复合名词中起连接作用。

示例6：吐鲁番-哈密盆地

d）某些产品的名称和型号。

示例7：W2-10直升机具有复杂天气和夜间作战的能力。

e）汉语拼音、外来语内部的分合。

示例8：shuōshuō-xiàoxiào（说说笑笑）

示例9：盎格鲁-撒克逊人

示例10：让-雅克·卢梭（“让-雅克”为双名）

示例11：皮埃尔·孟戴斯-弗朗斯（“孟戴斯-弗朗斯”为复姓）

4.13.3.2　标示下列各种情况，一般用一字线，有时也可用浪纹线：

a）标示相关项目（如时间、地域等）的起止。

示例1：沈括（1031—1095），宋朝人。

示例2：2011年2月3日—10日

示例3：北京—上海特别旅客快车

b）标示数值范围（由阿拉伯数字或汉字数字构成）的起止。

示例4：25~30g

示例5：第五~八课

4.14　间隔号

4.14.1　定义

标号的一种，标示某些项关联成分之间的分界。

4.14.2　形式

间隔号的形式是“·”。

4.14.3 基本用法

4.14.3.1 标示外国人名或少数民族人名内部的分界。

示例1：克里斯蒂娜·罗塞蒂

示例2：阿依古丽·买买提

4.14.3.2 标示书名与篇（章、卷）名之间的分界。

示例：《淮南子·本经训》

4.14.3.3 标示词牌、曲牌、诗体名等和题名之间的分界。

示例1：《沁园春·雪》

示例2：《天净沙·秋思》

示例3：《七律·冬云》

4.10.3.4 用在构成标题或栏目名称的并列词语之间。

示例：《天·地·人》

4.14.3.5 以月、日为标志的事件或节日，用汉字数字表示时，只在一、十一和十二月后用间隔号；当直接用阿拉伯数字表示时，月、日之间均用间隔号（半角字符）。

示例1："九一八"事变 "五四"运动

示例2："一·二八"事变 "一二·九"运动

示例3："3·15"消费者权益日 "9·11"恐怖袭击事件

4.15 书名号

4.15.1 定义

标号的一种，标示语段中出现的各种作品的名称。

4.15.2 形式

书名号的形式有双书名号"《 》"和单书名号"〈 〉"两种。

4.15.3 基本用法

4.15.3.1 标示书名、卷名、篇名、刊物名、报纸名、文件名等。

示例1：《红楼梦》（书名）

示例2：《史记·项羽本记》（卷名）

示例3：《论雷峰塔的倒掉》（篇名）

示例4：《每周关注》（刊物名）

示例5：《人民日报》（报纸名）

示例6：《全国农村工作会议纪要》（文件名）

4.15.3.2 标示电影、电视、音乐、诗歌、雕塑等各类用文字、声音、图像等表现的作品的名称。

示例1：《渔光曲》（电影名）

示例2：《追梦录》（电视剧名）

示例3：《勿忘我》（歌曲名）

示例4：《沁园春·雪》（诗词名）

示例5：《东方欲晓》（雕塑名）

示例6：《光与影》（电视节目名）

示例7：《社会广角镜》（栏目名）

示例8：《庄子研究文献数据库》（光盘名）

示例9：《植物生理学系列挂图》（图片名）

4.15.3.3　标示全中文或中文在名称中占主导地位的软件名。

示例：科研人员正在研制《电脑卫士》杀毒软件。

4.15.3.4　标示作品名的简称。

示例：我读了《念青唐古拉山脉纪行》一文（以下简称《念》），收获很大。

4.15.3.5　当书名号中还需要书名号时，里面一层用单书名号，外面一层用双书名号。

示例：《教育部关于提请审议〈高等教育自学考试试行办法〉的报告》

4.16　专名号

4.16.1　定义

标号的一种，标示古籍和某些文史类著作中出现的特定类专有名词。

4.16.2　形式

专名号的形式是一条直线，标注在相应文字的下方。

4.16.3　基本用法

4.16.3.1　标示古籍、古籍引文或某些文史类著作中出现的专有名词，主要包括人名、地名、国名、民族名、朝代名、年号、宗教名、官署名、组织名等。

示例1：孙坚人马被刘表率军围得水泄不通。（人名）

示例2：于是聚集冀、青、幽、并四州兵马七十多万准备决一死战。（地名）

示例3：当时乌孙及西域各国都向汉派遣了使节。（国名、朝代名）

示例4：从咸宁二年到太康十年，匈奴、鲜卑、乌桓等族人徙居塞内。（年号、民族名）

4.16.3.2　现代汉语文本中的上述专有名词，以及古籍和现代文本中的单位名、官职名、事件名、会议名、书名等不应使用专名号。必须使用标号标示时，宜使用其他相应标号（如引号、书名号等）。

4.17　分隔号

4.17.1　定义

标号的一种，标示诗行、节拍及某些相关文字的分隔。

4.17.2　形式

分隔号的形式是“/”。

4.17.3　基本用法

4.17.3.1　诗歌接排时分隔诗行（也可使用逗号和分号，见4.4.3.1/4.6.3.1）。

示例：春眠不觉晓/处处闻啼鸟/夜来风雨声/花落知多少。

4.17.3.2　标示诗文中的音节节拍。

示例：横眉/冷对/千夫指，俯首/甘为/孺子牛。

4.17.3.3　分隔供选择或可转换的两项，表示“或”。

示例：动词短语中除了作为主体成分的述语动词之外，还包括述语动词所带的宾语和/或补语。

4.17.3.4 分隔组成一对的两项，表示“和”。

示例1：13/14 次特别快车

示例2：羽毛球女双决赛中国组合杜婧/于洋两局完胜韩国名将李孝贞/李敬元。

4.17.3.5 分隔层级或类别。

示例：我国的行政区划分为：省（直辖市、自治区）/省辖市（地级市）/县（县级市、区、自治州）/乡（镇）/村（居委会）。

5 标点符号的位置和书写形式

5.1 横排文稿标点符号的位置和书写形式

5.1.1 句号、逗号、顿号、分号、冒号均置于相应文字之后，占一个字位置，居左下，不出现在一行之首。

5.1.2 问号、叹号均置于相应文字之后，占一个字位置，居左，不出现在一行之首。两个问号（或叹号）叠用时，占一个字位置；三个问号（或叹号）叠用时，占两个字位置；问号和叹号连用时，占一个字位置。

5.1.3 引号、括号、书名号中的两部分标在相应项目的两端，各占一个字位置。其中前一半不出现在一行之末，后一半不出现在一行之首。

5.1.4 破折号标在相应项目之间，占两个字位置，上下居中，不能中间断开分处上行之末和下行之首。

5.1.5 省略号占两个字位置，两个省略号连用时占四个字位置并须单独占一行。省略号不能中间断开分处上行之末和下行之首。

5.1.6 连接号中的短横线比汉字“一”略短，占半个字位置；一字线比汉字“一”略长，占一个字位置；浪纹线占一个字位置。连接号上下居中，不出现在一行之首。

5.1.7 间隔号标在需要隔开的项目之间，占半个字位置，上下居中，不出现在一行之首。

5.1.8 着重号和专名号标在相应文字的下边。

5.1.9 分隔号占半个字位置，不出现在一行之首或一行之末。

5.1.10 标点符号排在一行末尾时，若为全角字符则应占半角字符的宽度（即半个字位置），以使视觉效果更美观。

5.1.11 在实际编辑出版工作中，为排版美观、方便阅读等需要，或为避免某一小节最后一个汉字转行或出现在另外一页开头等情况（浪费版面及视觉效果差），可适当压缩标点符号所占用的空间。

5.2 竖排文稿标点符号的位置和书写形式

5.2.1 句号、问号、叹号、逗号、顿号、分号和冒号均置于相应文字之下偏右。

5.2.2 破折号、省略号、连接号、间隔号和分隔号置于相应文字之下居中，上下方向排列。

5.2.3 引号改用双引号“﹃”“﹄”和单引号“﹁”“﹂”，括号改用“︵”“︶”，标在相应项目的上下。

5.2.4 竖排文稿中使用浪线式书名号“﹏”，标在相应文字的左侧。

5.2.5 着重号标在相应文字的右侧，专名号标在相应文字的左侧。

5.2.6 横排文稿中关于某些标点不能居行首或行末的要求，同样适用于竖排文稿。

附录5　标点符号用法的补充规则

国标 GB/T 15834—2011 资料性附录

A.1　句号用法补充规则

图或表的短语式说明文字，中间可用逗号，但末尾不用句号。即使有时说明文字较长，前面的语段已出现句号，最后结尾处仍不用句号。

示例1：行进中的学生方队

示例2：经过治理，本市市容市貌焕然一新。这是某区街道一景

A.2　问号用法补充规则

使用问号应以句子表示疑问语气为依据，而并不根据句子中包含有疑问词。当含有疑问词的语段充当某种句子成分，而句子并不表示疑问语气时，句末不用问号。

示例1：他们的行为举止、审美趣味，甚至读什么书，坐什么车，都在媒体掌握之中。

示例2：谁也不见，什么也不吃，哪儿也不去。

示例3：我也不知道他究竟躲到什么地方去了。

A.3　逗号用法补充规则

用顿号表示较长、较多或较复杂的并列成分之间的停顿时，最后一个成分前可用“以及（及）”进行连接，“以及（及）”之前应用逗号。

示例：压力过大、工作时间过长、作息不规律，以及忽视营养均衡等，均会导致健康状况的下降。

A.4　顿号用法补充规则

A.4.1　表示含有顺序关系的并列各项间的停顿，用顿号，不用逗号。下例解释“对于”一词用法，“人”“事物”“行为”之间有顺序关系（即人和人、人和事物、人和行为、事物和事物、事物和行为、行为和行为等六种对待关系），各项之间应用顿号。

示例：〔对于〕表示人，事物，行为之间的相互对待关系。（误）

〔对于〕表示人、事物、行为之间的相互对待关系。（正）

A.4.2　用阿拉伯数字表示年月日的简写形式时，用短横线连接号，不用顿号。

示例：2010、03、02（误）

2010-03-02（正）

A.5　分号用法补充规则

分项列举的各项有一项或多项已包含句号时，各项的末尾不能再用分号。

示例：本市先后建立起三大农业生产体系：一是建立甘蔗生产服务体系。成立糖业服务公司，主要给农民提供机耕等服务；二是建立蚕桑生产服务体系。……；三是建立热作服务体系。……。（误）

本市先后建立起三大农业生产体系：一是建立甘蔗生产服务体系。成立糖业服务公司，主要给农民提供机耕等服务。二是建立蚕桑生产服务体系。……。三是建

立热作服务体系。……。(正)

A.6 冒号用法补充规则

A.6.1 冒号用在提示性话语之后引起下文。表面上类似但实际不是提示性话语的，其后用逗号。

示例1：郦道元《水经注》记载："沼西际山枕水，有唐叔虞祠。"(提示性话语)

示例2：据《苏州府志》载，苏州城内大小园林约有150多座，可算名副其实的园林之城。(非提示性话语)

A.6.2 冒号提示范围无论大小（一句话、几句话甚至几段话），都应与提示性话语保持一致（即在该范围的末尾要用句号点断）。应避免冒号涵盖范围过窄或过宽。

示例：艾滋病有三个传播途径：血液传播，性传播和母婴传播，日常接触是不会传播艾滋病的。(误)

艾滋病有三个传播途径：血液传播，性传播和母婴传播。日常接触是不会传播艾滋病的。(正)

A.6.3 冒号应用在有停顿处，无停顿处不应用冒号。

示例1：他头也不抬，冷冷地问："你叫什么名字?"(有停顿)

示例2：这事你得拿主意，光说"不知道"怎么行?(无停顿)

A.7 引号用法补充规则

"丛刊""文库""系列""书系"等作为系列著作的选题名，宜用引号标引。当"丛刊"等为选题名的一部分时，放在引号之内，反之则放在引号之外。

示例1："汉译世界学术名著丛书"

示例2："中国哲学典籍文库"

示例3："20世纪心理学通览"丛书

A.8 括号用法补充规则

括号可分为句内括号和句外括号。句内括号用于注释句子里的某些词语，即本身就是句子的一部分，应紧跟在被注释的词语之后。句外括号则用于注释句子、句群或段落，即本身结构独立，不属于前面的句子、句群或段落，应位于所注释语段的句末点号之后。

示例：标点符号是辅助文字记录语言的符号，是书面语的有机组成部分，用来表示语句的停顿、语气以及标示某些成分（主要是词语）的特定性质和作用。（数学符号、货币符号、校勘符号等特殊领域的专门符号不属于标点符号。）

A.9 省略号用法补充规则

A.9.1 不能用多于两个省略号（多于12点）连在一起表示省略。省略号须与多点连续的连珠号相区别（后者主要是用于表示目录中标题和页码对应和连接的专门符号）。

A.9.2 省略号和"等""等等""什么的"等词语不能同时使用。在需要读出来的地方用"等""等等""什么的"等词语，不用省略号。

示例：含有铁质的食物有猪肝、大豆、油菜、菠菜……等。(误)

含有铁质的食物有猪肝、大豆、油菜、菠菜等。(正)

A.10　着重号用法补充规则

不应使用文字下加直线或波浪线等形式表示着重。文字下加直线为专名号形式（4.16）；文字下加浪纹线是特殊书名号（A.13.6）。着重号的形式统一为相应项目下加小圆点。

示例：下面对本文的理解，不正确的一项是（误）

下面对本文的理解，不正确的一项是（正）

A.11　连接号用法补充规则

浪纹线连接号用于标示数值范围时，在不引起歧义的情况下，前一数值附加符号或计量单位可省略。

示例：5公斤~100公斤（正）

5~100公斤（正）

A.12　间隔号用法补充规则

当并列短语构成的标题中已用间隔号隔开时，不应再用“和”类连词。

示例：《水星·火星和金星》（误）

《水星·火星·金星》（正）

A.13　书名号用法补充规则

A.13.1　不能视为作品的课题、课程、奖品奖状、商标、证照、组织机构、会议、活动等名称，不应用书名号。下面均为书名号误用的示例：

示例1：下学期本中心将开设《现代企业财务管理》《市场营销》两门课程。

示例2：明天将召开《关于“两保两挂”的多视觉理论思考》课题立项会。

示例3：本市将向70岁以上（含70岁）老年人颁发《敬老证》。

示例4：本校共获得《最佳印象》《自我审美》《卡拉OK》等六个奖杯。

示例5：《闪光》牌电池经久耐用。

示例6：《文史杂志社》编辑力量比较雄厚。

示例7：本市将召开《全国食用天然色素应用研讨会》。

示例8：本报将于今年暑假举行《墨宝杯》书法大赛。

A.13.2　有的名称应根据指称意义的不同确定是否用书名号。如文艺晚会指一项活动时，不用书名号；而特指一种节目名称时，可用书名号。再如展览作为一种文化传播的组织形式时，不用书名号；特定情况下将某项展览作为一种创作的作品时，可用书名号。

示例1：2008年重阳联欢晚会受到观众的称赞和好评。

示例2：本台将重播《2008年重阳联欢晚会》。

示例3：“雪域明珠——中国西藏文化展”今天隆重开幕。

示例4：《大地飞歌艺术展》是一部大型现代艺术作品。

A.13.3　书名后面表示该作品所属类别的普通名词不标在书名号内。

示例：《我们》杂志

A.13.4　书名有时带有括注。如果括注是书名、篇名等的一部分，应放在书名号之内，反之则应放在书名号之外。

示例1：《琵琶行（并序）》

示例2：《中华人民共和国民事诉讼法（试行）》

示例3：《新政治协商会议筹备会组织条例（草案）》

示例4：《百科知识》（彩图本）

示例5：《人民日报》（海外版）

A. 13. 5　书名、篇名末尾如有叹号或问号，应放在书名号之内。

示例1：《日记何罪！》

示例2：《如何做到同工又同酬？》

A. 13. 6　在古籍或某些文史类著作中，为与专名号配合，书名号也可改用浪线式"﹏"，标注在书名下方。这可以看作是特殊的专名号或特殊的书名号。

A. 14　分隔号用法补充规则

分隔号又称正斜线号，须与反斜线号，须与反斜线号"\"相区别（后者主要是用于编写计算机程序的专门符号）。使用分隔号时，紧贴着分隔号的前后通常不用点号。

附录 6　出版物上数字用法

中华人民共和国国家标准 GB/T 15835—2011

前言（略）

1. 范围

本标准规定了出版物上汉字数字和阿拉伯数字的用法。

本标准适用于各类出版物（文艺类出版物和重排古籍除外）。政府和企事业单位公文，以及教育、媒体和公共服务领域的数字用法，也可参照本标准执行。

2. 规范性引用文件

下列文件对于本文件的应用是必不可少的。凡是注日期的引用文件，仅注日期的版本适用于本文件。凡是不注日期的引用文件，其最新版本（包括所有的修改单）适用于本文件。

GB/T 7408—2005　数据元和交换格式　信息交换　日期和时间表示法

3. 术语和定义

下列术语和定义适用于本文件。

3.1　计量　measuring

将数字用于加、减、乘、除等数学运算。

3.2　编号　numbering

将数字用于为事物命名或排序，但不用于数学运算。

3.3　概数　approximate number

用于模糊计量的数字。

4. 数字形式的选用

4.1　选用阿拉伯数字

4.1.1　用于计量的数字

在使用数字进行计量的场合，为达到醒目、易于辨识的效果，应采用阿拉伯数字。

示例 1： -125.03　34.05%　63%~68%　1：500　97/108

当数值伴随有计量单位时，如：长度、容积、面积、体积、质量、温度、经纬度、音量、频率等等，特别是当计量单位以字母表达时，应采用阿拉伯数字。

示例 2： 523.56 km（523.56 千米）　346.87 L（346.87 升）
5.34 m^2（5.34 平方米）　567 mm^3（567 立方毫米）
605 g（605 克）　100~150 kg（100~150 千克）
34~39 ℃（34~39 摄氏度）　北纬 40°（40 度）
120 dB（120 分贝）

4.1.2　用于编号的数字

在使用数字进行编号的场合，为达到醒目、易于辨识的效果，应采用阿拉伯数字。

示例： 电话号码：98888

邮政编码：100871

通信地址：北京市海淀区复兴路11号

电子邮件地址：x186@186. net

网页地址：http：//127. 0. 0. 1

汽车号牌：京A00001

公交车号：302路公交车

道路编号：101国道

公文编号：国办发［1987］9号

图书编号：ISBN 978-7-80184-224-4

刊物编号：CN11-1399

章节编号：4. 1. 2

产品型号：PH—3000型计算机

产品序列号：C84XB—JYVFD—P7HC4—6XKRJ—7M6XH

单位注册号：02050214

行政许可登记编号：0684D10004—828

4. 1. 3　已定型的含阿拉伯数字的词语

现代社会生活中出现的事物、现象、事件，其名称的书写形式中包含阿拉伯数字，已经广泛使用而稳定下来，应采用阿拉伯数字。

示例：3G手机　　MP3播放器　　G8峰会　　维生素B_{12}
97号汽油　　“5·27”事件　　“12·5”枪击案

4. 2　选用汉字数字

4. 2. 1　非公历纪年

干支纪年、农历月日、历史朝代纪年及其他传统上采用汉字形式的非公历纪年等等，应采用汉字数字。

示例：丙寅年十月十五日　　庚辰年八月五日　　腊月二十三　　正月初五
八月十五中秋　　秦文公四十四年　　太平天国庚申十年九月二十四日
清咸丰十年九月二十日　藏历阳木龙年八月二十六日
日本庆应三年

4. 2. 2　概数

数字连用表示的概数、含“几”的概数，应采用汉字数字。

示例：三四个月　　一二十个　　四十五六岁　　五六万套　　五六十年前
几千　　二十几　　一百几十　　几万分之一

4. 2. 3　已定型的含汉字数字的词语

汉语中长期使用已经稳定下来的包含汉字数字形式的词语，应采用汉字数字。

示例：万一　一律　一旦　三叶虫　四书五经　星期五　四氧化三铁　八国联军　七上八下　一心一意　不管三七二十一　一方面　二百五　半斤八两　五省一市　五讲四美　相差十万八千里　八九不离十　白发三千丈　不二法门　二八年华　五四运动　“一·二八”事变　“一二·九”运动

4.3　选用阿拉伯数字与汉字数字均可

如果表达计量或编号所需要用到的数字个数不多，选择汉字数字还是阿拉伯数字在书写的简洁性和辨识的清晰性两方面没有明显差异时，两种形式均可使用。

示例1： 17号楼（十七号楼）　3倍（三倍）　第5个工作日（第五个工作日）
100多件（一百多件）　20余次（二十余次）　约300人（约三百人）
40左右（四十左右）　50上下（五十上下）　50多人（五十多人）
第25页（第二十五页）　第8天（第八天）　第4季度（第四季度）
第45份（第四十五份）　共235位同学（共二百三十五位同学）
0.5（零点五）　76岁（七十六岁）　120周年（一百二十周年）
1/3（三分之一）　公元前8世纪（公元前八世纪）
20世纪80年代（二十世纪八十年代）
公元253年（公元二五三年）
1997年7月1日（一九九七年七月一日）
下午4点40分（下午四点四十分）　4个月（四个月）
12天（十二天）

如果要突出简洁醒目的表达效果，应使用阿拉伯数字；如果要突出庄重典雅的表达效果，应使用汉字数字。

示例2： 北京时间2008年5月12日14时28分
十一届全国人大一次会议（不写为“11届全国人大1次会议”）
六方会谈（不写为“6方会谈”）

在同一场合出现的数字，应遵循“同类别同形式”原则来选择数字的书写形式。如果两数字的表达功能类别相同（比如都是表达年月日时间的数字），或者两数字在上下文中所处的层级相同（比如文章目录中同级标题的编号），应选用相同的形式。反之，如果两数字的表达功能不同，或所处层级不同，可以选用不同的形式。

示例3： 2008年8月8日　二〇〇八年八月八日（不写为“二〇〇八年8月8日”）
第一章　第二章……第十二章（不写为“第一章　第二章……第12章”）
第二章的下一级标题可以用阿拉伯数字编号：2.1，2.2，……

应避免相邻的两个阿拉伯数字造成歧义的情况。

示例4： 高三3个班　高三三个班（不写为“高33个班”）
高三2班　高三（2）班（不写为“高32班”）

有法律效力的文件、公告文件或财务文件中可同时采用汉字数字和阿拉伯数字。

示例5： 2008年4月保险账户结算日利率为万分之一点五七五零（0.015750%）
35.5元（35元5角　三十五元五角　叁拾伍圆伍角）

5. 数字形式的使用

5.1　阿拉伯数字的使用

5.1.1　多位数

为便于阅读，四位以上的整数或小数，可采用以下两种方式分节：

——第一种方式：千分撇

整数部分每三位一组，以“，”分节。小数部分不分节。四位以内的整数可以不分节。

示例1：624，000　　92，300，000　　19，351，235.235767　　1256

——第二种方式：千分空

从小数点起，向左和向右每三位数字一组，组间空四分之一个汉字，即二分之一个阿拉伯数字的位置。四位以内的整数可以不加千分空。

示例2：55 235 367.346 23　　98 235 358.238 368

注：各科学技术领域的多位数分节方式参照 GB 3101—1993 的规定执行。

5.1.2　纯小数

纯小数必须写出小数点前定位的“0”，小数点是齐阿拉伯数字底线的实心点“.”。

示例：0.46 不写为 .46 或0. 46

5.1.3　数值范围

在表示数值的范围时，可采用浪纹式连接号“~”或一字线连接号“—”。前后两个数值的附加符号或计量单位相同时，在不造成歧义的情况下，前一个数值的附加符号或计量单位可省略。如果省略数值的附加符号或计量单位会造成歧义，则不应省略。

示例：-36~-8 ℃　　400—429 页　　100—150 kg　　12 500~20 000 元

9 亿~16 亿（不写为9~16 亿）　　13 万元~17 万元（不写为13~17 万元）

15%~30%（不写为15~30%）　　4.3×10^6~5.7×10^6（不写为4.3~5.7×10^6）

5.1.4　年月日

年月日的表达顺序应按照口语中年月日的自然顺序书写。

示例1：2008 年8 月8 日　　1997 年7 月1 日

“年”“月”可按照 GB/T 7408—2005 的 5.2.1.1 中的扩展格式，用“-”替代，但年月日不完整时不能替代。

示例2：2008-8-8　1997-7-1　8 月8 日（不写为8-8）　2008 年8 月（不写为2008-8）

四位数字表示的年份不应简写为两位数字。

示例3：“1990 年”不写为“90 年”

月和日是一位数时，可在数字前补“0”。

示例4：2008-08-08　　1997-07-01

5.1.5　时分秒

计时方式既可采用12 小时制，也可采用24 小时制。

示例1：11 时40 分（上午11 时40 分）　　21 时12 分36 秒（晚上9 时12 分36 秒）

时分秒的表达顺序应按照口语中时、分、秒的自然顺序书写。

示例2：15 时40 分　　14 时12 分36 秒

“时”“分”也可按照 GB/T 7408—2005 的 5.3.1.1 和 5.3.1.2 中的扩展格式，用“:”替代。

示例3：15：40　　14：12：36

5.1.6　含有月日的专名

含有月日的专名采用阿拉伯数字表示时，应采用间隔号“·”将月、日分开，并在数字前后加引号。

示例：“3·15”消费者权益日

5.1.7　书写格式

5.1.7.1　字体

出版物中的阿拉伯数字，一般应使用正体二分字身，即占半个汉字位置。

示例：234　　57.236

5.1.7.2　换行

一个用阿拉伯数字书写的数值应在同一行中，避免被断开。

5.1.7.3　竖排文本中的数字方向

竖排文字中的阿拉伯数字按顺时针方向转90度。旋转后要保证同一个词语单位的文字方向相同。

示例：

示例一

雪花牌BCD188型家用电冰箱容量是一百八十八升，功率为一百二十五瓦，市场售价两千零五十元，返修率仅为百分之零点一五。

示例二

海军J12号打捞救生船在太平洋上航行了十三天，于一九九〇年八月六日零时三十分返同基地。

5.2　汉字数字的使用

5.2.1　概数

两个数字连用表示概数时，两数之间不用顿号“、”隔开。

示例：二三米　　一两个小时　　三五天　　一二十个　　四十五六岁

5.2.2　年份

年份简写后的数字可以理解为概数时，一般不简写。

示例：“一九七八年”不写为“七八年”

5.2.3　含有月日的专名

含有月日的专名采用汉字数字表示时，如果涉及一月、十一月、十二月，应用间隔号“·”将表示月和日的数字隔开，涉及其他月份时，不用间隔号。

示例：“一·二八”事变　　“一二·九”运动　　五一国际劳动节

5.2.4　大写汉字数字

——大写汉字数字的书写形式

零、壹、贰、叁、肆、伍、陆、柒、捌、玖、拾、佰、仟、万、亿

——大写汉字数字的适用场合

法律文书和财务票据上，应采用大写汉字数字形式记数。

示例：3,504元（叁仟伍佰零肆圆）　　39,148元（叁万玖仟壹佰肆拾捌圆）

5.2.5 “零”和“〇”

阿拉伯数字“0”有“零”和“〇”两种汉字书写形式。一个数字用作计量时，其中“0”的汉字书写形式为“零”，用作编号时，“0”的汉字书写形式为“〇”。

示例：“3052（个）”的汉字数字形式为“三千零五十二”（不写为“三千〇五十二”）

“95.06”的汉字数字形式为“九十五点零六”（不写为“九十五点〇六”）

“公元2012（年）”的汉字数字形式为“二〇一二”（不写为“二零一二”）

5.3 阿拉伯数字与汉字数字同时使用

如果一个数值很大，数值中的“万”“亿”单位可以采用汉字数字，其余部分采用阿拉伯数字。

附录7　科学技术报告、学位论文和学术论文的编写格式

中华人民共和国国家标准 UDC 001.81　GB 7713—87

Presentation of scientific and technical reports, dissertations and scientific papers

1　引言

1.1　制订本标准的目的是为了统一科学技术报告、学位论文和学术论文（以下简称报告、论文）的撰写和编辑的格式，便利信息系统的收集、存储、处理、加工、检索、利用、交流、传播。

1.2　本标准适用于报告、论文的编写格式，包括形式构成和题录著录，及其撰写、编辑、印刷、出版等。

本标准所指报告、论文可以是手稿，包括手抄本和打字本及其复制品；也可以是印刷本，包括发表在期刊或会议录上的论文及其预印本、抽印本和变异本；作为书中一部分或独立成书的专著；缩微复制品和其他形式。

1.3　本标准全部或部分适用于其他科技文件，如年报、便览、备忘录等，也适用于技术档案。

2　定义

2.1　科学技术报告

科学技术报告是描述一项科学技术研究的结果或进展或一项技术研制试验和评价的结果；或是论述某项科学技术问题的现状和发展的文件。

科学技术报告是为了呈送科学技术工作主管机构或科学基金会等组织或主持研究的人等。科学技术报告中一般应该提供系统的或按工作进程的充分信息，可以包括正反两方面的结果和经验，以便有关人员和读者判断和评价，以及对报告中的结论和建议提出修正意见。

2.2　学位论文

学位论文是表明作者从事科学研究取得创造性的结果或有了新的见解，并以此为内容撰写而成、作为提出申请授予相应的学位时评审用的学术论文。

学士论文应能表明作者确已较好地掌握了本门学科的基础理论、专门知识和基本技能，并具有从事科学研究工作或担负专门技术工作的初步能力。

硕士论文应能表明作者确已在本门学科上掌握了坚实的基础理沦和系统的专门知识，并对所研究课题有新的见解，有从事科学研究工作成独立担负专门技术工作的能力。

博士论文应能表明作者确已在本门学科上掌握了坚实宽广的基础理论和系统深入的专门知识，并具有独立从事科学研究工作的能力，在科学或专门技术上做出了创造性的成果。

2.3　学术论文

学术论文是某一学术课题在实验性、理论性或观测性上具有新的科学研究成果或创新见

解和知识的科学记录；或是某种已知原理应用于实际中取得新进展的科学总结，用以提供学术会议上宣读、交流或讨论；或在学术刊物上发表；或作其他用途的书面文件。

学术论文应提供新的科技信息，其内容应有所发现、有所发明、有所创造、有所前进，而不是重复、模仿、抄袭前人的工作。

3　编写要求

报告、论文的中文稿必须用白色稿纸单面缮写或打字；外文稿必须用打字。可以用不褪色的复制本。

报告、论文宜用 A4（210 mm×297 mm）标准大小的白纸，应便于阅读、复制和拍摄缩微制品。报告、论文在书写、扫字或印刷时，要求纸的四周留足空白边缘，以便装订、复制和读者批注。每一面的上方（天头）和左侧（订口）应分别留边 25 mm 以上，下方（地脚）和右侧（切口）应分别留边 20 mm 以上。

4　编写格式

4.1　报告、论文章、条的编号参照国家标准 GB1.1《标准化工作导则标准编写的基本规定》第 8 章“标准条文的编排”的有关规定，采用阿拉伯数字分级编号。

4.2　报告、论文的构成（略）

5.1　封面

5.1.1　封面是报告、论文的外表面，提供应有的信息，并起保护作用。

封面不是必不可少的。学术论文如作为期刊、书或其他出版物的一部分，无需封面；

如作为预印本、抽印本等单行本时，可以有封面。

5.1.2　封面上可包括下列内容：

a. 分类号 在左上角注明分类号，便于信息交换和处理。一般应注明《中国图书资料类法》的类号，同时应尽可能注明《国际十进分类法 UDC》的类号。

b. 本单位编号 一般标注在右上角。学术论文无必要。

c. 密级视报告、论文的内容，按国家规定的保密条例，在右上角注明密级。如系公开发行，不注密级。

d. 题名和副题名或分册题名 用大号字标注于明显地位。

e. 卷、分册、篇的序号和名称 如系全一册，无需此项。

f. 版本 如草案、初稿、修订版、…等。如系初版，无需此项。

g. 责任者姓名 责任者包括报告、论文的作者、学位论文的导师、评阅人、答辩委员会主席以及学位授予单位等。必要时可注明个人责任者的职务、职称、学位、所在单位名称及地址；如责任者系单位、团体或小组，应写明全称和地址。

在封面和题名页上，或学术论文的正文前署名的个人作者，只限于那些对于选定研究课题和制订研究方案、直接参加全部或主要部分研究工作并作出主要贡献以及参加撰写论文并能对内容负责的人，按其贡献大小排列名次。至于参加部分工作的合作者、按研究计划分工负责具体小项的工作者、某一项测试的承担者，以及接受委托进行分析检验和观察的辅助人员等，均不列入。这些人可以作为参加工作的人员一一列入致谢部分，或排于脚注。

如责任者姓名有必要附注汉语拼音时，必须遵照国家规定，即姓在名前，名连成一词，不加连字符，不缩写。

h. 申请学位级别 应按《中华人民共和国学位条例暂行实施办法》所规定的名称进行标注。

i. 专业名称 系指学位论文作者主修专业的名称。

j. 工作完成日期 包括报告、论文提交日期，学位论文的答辩日期，学位的授予日期，出版部门收到日期（必要时）。

k. 出版项 出版地及出版者名称，出版年、月、日（必要时）。

5.1.3 报告和论文的封面格式参见附录A。

5.2 封二

报告的封二可标注送发方式，包括免费赠送或价购，以及送发单位和个人；版权规定；其他应注明事项。

5.3 题名页

题名页是对报告、论文进行著录的依据。

学术论文无需题名页。

题名页置于封二和衬页之后，成为另页的石页。

报告、论文如分装两册以上，每一分册均应各有其题名页。在题名页上注明分册名称和序号。

题名页除5.1规定封面应有的内容并取得一致外，还应包括下列各项：

单位名称和地址，在封面上未列出的责任者职务、职称、学位、单位名称和地址，参加部分工作的合作者姓名。

5.4 变异本

报告、论文有时适应莱种需要，除正式的全文正本以外，要求有某种变异本，如：节本、摘录本、为送请评审用的详细摘要本、为摘取所需内容的改写本等。

变异本的封面上必须标明“节本、摘录本或改写本”字样，其余应注明项目，参见5.1的规定执行。

5.5 题名

5.5.1 题名是以最恰当、最简明的词语反映报告、论文中最重要的特定内容的逻辑组合。题名所用每一词语必须考虑到有助于选定关键词和编制题录、索引等二次文献可以提供检索的特定实用信息。

题名应该避免使用不常见的缩略词、首字母缩写字、字符、代号和公式等。

题名一般不宜超过20字。

报告、论文用作国际交流，应有外文（多用英文）题名。外文题名一般不宜超过10个实词。

5.5.2 下列情况可以有副题名：

题名语意末尽，用副题名补充说明报告论文中的特定内容；

报告、论文分册出版，或是一系列工作分几篇报道，或是分阶段的研究结果，各用不同副题名区别其特定内容；

其他有必要用副题名作为引伸或说明者。

5.5.3 题名在整本报告、论文中不同地方出现时，应完全相同，但眉题可以节略。

5.6　序或前言

序并非必要。报告、论文的序，一般是作者或他人对本篇基本特征的简介，如说明研究工作缘起、背景、它旨、目的、意义、编写体例，以及资助、支持、协作经过等；也可以评述和对相关问题研究阐发。这些内容也可以在正文引言中说明。

5.7　摘要

5.7.1　摘要是报告、论文的内容不加注释和评论的简短陈述。

5.7.2　报告、论文一般均应有摘要，为了国际交流，还应有外文（多用英文）摘要。

5.7.3　摘要应具有独立性和自含性，即不阅读报告、论文的全文，就能获得必要的信息。摘要中有数据、有结论，是一篇完整的短文，可以独立使用，可以引用，可以用于工艺推广。摘要的内容应包含与报告、论文同等量的主要信息，供读者确定有无必要阅读全文，也供文摘等二次文献采用。摘要一般应说明研究工作目的、实验方法、结果和最终结论等，而重点是结果和给沦。

5.7.4　中文摘要一般不宜超过200~300字；外文摘要不宜超过250个实词。如遇特殊需要字数可以略多。

5.7.5　除了实在无变通办法可用以外，摘要中不用图、表、化学结构式、非公知公用的符号和术语。

5.7.6　报告、论文的摘要可以用另页置于题名页之后，学术论文的摘要一般置于题名和作者之后、正文之前。

5.7.7　学位论文为了评审，学术论文为了参加学术会议，可按要求写成变异本式的摘要，不受字数规定的限制。

5.8　关键词关键词是为了文献标引工作从报告、论文中选取出来用以表示全文主题内容信息款目的单词或术语。

每篇报告、论文选取3~8个词作为关键词，以显著的字符另起一行，排在摘要的左下方。如有可能，尽量用《汉语主题词表》等词表提供的规范词。

为了国际交流，应标注与中文对应的英文关键词。

5.9　目次页

长篇报告、论文可以有目次页，短文无需目次页。

目次页由报告、论文的篇、章、条、附录、题录等的序号、名称和页码组成，另页排在序之后。

整套报告、论文分卷编制时，每一分卷均应有全部报告、论文内容的目次页。

5.10　插图和附表清单报告、论文中如图表较多，可以分别列出清单置于目次页之后。图的清单应有序号、图题和页码。表的清单应有序号、表题和页码。

5.11　符号、标志、缩略词、首字母缩写、计量单位、名词、术语等的注释表符号、标志、缩略词、首字母缩写、计量单位、名词、术语等的注释说明汇集表，应置于图表清单之后。

6　主体部分

6.1　格式

主体部分的编写格式可由作者自定，但一般由引言（或绪论）开始，以结论或讨论结双。

主体部分必须由另页右页开始。每一篇（或部分）必须另页起。如报告、论文印成书刊等出版物，则按书刊编排格式的规定。

全部报告、论文的每一章、条的格式和版面安排，要求划一，层次清楚。

6.2　序号

6.2.1　如报告、论文在一个总题下装为两卷（或分册）以上，或分为两篇（或部分）以上，各卷或篇应有序号。可以写成：第一卷、第二分册；第一篇、第二部分等。用外文撰写的报告、论文，其卷（分册）和篇（部分）的序号，用罗马数字编码。

6.2.2　报告、论文中的图、表、附注、参考文献、公式、算式等，一律用阿拉伯数字分别依序连续编排序号。序号可以就全篇报告、论文统一按出现先后顺序编码，对长篇报告、论文也可以分章依序编码。其标注形式应便于互相区别，可以分别为：图 1、图 2.1；表2、表3.2；附注 1)；文献［4］；式（5）、式（3.5）等。

6.2.3　报告、论文一律用阿拉伯数字连续编页码。页码由书写、打字或印刷的首页开始，作为第 1 页，并为有页另页。封面、封二、封三和封底不编入页码。可以将题名页、序、目次页等前置部分单独编排页码。页码必须标注在每页的相同位置，便于识别。

力求不出空白页，如有，仍应以有页作为单页页码。

如在一个总题下装成两册以上，应连续编页码。如各册有其副题名，则可分别独立编页码。

6.2.4　报告、论文的附录依序用大写正体 A，B，C，……编序号，如：附录 A。

附录中的图、表、式、参考文献等另行编序号，与正文分开，也一律用阿拉伯数字编码，但在数码前冠以附录序码，如：图 A1；表 B2；式（B3）；文献〔A5〕等。

6.3　引言（或绪论）

引言（或绪论）简要说明研究工作的目的、范围、相关领域的前人工作和知识空白、理论基础和分析、研究设想、研究方法和实验设计、预期结果和意义等。应言简意赅，不要与摘要雷同，不要成为摘要的注释。一般教科书中有的知识，在引言中不必赘述。

比较短的论文可以只用小段文字起着引言的效用。

学位论文为了需要反映出作者确已掌握了坚实的基础理论和系统的专门知识，具有开阔的科学视野，对研究方案作了充分论证，因此，有关历史回顾和前人工作的综合评述，以及理论分析等，可以单独成章，用足够的文字叙述。

6.4　正文

报告、论文的正文是核心部分，占主要篇幅，可以包括：调查对象、实验和观测方法、仪器设备、材料原料、实验和观测结果、计算方法和编程原理、数据资料、经过加工整理的图表、形成的论点和导出的结论等。

由于研究工作涉及的学科、选题、研究方法、工作进程、结果表达方式等有很大的差异，对正文内容不能作统一的规定。但是，必须实事求是，客观真切，准确完备，合乎逻辑，层次分明，简练可读。

6.4.1　图

图包括曲线图、构造图、示意图、图解、框图、流程图、记录图、布置图、地图、照片、图版等。

图应具有“自明性”，即只看图、图题和图例，不阅读正文，就可理解图意。

图应编排序号（见6.2.2）。

每一图应有简短确切的题名，连同图号置于图下。必要时，应将图上的符号、标记、代码，以及实验条件等，用最简练的文字，横排于图题下方，作为图例说明。

曲线图的纵横坐标必须标注“量、标准规定符号、单位”。此三者只有在不必要标明（如无量纲等）的情况下方可省略。坐标上标注的量的符号和缩略词必须与正文中一致。

照片图要求主题和主要显示部分的轮廓鲜明，便于制版。如用放大缩小的复制品，必须清晰，反差适中。照片上应该有表示目的物尺寸的标度。

6.4.2 表

表的编排，一般是内容和测试项目由左至右横读，数据依序竖排。表应有自明性。

表应编排序号（见6.2.2）。

每一表应有简短确切的题名，连同表号置于表上。必要时应将表中的符号、标记、代码，以及需要说明事项，以最简练的文字，横排于表题下，作为表注，也可以附注于表下。

附注序号的编排，见6.2.2。表内附注的序号宜用小号阿拉伯数字并加圆括号置于被标注对象的右上角，如：×××1），不宜用星号“＊”，以免与数学上共轭和物质转移的符号相混。

表的各栏均应标明“量或测试项目、标准规定符号、单位”。只有在无必要标注的情况下方可省略。表中的缩略调和符号，必须与正文中一致。

表内同一栏的数字必须上下对齐。表内不宜用“同上”、“同左”、“,,”和类似词，一律填入具体数字或文字。表内“空白”代表未测或无此项，“-”或“…”（因“-”可能与代表阴性反应相混）代表未发现，“0”代表实测结果确为零。

如数据已绘成曲线图，可不再列表。

6.4.3 数学、物理和化学式

正文中的公式、算式或方程式等应编排序号（见6.2.2），序号标注于该式所在行（当有续行时，应标注于最后一行）的最右边。

较长的式，另行居中横排。如式必须转行时，只能在+，-，×，÷，<，>处转行。上下式尽可能在等号“=”处对齐。

示例1：

$$
\begin{aligned}
W(N_1) &= H_{0.1} + \int_{e^{-1}}^{-e^{-1}+1} \pounds\, _{ae}^{r-2^{\max M}} d_a \\
&= R(N_0) + \int_{-1}^{-e^{-1}+1} \pounds\, _{a^e}^{r-2\max M} d_e + O(P^{r-n-r})
\end{aligned}
$$

———————————————— (1)

示例2：

$$
\begin{aligned}
f(x,y) &= f(0,0) + \frac{1}{1!}\left(x\frac{\partial}{\partial x} + y\frac{\partial}{\partial y}\right)f(0,0) + \frac{1}{2!}\left(x\frac{\partial}{\partial x} + \frac{\partial}{\partial y}\right)^2 f(0,0) \\
&\quad + K + \frac{1}{n!}\left(x\frac{\partial}{\partial x} + \frac{\partial}{\partial y}\right)^n f(0,0) + K
\end{aligned}
$$

———————————————— (2)

示例3：

$$-\frac{8\mu}{N_z}\frac{\partial}{aS}\ln Q=-\left[\left(1+\sum_{1}^{4}z_r\right)-\frac{2\mu}{z}\right]\ln\frac{\theta_\alpha(1-\theta_\beta)}{\theta_\beta(1-\theta_\alpha)}+\ln\frac{\lambda_\alpha}{\lambda_\beta}-z_1\ln\frac{\in_1}{\xi_1}+\sum z_r\ln\frac{\in_r}{\xi_r}=0$$

———————————————— (3)

小数点用“.”表示。大于999的整数和多于三位数的小数，一律用半个阿拉伯数字符的小间隔分开，不用千位撇。对于纯小数应将0列于小数点之前。

示例：应该写成94 652.023 567；　　0.314 325

不应写成94，652.023，567；　.314，325

应注意区别各种字符，如：拉丁文、希腊文、俄文、德文花体、草体；罗马数字和阿拉伯数字；字符的正斜体、黑白体、大小写、上下角标（特别是多层次，如“三踏步”）、上下偏差等。

示例：I，l，l，i；C，c；K，k，κ；0，o，　（°）；S，s，5；Z，z，2；B；β；W，w，ω。

6.4.4　计量单位

报告、论文必须采用1984年2月27日国务院发布的《 中华人民共和国法定计量中位》，并遵照《中华人民共和国法定计量单位使用方法》执行。使用各种量、单位和符号，必须遵循附录B所列国家标准的规定执行。单位名称和符号的书写方式一律采用国际通用符号。

6.4.5　符号和缩略词

符号和缩略词应遵照国家标准（见附录B）的有关规定执行。如无标准可循，可采纳中学科或本专业的权威性机构或学术固体所公布的规定；也可以采用全国自然科学名词审定委员会编印的各学科词汇的用词。如不得不引用某些不是公知公用的、且又不易为同行读者所理解的、或系作者自定的符号、记号、缩略词、首字母缩写字等时，均应在第一次出现时一一加以说明，给以明确的定义。

6.5　结论

报告、论文的结论是最终的、总体的结论，不是正文中各段的小结的简单重复。结论应该准确、完整、明确、精练。

如果不可能导出应有的结论，也可以没有结论而进行必要的讨论。

可以在结论或讨论中提出建议、研究设想、仪器设备改进意见、尚待解决的问题等。

6.6　致谢

可以在正文后对下列方面致谢：

国家科学基金、资助研究工作的奖学金基金、合同单位、资助或支持的企业、组织成个人；

协助完成研究工作和提供便利条件的组织或个人；

在研究工作中提出建议和提供帮助的人；

给予转载和引用权的资料、图片、文献、研究思想和设想的所有者；

其他应感谢的组织或个人。

6.7 参考文献表

按照 GB 7714—87《文后参考文献著录规则》的规定执行。

7 附录

附录是作为报告、论文主体的补充项日，并不是必需的。

7. 1 下列内容可以作为附录编于报告、论文后，也可以另编成册。

a. 为了整篇报告、论文材料的完整，但编入正文又有损于编排的条理和逻辑性，这一类材料包括比正文更为详尽的信息、研究方法和技术更深入的叙述，建议可以阅读的参考文献题录，对了解正文内容有用的补充信息等；

b. 由于篇幅过大或取材于复制品而不便于编入正文的材料；

c. 不便于编入正文的罕见珍贵资料；

d. 对一般读者并非必要阅读，但对本专业同行有参考价值的资料；

e. 某些重要的原始数据、数学推导、计算程序、框图、结构图、注释、统计表、计算机打印输出件等。

7.2 附录与正文连续编页码。每一附录的各种序号的编排见 4. 2 和 6. 2. 4。

7.3 每一附录均另页起。如报告、论文分装几册。凡属于某一册的附录应置于备该册正文之后。

8 结尾部分（必要时）

为了将报告、论文迅速存储入电子计算机，可以提供有关的输入数据。

可以编排分类索引、著者索引、关键词索引等。

封三和封底（包括版权页）。

附录 A（略）

附录 B（略）

相关标准（略）

附加说明：

本标准由全国文献工作标准化技术委员会提出。

本标准由全国文献工作标准化技术委员会第七分委员会负责起草。

本标准主要起草人谭丙煜。

附录8　文后参考文献著录规则及注意事项

（GB/T 7714—2005）

（中华人民共和国国家质量监督检验检疫总局和中国国家标准化管理委员会发布）

1　著录参考文献的意义

文后参考文献是论著的必要组成部分。关于著录参考文献的意义和作用，已有众多文献做了论述[1-6]，本文简要归纳如下：

1）体现科学的继承性，尊重知识产权；

2）精练文字，缩短篇幅；

3）便于编辑和审稿人评价论著水平；

4）与读者达到信息资源共享；

5）利于通过引文分析对期刊水平做出客观评价；

6）促进科学情报和文献计量学研究，推动学科发展。

2　顺序编码制文后参考文献著录方法

国标给出了顺序编码制和著者－出版年制2种著录体系，文献［7］对此做过较详细的介绍。鉴于我国的出版物绝大多数采用顺序编码制，本文主要对其进行介绍。

2.1　参考文献在正文中的标注法

1）按正文中引用的文献出现的先后顺序用阿拉伯字连续编码，并将序号置于方括号中；

2）同一处引用多篇文献时，将各篇文献的序号在方括号中全部列出，各序号间用“,”；

3）如遇连续序号，可标注起讫号“－”。

示例：张三［1］指出……李四［2－3］认为……形成了多种数学模型［7，9，11－13］……

4）同一文献在论著中被引用多次，只编1个号，引文页码放在“［ ］”外，文献表中不再重复著录页码。

示例：张××［4］15－17……；张××［4］55……；张××［4］101－105…….

采用著者－出版年制时，引文页码则放在“（）”外的上角标处。

示例：……（张××，2005）15－17；张××（2005）55……；……（张××，2005）101－105.

2.2　文献表著录使用的符号

国标规定著录用符号为前置符（（ ）、［ ］、/、－除外），各篇文献序号可用方括号〔采用著者－出版年制的每条文献的第一个著录项目（如主要责任者等）前不用任何标志符号〕。

规定的标志符号如下：

. 用于题名项、析出文献题名项、其他责任者、析出文献其他责任者、版本项、出版项、出处项、专利文献的“公告日期或公开日期”项、获取和访问路径以及著者－出版年制中的出版年前。每条文献的结尾可用“.”号。

：　用于其他题名信息、出版者、引文页码、析出文献的页码、专利国别前。

，　用于同一著作方式的责任者、“等”或“译”字样、出版年、期刊年卷期标志中的年或卷号、专利号、科技报告号前。

；　用于期刊后续的年卷期标志与页码、同一责任者的合订题名前。

//　用于专著中的析出文献的出处项前。

（）　用于期刊年卷期标志中的期号、报纸的版次、电子文献更新或修改日期以及非公历纪年。

[ ]　用于文献序号、文献类型标志、电子文献的引用日期以及自拟的信息。

/　用于合期的期号间及文献载体标志前。

－　用于起讫序号和起讫页码间。

2.3　几种主要文献的著录格式

本文主要介绍专著、专著中的析出文献、连续出版物中的析出文献、专利文献、电子文献的著录格式。鉴于连续出版物在论著中很少作为文献引用，本文不作介绍。

2.3.1　专著

指以单行本或多卷册形式在限定期限内出版的非连续出版物，包括图书、古籍、学位论文、技术报告、会议文集、汇编、多卷书、丛书等。其著录格式为：

[序号] 主要责任者. 题名：其他题名信息 [文献类型标志（电子文献必备，其他文献任选）]. 其他责任者（任选）. 版本项. 出版地：出版者，出版年：引文页码 [引用日期（联机文献必备，其他电子文献任选）]. 获取和访问路径（联机文献必备）.

（后面几种文献著录格式中，圆括号中的说明与此相同.）

示例：

[1] 广西壮族自治区林业厅. 广西自然保护区 [M]. 北京：中国林业出版社，1993.

[2] 霍斯尼 R K. 谷物科学与工艺学原理 [M]. 李庆龙，译. 2 版. 北京：中国食品出版社，1989：15-20.

[3] 孙玉文. 汉语变调构词研究 [D]. 北京：北京大学出版社，2000.

[4] 王夫子. 宋论 [M]. 刻本. 金陵：曾氏，1845（清同治四年）.

[5] 赵耀东. 新时代的工业工程师 [M/OL]. 台北：天下文化出版社，1998 [1998－09－26]. http：//www. ie. nthu. edu. tw/info/ie. newie. htm.

[6] 全国信息与文献工作标准化技术委员会出版物格式分委员会. GB/T 12450—2001 图书书名页 [S]. 北京：中国标准出版社，2002.

[7] PEEBLES P Z，Jr. Probability，random variable，and random signal principles [M]. 4th ed. New York：McGraw Hill，2001.

2.3.2　专著中的析出文献

[序号] 析出文献主要责任者. 析出文献题名 [文献类型标志]. 析出其他责任者//专著主要责任者. 专著题名. 出版地：出版者，出版年：析出的页码 [引用日期]. 获取和访

问路径.

示例：

[1] 白书农. 植物开花研究 [M] //李承森. 植物科学进展. 北京：高等教育出版社，1998：146-163.

[2] WEINSTEIN L，SWERTZ M N. Pathogenic properties of invading microorganism [M] //SODEMAN W A，Jr.，SODEMAN W A. Pathologic physiology：mechanisms of disease. Philadephia：Saunders，1974：745-772.

2.3.3 连续出版物（期刊、报纸）中的析出文献

[序号] 析出文献主要责任者. 析出文献题名 [文献类型标志]. 连续出版物题名：其他题名信息，年，卷（期）：页码 [引用日期]. 获取和访问路径.

示例：

[1] 张旭，张通和，易钟珍，等. 采用磁过滤MEVVA源制备类金刚石膜的研究 [J]. 北京师范大学学报：自然科学版，2002，38（4）：478-481.

[2] 傅刚. 大风沙过后的思考 [N/OL]. 北京青年报，2000-04-12（14）[2002-03-06]. http：//www. bjyouth. com. cn/Bqb/20000412/GB/4216%5ED0412B1401. htm.

2.3.4 专利文献

[序号] 专利申请者或所有者. 专利题名：专利国别，专利号 [文献类型标志]. 公告日期或公开日期 [引用日期]. 获取和访问路径.

示例：

[1] 西安电子科技大学. 光折变自适应光外差探测方法：中国，01128777.2 [P/OL]. 2002-03-06 [2002-05-28]. http：//211.152.9.47/ sipoasp/zljs/hyjs-yx-new. asp?recid =01128777.2&leixin =0.

2.3.5 电子文献

凡属电子图书和电子图书、电子报刊等中的析出文献的著录格式分别按2.3.1～2.3.4中的有关规则处理。除此而外的电子文献的著录格式如下：

[序号] 主要责任者. 题名：其他题名信息 [文献类型标志/文献载体标志]. 出版地：出版者，出版年（更新或修改日期）[引用日期]. 获取和访问路径.

示例：

[1] 萧钰. 出版业信息化迈入快车道 [EB/OL].（2001-12-19）[2002-04-15]. http：//www. creader. com/news/ 200112190019. htm.

[2] Online Computer Library Center，Inc. History of OCLC [EB/OL]. [2000-01-08]. http：//www. oclc. org/ about/history/default. htm.

3 文献著录中应注意的若干问题

3.1 参考文献著录只有一个标准

编辑出版界广泛流传着一种说法 [8]：关于参考文献著录有2个国家标准，一是GB/T 7714，一是GB/T 15835，可选用其中之一。这种说法是错误的。现行有效的关于参考文献著录的国家标准只有一个，即从2005年10月1日实施的GB/T 7714—2005《文后参考文献著录规则》。该标准是最通用的基础标准之一，适用于文理各个学科、各种类型的出版物

（包括国家标准、行业标准和规范）。

3.2　正文中参考文献的标注要正确

1）用阿拉伯数字顺序编码的文献序号不能颠倒错乱。

2）多次引用同一作者的同一文献，只编1个首次引用的序号。

3）同一出版物中不要混用2种著录体制。

4）文献表中的序号与正文中的要一一对应。

3.3　参考文献表的著录

文后参考文献原则上要求用文献本身的文字著录。每条文献的著录信息源是被著录文献本身。这些文献一般为正式出版物，非正式出版物可作为文内或地脚注释列出。注释的著录格式可参照参考文献的格式。

1）每条文献的著录项目应齐全。专著、论文集、科技报告、学位论文、专利文献等可依据书名页、版本记录页、封面等主要信息源著录各个项目；专著、论文集中析出的篇章及报刊上的文章依据参考文献本身著录析出文献的信息，并依据主要信息源著录析出文献的出处；网络信息依据特定网址中的信息著录。

2）每条文献的序号要加“［ ］”。

3）期刊中析出的文献，其题名不能省略。

4）书刊名不加书名号，西文书刊名也不用斜体。

5）西文刊名可参照 ISO 4—1984《文献工作——期刊刊名缩写的国际规则》的规定缩写，缩写点可省略。

3.4　责任者的著录方法

1）3人以下全部著录，3人以上可只著录前3人，后加“，等”，外文用“，et al”，“et al”不必用斜体。

2）责任者之间用“，”分隔。

3）责任者姓名一律采用姓前名后的著录形式。

欧美著者的名可缩写，并省略缩写点，姓可用全大写；如用中译名，可以只著录其姓。

示例1：Einstein A 或 EINSTEIN A（原题：Alberd Einstein）

示例2：韦杰（原题：伏尔特·韦杰）

中国著者姓名的汉语拼音按 GB/T 16159—1996 的规定书写，名字不能缩写。

示例：Zheng Guangmei 或 ZHENG Guangmei

4）除“译”外不必著录责任者的责任。

示例：陈浩元．科技书刊标准化18讲（原题：陈浩元主编．科技书刊标准化18讲）

3.5　文后参考文献中数字的著录

1）卷期号、年月顺序号、页码、出版年等用阿拉伯数字，卷号不必用黑体。

2）出版年或出版日期用全数字著录；如遇非公历纪年，则将其置于“（ ）”内。

示例1：2005-08-10

示例2：1938（民国二十七年）

3）版本的著录采用缩略的形式。

示例1：3版（原题：第三版）

示例 2：5th ed（原题：Fifth edition）

3.6　有些缺项可作变通处理

1）某一条参考文献的责任者不明时，此项可以省略（著者 - 出版年制可用“佚名”或“Anon”）。

2）无出版地，可著录［出版地不详］或［S. l. ］。

示例 1：［出版地不详］：三户图书刊行社，1990

示例 2：［S. l. ］：MacMillan，1985

3）无出版者，可著录［出版者不详］或［s. n. ］。

示例 1：昆明：［出版者不详］，2005

示例 2：New York：［s. n. ］，2001

注意：不要出现［S. l. ］：［s. n. ］这样的著录形式。

4）出版年无法确定时，可依次选用版权年、印刷年、估计的出版年，估计的出版年置于“［ ］”内。

示例 1：c1986：146 - 149

示例 2：1993 印刷：402 - 410

示例 3：［1938］：28 - 35

3.7　可灵活处理的著录项目

对国标未作“必须”“应”等规定的著录项目，同一论著可选定一种，并做到前后一致。

1）每条文献结尾可以加“. ”。

2）文献类型标志，非电子文献任选。

3）如果指不出具体引文页码，专著的引文页码也可不著录。

4）电子文献的引用日期非联机文献可不著录。

5）纯电子文献的出版地、出版者、出版年可省略。

6）期刊中析出文献的页码可只著录起首页。

7）责任者的姓，其字母可全大写，也可只首字母大写。

8）每条文献是否顶格排以及序号与文献间留多大间隙、回行时如何排印，均未作统一规定。

3.8　正确著录期刊文献的年、卷、期、页

示例 1：年，卷（期）：页 2005，10（2）：15 - 20

示例 2：年，卷：页 2005，35：123 - 129

示例 3：年（期）：页 2005（1）：90 - 94

示例 4：年（合期号）：页 2005（1/2）：40 - 43

同一刊物连载文章后续部分的著录

示例：年，卷（期）：页码；年，卷（期）：页码

2005，15（1）：12 - 15；2005，15（2）：18 - 20

3.9　文献类型、电子文献载体类型及其标志代码要著录正确

电子文献类型和载体类型标志是必备的著录项目。非电子文献类型标志虽然为“任选”

项目，但对其进行著录还是有意义的。著录时要尽可能区分准确，并正确著录。

文献类型标志如下：普通图书 M，会议录 C，汇编 G，报纸 N，期刊 J，学位论文 D，报告 R，标准 S，专利 P，数据库 DB，计算机程序 CP，电子公告 EB。

电子文献载体类型标志如下：磁带 MT，磁盘 DK，光盘 CD，联机网络 OL。

4 参考文献

[1] 高鲁山，郑进保，陈浩元，等．论科技期刊的参考文献 [J]．编辑学报，1992，4 (3)：166－170

[2] 谭丙煜．怎样撰写科学论文 [M]．沈阳：辽宁人民出版社，1982：63

[3] 冉强辉，伍烈尧，何剑秋，等．对科技期刊学术质量评估体系中参考文献构建指标的调查和研究 [J]．编辑学报，1993，5 (4)：187－192

[4] 陈浩元．科技书刊标准化 18 讲 [M]．北京：北京师范大学出版社，2000：204－205

[5] 马永军，倪向阳．参考文献的评价功能及其对我国学术期刊评价的影响 [J]．编辑学报，2003，15 (1)：21－22

[6] 朱大明．参考文献的主要作用与学术论文的创新性评审 [J]．编辑学报，2004，16 (2)：91－92

[7] 段明莲．我国新旧《文后参考文献著录规则》比较研究 [J]．中国科技期刊研究，2003，14 (6)：630－633

[8] 厉兵．采编工作中的语言文字规范 [G] //新闻出版总署教育培训中心．第 6 期全国出版社新编辑培训班讲义．2005：45

附 言

GB/T 7714—2005 有 3 处校对差错，改正如下：

1）第 7 页第 6 行 丢了个“－”；

2）第 9 页倒数第 3 行 第 1 个“．”改为“，”；

3）第 13 页倒数第 1 行“http：//”前应加“．”。

附录9　校对符号及其用法

中华人民共和国国家标准 GB/T 14706—93

1. 主题内容与适用范围

本标准规定了校对各种排版校样的专用符号及其用法。

本标准适用于中文（包括少数民族文字）各类校样的校对工作。

2. 引用标准

GB 9851　印刷技术术语

3. 术语

3.1　校对符号　proofreader's mark

以特定图形为主要特征的、表达校对要求的符号。

4. 校对符号及用法示例

编　号	符号形态	符号作用	符号在文中和页边用法示例	说　明
一、字符的改动				
1		改　正	增高出版物质量。 提 改革开发 放	改正的字符较多，圈起来有困难时，可用线在页边画清改正的范围 必须更换的损、坏、污字也用改正符号画出
2		删　除	提高出版物物质质量。	
3		增　补	要搞好校工作。 对	增补的字符较多，圈起来有困难时，可用线在页边画清增补的范围
4		改正上下角	16=42 2 H_2SO4 4 尼古拉 费欣 · 0.25+0.25=0·5 · 举例：2×3=6 : X:Y =1 : 2 :	
二、字符方向位置的移动				
5		转　正	字符颠 要转正。	

（续）

编　号	符号形态	符号作用	符号在文中和页边用法示例	说　明
6		对　调	认真经验总结。 认真验结经总。	用于相邻的字词 用于隔开的字词
7		接　排	要重视校对工作， 提高出版物质量。	
8		另 起 段	完成了任务。明年……	
9		转　移	校对工作，提高出 版物质量要重视。 ”。以上引文均见中文新版《 列宁全集》。 编者　年　月 …… 各位编委：	用于行间附近的转移 用于相邻行首末衔接字符的推移 用于相邻页首末衔接行段的推移
10	或	上 下 移	序号 名　称 数量 01 显微镜 2	字符上移到缺口左右水平线处 字符下移到箭头所指的短线处
11	或	左 右 移	要重视校对工 作，提高出版物质量。 3 4 欢呼　5 6 歌　5 唱	字符左移到箭头所指的短线处 字符左移到缺口上下垂直线处 符号画得太小时，要在页边重标
12		排　齐	校对工作非常重要。 必须提高印刷质量，缩短印制周期。 国家标准	
13		排阶梯形	RH_2	

（续）

编号	符号形态	符号作用	符号在文中和页边用法示例	说明
14		正图		符号横线表示水平位置，竖线表示垂直位置，箭头表示上方
		三、字符间空距的改动		
15	V >	加大空距	一、校对程序 校对胶印读物、影印书刊的注意事项：	表示在一定范围内适当加大空距 横式文字画在字头和行头之间
16	Λ <	减小空距	二、校对程　序 校对胶印读物、影印书刊的注意事项：	表示不空或在一定范围内适当减小空距 横式文字画在字头和行头之间
17	#	空 1 字距 空 1/2 字距 空 1/3 字距 空 1/4 字距	第一章校对职责和方法 1. 责任校对	多个空距相同的，可用引线连出，只标示一个符号
18	Y	分开	Goodmorning!	用于外文
		四、其他		
19	△	保留	认真搞好校对工作。	除在原删除的字符下画△外，并在原删除符号上画两竖线
20	○＝	代替	兰色的程度不同，从淡兰色到深兰色具有多种层次，如天兰色、湖兰色、海兰色、宝兰色……　○＝蓝	同页内有两个或多个相同的字符需要改正的，可用符号代替，并在页边注明
21	○○○	说明	第一章　校对的职责　改黑体	说明或指令性文字不要圈起来，在其字下画圈，表示不作为改正的文字。如说明文字较多时，可在首末各三字下画圈

5. 使用要求

5.1　校对校样，必须用色笔（墨水笔、圆珠笔等）书写校对符号和示意改正的字符，但是不能用灰色铅笔书写。

5.2　校样上改正的字符要书写清楚。校改外文，要用印刷体。

5.3　校样中的校对引线要从行间画出。墨色相同的校对引线不可交叉。

附 录 A
校对符号应用实例
（参考件）

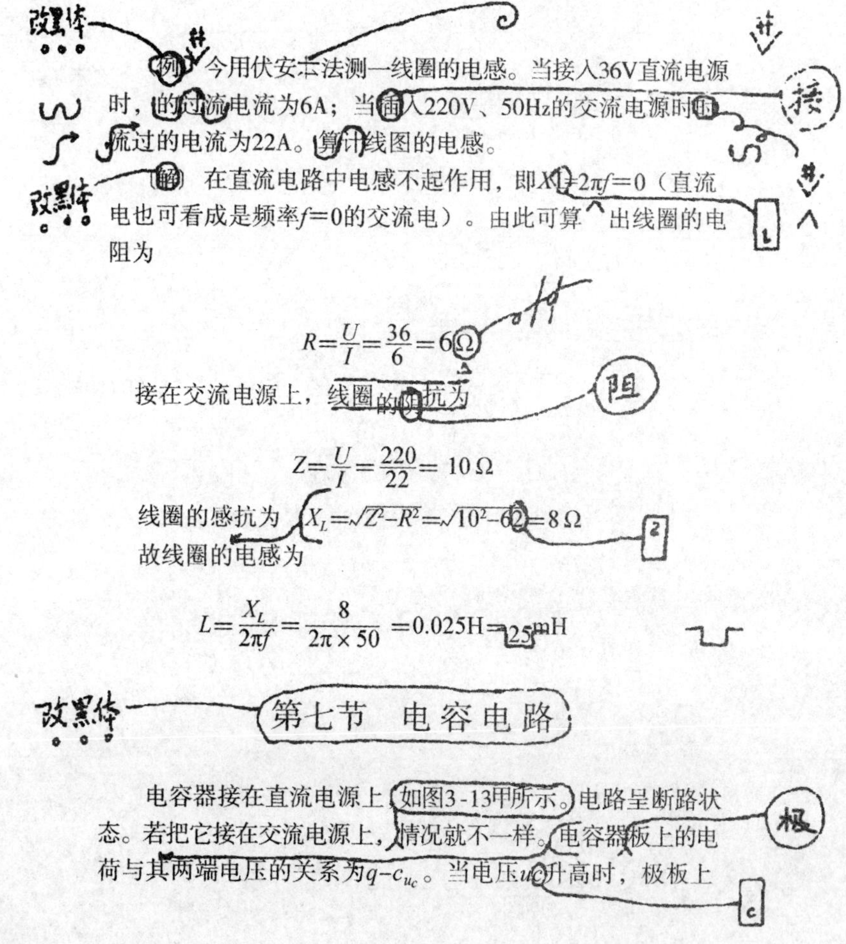

附加说明：

本标准由中华人民共和国新闻出版署提出。

本标准由全国印刷标准化委员会归口。

本标准由人民出版社负责起草。